基层公共文化研究论文汇编 (2015—2018)

Jiceng Gonggong Wenhua Yanjiu Lunwen Huibian(2015—2018)

刘瑶瑶 杨田华 王黎 编

西南财经大学出版社
Southwestern University of Finance & Economics Press

中国·成都

图书在版编目（CIP）数据

基层公共文化研究论文汇编：2015—2018/刘瑶瑶，杨田华，王黎编.—成都：
西南财经大学出版社，2019.12
ISBN 978-7-5504-4237-5

Ⅰ.①基…　Ⅱ.①刘…②杨…③王…　Ⅲ.①公共管理—文化工作—中国—
文集　Ⅳ.①G123-53

中国版本图书馆 CIP 数据核字（2019）第 278786 号

基层公共文化研究论文汇编（2015—2018）

刘瑶瑶　杨田华　王黎　编

责任编辑：植苗
封面设计：张姗姗
责任印制：朱曼丽

出版发行	西南财经大学出版社（四川省成都市光华村街 55 号）
网　　址	http://www.bookcj.com
电子邮件	bookcj@foxmail.com
邮政编码	610074
电　　话	028-87353785
照　　排	四川胜翔数码印务设计有限公司
印　　刷	郫县犀浦印刷厂
成品尺寸	170mm×240mm
印　　张	14.75
字　　数	274 千字
版　　次	2019 年 12 月第 1 版
印　　次	2019 年 12 月第 1 次印刷
书　　号	ISBN 978-7-5504-4237-5
定　　价	98.00 元

前言

　　我国的公共文化服务体系是以保障人民群众基本文化权益、满足人民群众基本文化需求为目的，以政府为主导，以公共财政为支撑，以公益性文化单位为骨干，向全社会提供公共文化设施、产品、服务的总和。党的十八大以来，党和政府高度重视公共文化服务体系建设。党的十八届三中全会明确提出了构建现代公共文化服务体系的战略任务。2015年年初，中共中央办公厅、国务院办公厅印发了《中共中央办公厅、国务院办公厅关于加快构建现代公共文化服务体系的意见》，对构建现代公共文化服务体系做出了全面部署。党的十九大把推动社会主义文化繁荣兴盛作为一项重要任务，并且特别提出"完善公共文化服务体系，深入实施文化惠民工程，丰富群众性文化活动"，进一步明确了公共文化服务体系建设的主攻方向。

　　当前，我国公共文化服务体系建设取得了显著的成绩，公共文化建设财政投入大幅度增长，公共文化服务效能明显提高，覆盖城乡的公共文化设施网络基本建立，制度保障水平明显提高，公共文化服务体系建设成效显著。但是，我们还应清醒地认识到，当前公共文化服务整体水平不高，与社会经济发展进程和人民群众日益增长的精神文化需求相比，还有一定的差距。在今后一段时间内，大力推进现代公共文化服务体系建设仍然是一项重点工作。

　　2014年7月，经四川省教育厅批准，乐山师范学院设立了四川基层公共文化服务研究中心。中心成立以来，依托高校的科研优势，针对当前基层公共文化服务的重点、难点及热点问题在全省开展了多次文化调研活动，取得了一定的成果。自2015年以来，中心每年面向全省高校及相关文化事业单位发布课题，课题研究范围涉及基层公共文化的政策理论研究、基层公共文化实践的应用研究、基层公共文化队伍的建设与人才培养研究以及非物质文化遗产传承与发展等领域。截止到2018年年底，中心共立项79项。此次编纂《基层公共文化研究论文汇编（2015—2018）》，汇集了2015年以来中心立项项目的主要研究成果，以期为新时代全面推进基层公共文化服务体系建设提供一些思路和建议。本书共收录论文24篇，由刘瑶瑶、杨田华、王黎主编。因时间仓促，编者自身学识和研究认知也有限，该论文集或有不当之处，还望读者批评指正。

编者

2019 年 8 月

目录

第一部分　基层公共文化服务理论与实践

乐山县域公共图书馆总分馆制服务体系建设探讨 ……………… 王　黎 / 3

农民工文化权利保障法律制度研究 ……………… 陶　涛　陈　柯 / 15

弱势群体的阅读推广探索 ……………… 张　青 / 45

川南城市群城镇居民文化消费情况分析 ……………… 刘永丽 / 52

泸州市城镇居民文化消费情况调查报告 ……………… 杨惠婷 / 61

"候鸟儿童"基本文化权益保障的相关机制与实现路径研究 …… 倪海珍 / 67

虚拟现实技术在基层社区公共文化服务中的应用研究 ………… 陈　杰 / 76

泸县基层公共文化服务建设的实践与思考 ……………… 牟　红 / 81

第二部分　公共文化服务人才队伍建设与培养

四川省基层公共文化服务人才知识教育培训研究 ……………… 吴耀宏 / 89

皮影艺术融入高校装饰画课程的研究与实践

　　——以四川幼专为例 ……………… 彭　丽 / 104

"非遗"文化视野下的四川扬琴发展现状及校园传承 ………… 张　强 / 110

四川省基层文艺人才队伍建设研究 ……………… 韦思铭 / 117

我国社区钢琴教育发展现状概述 ……………… 韦思铭 / 121

乐山市社区音乐课程的开发研究 ……………… 周大平 / 125

高职院校服务于城市社区文化建设的路径研究

　　——基于成都"校社合作"多案例实证分析 ……………… 韩天爽 / 129

第三部分　文化艺术教育与传承

传统文化的时尚表达

　　——非物质文化遗产蜀绣在四川传媒学院的传播与传承个案研究

　　　　　··· 唐春梅 / 139

蜀绣的对外传播策略研究 ················· 王　晓 / 145

四川巴蜀龙舞文化的传承与发展研究 ········· 杨　一 / 150

文化生态视野下的本土音乐艺术实践

　　——以西南科技大学羌族音乐文化艺术实践为例 ········· 刘　芬 / 156

雅安荥经国家级非物质文化遗产的保护与传承 ········· 陆小路 / 162

第四部分　文化产业与经济发展

文化扶贫对贫困地区产业发展的支撑作用研究 ········· 封　伟 / 169

四川巴中地区"文化+产业"契合发展的路径研究 ········· 封　伟 / 214

博物馆发展文化产业的生产要素分析 ········· 陈　蓉 / 220

四川省内博物馆与文化产业协调发展的现状与建议 ········· 陈　蓉 / 226

第一部分
基层公共文化服务理论与实践

乐山县域公共图书馆总分馆制
服务体系建设探讨

王 黎

（乐山师范学院；四川省乐山市，614000）

摘 要： 从调查的现状来看，乐山县域图书馆总分馆制服务体系建设仍存在诸多不足，其原因主要在于体制机制障碍、服务体系建设非专业化、服务效能低下。应采取的措施是：①理顺管理体制，赋予基层图书馆权利，使基层分馆真正具有管理权和话语权。②规范体系建设，建立规范化、标准化的总分馆制。规范体系建设的首要任务是将乡镇图书馆定位为"公共图书馆"。③融合乡镇图书室、"农家书屋"建设，以避免二次建设造成资源浪费。④在总分馆制建设起步阶段，坚持实体专业化图书馆建设方向，从源头纠正非专业化方向的发展。

关键词： 乐山县域；公共图书馆；总分馆制建设

2015 年中共中央办公厅、国务院办公厅印发的《中共中央办公厅、国务院办公厅关于加快构建现代公共文化服务体系的意见》明确提出了"以县级文化馆、图书馆为中心推进总分馆制建设，加强'农家书屋'的统筹管理，实现农村、城市社区公共文化服务资源整合和互联互通"的工作要求。2016 年 12 月 29 日，原文化部（现为文化和旅游部，下同）[①]、原国家新闻出版广

作者简介： 王黎（1963— ），乐山师范学院四川基层公共文化服务研究中心研究员。研究方向：图书馆学、文献学。

基金项目： 四川省教育厅人文社会科学重点研究基地——四川基层公共文化服务研究中心 2015 年度项目（项目编号：JY2015B05）。

① 因本书中部分观点发表时间为 2018 年以前，故依然保留"文化部"的说法。但实际上，在 2018 年 3 月，文化部因机构变动，正式变更为"中华人民共和国文化和旅游部"（简称"文化和旅游部"）。

电总局、国家体育总局、国家发展和改革委员会、财政部五部门共同印发《五部门关于推进县级文化馆图书馆总分馆制建设的指导意见》（以下简称《指导意见》），更加明确提出到 2020 年，全国具备条件的地区要建立县级两馆总分馆制。《指导意见》目标非常明确。县域以下如何开展总分馆制建设，是各级县域具备条件的两馆今后三年的重要任务。本文结合乐山县域公共图书馆服务体系建设现状，探讨乐山县域总分馆制建设。

一、乐山县域基层文化服务体系建设现状

（一）乐山县域基层文化服务体系建设基本情况

截至 2017 年年末，全市有文化馆 12 个、公共图书馆 11 个（藏书 81.18 万册）、博物馆 9 个、文化站 218 个。免费开放图书馆 11 个、文化馆 12 个、乡镇综合文化站 211 个、街道文化站 7 个、博物馆 3 个、"农家书屋" 2 034 个以及社区书屋 257 个。

可见，乐山县域基层文化服务体系已初步形成了县（区）级公共图书馆、乡镇/图书室、村"农家书屋"为一体的公共文化服务新平台，如表 1 所示。

表 1　乐山市部分区（县）域内公共文化服务体系建设及现状

县、乡镇名称	图书馆	图书馆基层服务点	文化馆	乡镇综合文化站	乡镇图书室	社区活动室	"农家书屋"	村文化活动室
市中区	0（正在筹建中）	0	1	23	23	16	193	193
夹江县	1	3	1	21	21	21	247	247
犍为县	1	41	1	30	30	41	320	320
马边县	1	5	1	20	20	7	116	116
金口河区	1	1	1	6	6	4	41	23

以乐山市市中区为例，乐山市市中区是乐山市域内县域乡镇文化服务体系建设最好的区（县），现已建成区文化馆 1 个、县级信息资源共享工程 1 个、乡镇综合文化站 24 个、社区文化活动室 16 个、"农家书屋" 193 个（含 23 个乡镇）、村级文化活动室 193 个（含 23 个乡镇），市中区公共文化服务网络体系已基本形成，区级图书馆正在建设中。具体情况见表 1、表 2。

表 2　乐山市市中区乡镇图书室、"农家书屋"基础设施基本情况

县、乡镇名称	乡镇图书室							"农家书屋"							
	财政拨款经费（万元）	建筑面积（平方米）	藏书（册）	电脑配备（台）	是否建有网站	年图书借阅册次	人员配备情况	"农家书屋"数	财政拨款经费（万元）	建筑面积（平方米）	藏书（册）	电脑配备（台）	是否建有网站	年图书借阅册次	人员配备情况
牟子镇	1	50	3 000	10	否	5 000	兼职	10	30	300	19 000	10	否	3 000	兼职
棉竹镇	1	80	6 000	20	否	15 000	兼职	6	18	200	11 400	6	否	2 200	兼职
悦来乡	1	50	3 000	10	否	5 000	兼职	8	24	220	15 000	8	否	2 700	兼职
关庙乡	1	50	3 500	10	否	6 000	兼职	8	24	230	15 000	8	否	2 600	兼职
苏稽镇	1	50	3 100	10	否	6 000	兼职	22	66	680	40 000	22	否	6 500	兼职
水口镇	1	50	3 000	10	否	6 000	兼职	10	30	300	19 000	10	否	3 000	兼职
罗汉镇	1	50	3 000	10	否	6 000	兼职	9	27	260	17 000	9	否	2 900	兼职
临江镇	1	50	3 000	10	否	6 000	兼职	6	18	180	11 500	6	否	1 200	兼职
平兴乡	1	50	3 500	10	否	6 000	兼职	8	24	230	15 000	8	否	1 600	兼职
杨湾乡	1	50	3 500	10	否	6 000	兼职	9	27	260	17 000	9	否	1 900	兼职
土主镇	1	50	3 000	10	否	6 000	兼职	11	33	320	21 000	11	否	2 200	兼职
剑峰乡	1	50	3 100	10	否	6 000	兼职	11	33	320	21 000	11	否	3 300	兼职
童家镇	1	50	3 000	10	否	6 000	兼职	12	36	350	23 000	12	否	3 500	兼职

县、乡镇名称	乡镇图书室								"农家书屋"							
	财政拨款经费（万元）	建筑面积（平方米）	藏书（册）	电脑配备（台）	是否建有网站	年图书借阅册次	人员配备情况		"农家书屋"数	财政拨款经费（万元）	建筑面积（平方米）	藏书（册）	电脑配备（台）	是否建有网站	年图书借阅册次	人员配备情况
全福镇	1	50	3 000	10	否	6 000	兼职		7	21	200	13 500	7	否	2 500	兼职
曾仁乡	1	50	3 000	10	否	6 000	兼职		4	12	120	8 000	4	否	1 500	兼职
九龙乡	1	50	3 000	10	否	6 000	兼职		3	9	90	5 500	3	否	1 300	兼职
迎阳乡	1	50	3 000	10	否	6 000	兼职		3	9	90	5 500	3	否	1 600	兼职
白马镇	1	50	3 500	10	否	6 000	兼职		9	27	260	17 000	9	否	2 900	兼职
茅桥镇	1	50	2 600	10	否	5 000	兼职		8	24	230	15 500	8	否	2 600	兼职
菱云乡	1	50	3 600	10	否	6 000	兼职		7	21	200	13 500	7	否	2 500	兼职
石龙乡	1	50	3 000	10	否	6 000	兼职		6	18	180	17 000	6	否	2 200	兼职
九峰镇	1	50	3 000	10	否	6 000	兼职		7	21	200	13 500	7	否	1 800	兼职
青平镇	1	50	3 000	10	否	6 000	兼职		9	27	260	17 000	9	否	2 400	兼职
合计	23	1 180	79 700	230		15 400			193	579	5 680	370 900	193		57 900	

注："农家书屋"以每个乡镇的193个村的193个"农家书屋"统计；"农家书屋"以每个村1 800册图书统计。

（二）数据分析

1. 县域内已形成了县级、乡镇、村级三级公共文化服务体系

乐山市每个区（县）域内有 1 个县级文化馆、1 个县级公共图书馆（市中区公共图书馆正在建设中）；其中县级公共图书馆下未建有乡镇图书馆，但都建有图书馆基层服务网点。区（县）域内公共图书馆设立了 79 个社会借阅点，其中县域公共图书馆中，峨眉山市（县级）图书馆 6 个、犍为县图书馆41 个、沐川县图书馆 2 个、夹江县图书馆 3 个、五通桥区图书馆 5 个、井研县图书馆 7 个、沙湾区图书馆 5 个、马边县图书馆 5 个、峨边县图书馆 4 个、金口河区图书馆 1 个。

县级文化馆下均建有乡镇综合文化站。每个乡镇综合文化站均建有乡镇图书室、村"农家书屋"、村文化活动室。因此，乐山部分县域的乡镇公共图书服务体系建设是以服务点形式存在的，部分图书馆服务功能是由乡镇综合文化站下的乡镇图书室、村"农家书屋"支撑着。具体来说，就是县以下的基层公共图书服务体系建设存在两条线的发展路经：一是县级公共图书馆专业化延伸的乡镇基层图书服务点；二是综合文化站下的乡镇图书室、"农家书屋"等基础图书借阅点。

2. 综合文化站下的图书室、"农家书屋"基础设施薄弱，无论是服务设施还是人员配备，其基础设施均呈现非专业化状态

（1）基础设施薄弱。每个乡镇的图书室、村"农家书屋"建筑面积平均在 30~50 平方米，用于建设的财政拨款每个图书馆只有 1 万元左右，根据乡镇图书室所服务的人口人均财政拨款计算，人均享受的财政投入图书经费只有2~3 元，藏书总量 2 000~3 000 册不等，均未建有网站，基本未开展网络数字化建设。

（2）乡镇图书室和村"农家书屋"管理较混乱、服务较分散，且管理人员均由综合文化站管理人员兼职，开放时间完全根据兼职管理人员的时间自行决定，图书馆专业人才匮乏，难以正常开放。根据《公共图书馆建设标准》的规定，小型图书馆的标准为：服务人口 3 万~20 万人，馆舍建筑面积 800~4 500 平方米，藏书总量 4.5 万~24 万册，阅览总位 60~240 个。乐山市人均藏书量 0.15 册，而全国公共图书馆人均藏书量为 0.58 册，联合国发布的公共图书馆藏书标准是人均 1.5~2.5 册。由此可见，乡镇图书室和村"农家书屋"离真正的实体图书馆差距还很大。

因此，乐山县域内乡镇图书服务体系建设基础设施未达到小型图书馆的基础设施要求，只具备了部分图书借阅的功能，还算不上真正意义上的图书馆。

二、乐山县域内基层公共图书馆服务体系建设存在的问题

目前，乐山县域乡镇图书室、农家书屋均呈现各自独立且资源分散的局面，乡镇人群未享受应有的均等和全覆盖标准化的具有一定专业水准的图书信息服务和文化服务。究其原因，主要有以下几个方面：

（一）体制机制障碍问题

1. 条块分割、归口独立管理等体制机制障碍制约了乐山县域基层公共文化服务发挥效益、提升效能

长期以来，公共图书馆归口国家文化部图书馆司管理，并通过各层级公共图书馆发展和运行，因此各地基层图书馆和乡镇图书室、"农家书屋"实际上是在不同归口管理下发展，从而产生了不同的服务体系。乐山公共图书资源分为三个互不隶属的层次：一是市、县级层面的公共图书馆，由市财政支持，属于公共图书馆范畴；二是各乡镇综合文化站管辖的图书室，归各乡镇（街道）财政支持，部分藏书来自市图书馆的捐赠；三是新闻出版部门直接配发图书资源的村"农家书屋"。

因公共图书馆系统隶属于原文化部图书馆司，出发点是服务，在实际工作中既要承担公共文化服务功能，又要承担全民阅读功能，其专业化的显著特点是图书馆的核心业务（文献选购、文献加工、空间和服务设计、问题解答、参与当地经济社会生活）应由图书馆学专业人员根据公共图书馆理念、理论和技术进行规划和建设。隶属于各级文化馆管理的乡镇图书室和隶属于新闻出版单位管理的"农家书屋"，它们的出发点和目标均是全民阅读。因此，"农家书屋"和乡镇图书室只承担单一的全民阅读功能，不具备专业化的公共图书馆特质。这种独立的体制机制障碍制约了乐山县域基层公共文化服务体系的建设和发展。

以"农家书屋"为例：2007年原国家新闻出版总署联合中央文明办、国家发展和改革委员会、科技部、民政部、财政部、农业部、国家人口和计划生育委员会八个部门发布了《"农家书屋"工程实施意见》，"农家书屋"工程正式启动，并于2012年在全国实现全覆盖。其间，工程的总体规划、实施都由原国家新闻出版总署牵头负责。在这八个部门中，主管公共图书馆的原文化部处于缺失状态。

《"农家书屋"工程实施意见》指出，"农家书屋"要按照农民自主管理、自我服务的模式进行管理和运行。该意见写明了由"政府资助建设"，却没有明确由哪一级政府资助、如何资助。"农家书屋"工程从启动开始就进入了一

个模糊地带，即原国家新闻出版总署没有与各级政府相对应的公共文化服务组织，而专业化的公共图书馆服务体系还未真正覆盖乡村。这就形成了"农家书屋"在原国家新闻出版总署指导下直接建设基层。因为"农家书屋"的建设主体不明确，也就造成了其管理和建设主体的不明确。在"农家书屋"的建设过程中，公共图书馆只能对其进行业务指导，而没有实际的管理权。这也是造成"农家书屋"服务效能低下的原因之一。

2. 业务管理和行政主体双轨制阻碍协同发展

在我国，公共图书馆服务体系建设始终贯穿双轨制，并按双轨制运行与发展，即县以上的公共图书馆经费投入由各级财政予以支持，而图书馆的服务由专业化队伍管理和运行。乡（镇、村）实行自主建设，其业余管理的运行模式致使乡镇图书室、"农家书屋"无法提供专业化、规范化的服务，其结果就是使乡（镇、村）级人群无法获取均等、规范、专业化的服务，其获取的信息条件、服务均等程度远远低于城市人群。

这种双轨制管理模式同时也给工作的协调带来了一些问题。一方面，原文化部图书馆司对公共图书馆的发展进行国际化规划，对其业务手段和工作流程进行严格的要求，而对于所需的学科发展和正常运行的经费则无任何话语权；另一方面，地方政府虽掌握着财政和人事大权，决定了公共图书馆的命运，但对于如何按照国际标准或国家标准来规范管理和有序运行公共图书馆则毫无把握。

3. 乡镇服务体系自主运行模式的弊端

乡镇图书服务体系实行乡镇自主建设。村镇业余管理的运行模式，使其在发展的过程中常常纠结于复杂的基层管理体系，致使服务效果提升不明显，从而引发了服务效能低下等一系列问题。

（二）服务体系建设非专业化

1. 服务设施的非专业化

我国的县级及以上图书馆和乡镇图书室、村"农家书屋"都可以被笼统地理解为图书馆服务设施，但其性质和功能却极为不同：前者是功能多样、运行稳定的专业化服务机构；后者是功能单一的书刊借阅服务设施。乐山乡镇图书服务体系的构架就是乡镇图书室和"农家书屋"，其中，乡镇一级的是图书室，而村一级的是"农家书屋"。

从表1、表2的数据中我们可以看到，乐山市乡镇在规划乡镇图书室、"农家书屋"等基层公共文化服务体系时，将专业化公共图书馆具备的借阅功能、服务功能、视听资料播放功能、文化展览功能、信息文化素养培训功能等进行了肢解和碎片化，并分配给文化信息资源共享工程基层服务点、信息服务站、村文化活动室、图书室、"农家书屋"等众多基层服务设施，而乡镇图书室、村"农家书屋"只留存图书借阅功能。因此，乡镇图书室、"农家书屋"在其规划、设置以及运行时均未采纳公共图书馆的专业化建设模式，而是与文化信息共享工程基层点等文化服务设施的建设模式一致，仅具有单一的书刊借阅服务功能。这种服务体系构架功能单一，设施、服务、体系专业化程度均不高，呈非专业化发展态势。

2. 服务内容的非专业化

在这些乡镇综合文化站图书室、"农家书屋"的架构中，其核心甚至唯一的服务功能就是借阅图书。这种图书借阅服务功能只具备单一的图书借阅功能，而非专业化的图书馆服务。在 2009 年出台的《乡镇综合文化站管理办法》中，将乡镇综合文化站定性为"由县级或乡镇人民政府设立的公益性文化机构"，其基本职能是"社会服务、指导基层和协助管理农村文化市场"。因此，乡镇综合文化站的主要职能是开展文艺演出活动、时政科普、公共文化资源配送等流动服务以及数字化信息服务等，同时开展部分图书报刊借阅服务。服务功能的多元化使乡镇图书室、"农家书屋"不可能开展专业化的公共图书馆服务。

3. 人员配备的非专业化

表 2 数据表明，乡镇综合文化站图书室、"农家书屋"的管理人员均为兼职管理人员。调研中发现，乡镇综合文化站图书室、"农家书屋"的兼职管理人员大多不具备专业素养和服务技能。大多数管理人员对计算机的使用熟练程度不高，无法帮助读者利用数字化资源，不能开展和提供文献检索服务，更不能提供参考咨询服务。大多数管理人员的现代图书馆服务理念淡薄，只是将图书室或"农家书屋"当成"一借一还"的地方，工作方式简单，不知道也不会宣传推介，更不会举办读书活动；而这些其实都是现代图书馆的重要工作内容。

（三）服务效能低下

1. 基础设施使用率较低

目前全市共有乡镇综合文化站图书室 211 个、"农家书屋" 2 034 家，图书借阅服务已经实现了对乡村的全覆盖。但是乡镇图书室、"农家书屋"使用率低下。调研发现，对外开放的"农家书屋"只有 1/3，原因有购书经费无法保障、新书无法及时更新、藏书复本较多并且陈旧等。每个图书室、"农家书屋"书刊的借阅量都不高，有些乡镇周一借阅量稍微高些，其他时间零星有人借阅。有的"农家书屋"还极少开门，藏书因长期无人翻阅而铺满了灰尘，低使用率是普遍存在的问题。

2. 基层设施与购书经费投入不足，图书资源配备不够合理

乐山乡镇在"农家书屋"建设上虽然取得了较大的成绩，但后续资金的投入缺乏保障，绝大多数"农家书屋"建设属一次性投入，后续很少再有投入。购书经费不足，使藏书基本呈复本多、旧书多且农民想要看的书看不到的现状，各村尚没有建立用于书屋建设的稳定可靠的资金渠道。不少乡（镇、村）把建设图书室、"农家书屋"仅仅作为迎检的需要，因而在购置图书、进行藏书建设时没有做调研，没有根据不同类型读者的阅读倾向来购置图书，重数量、图便宜，导致藏书结构不合理和藏书质量不高。另外，受文化素质的影响，农民只爱看与农业生产有关的图书，因而不少乡镇图书室和"农家书屋"在购置图书时，千篇一律地配置农业种养殖技术书籍，藏书品种单一。

三、乐山县域公共图书馆总分馆制服务体系建设模式

图书馆基本服务的专业化、标准化、均等化，是公民自由、平等获取图书馆知识与信息服务的前提条件。覆盖乡村才是真正的普遍均等，让乡村人群享受到专业化、标准化的公共图书馆服务是图书馆总分馆制服务体系建设的最终目标，而通过建立县域总分馆，把县图书馆的分馆建到乡镇，整合乡镇各种公共信息服务资源，以计算机网络技术为服务和管理的手段，则有望使乡村人群享受到均等和专业的公共图书馆服务。

对于乐山县域图书馆总分馆制服务体系建设，笔者认为，县域公共图书馆总分馆建设首先要解决的问题是：①理顺管理体制，真正赋予县域公共图书馆权力，使县域总分馆真正有管理权和话语权；②规范体系建设，建立规范化、标准化的总分馆制；③融合乡镇图书室、"农家书屋"建设，整合基层图书馆碎片化功能，提高服务效能，以避免二次建设造成资源浪费；④在建设起步阶段就理顺图书馆专业化建设方向，从源头上理顺基层公共图书馆发展的专业化方向，同时纠正非专业化方向的发展。

（一）理顺管理体制，赋予县域公共图书馆权利

自 2000 年开始，到本文写成时，我国总分馆模式的实践已经历了 17 个年头。总分馆模式的出现曾一度被图书馆界认为是解决乡镇图书馆建设的良方，但随着总分馆模式实践的深入，因我国公共图书馆服务体系建设现存的双轨制模式，总分馆模式在建设中受地方财政、行政管理体制机制等诸多因素阻碍，总分馆模式中的主角——公共图书馆并未真正掌握管理权、财权，更多的是扮

演着指导和协调分馆工作的角色。因此，针对乐山县域总分馆体系建设，各层级政府在主导本层级总分馆建设中，应出台总分馆建设的地方性法规或政府文件，确立总分馆制建设中公共图书馆的权利和义务，在制度设计和实施过程中打破现有的行政、经费和人员管理机制；同时下放管理权限，授予县域公共图书馆一定的财权和事权，让专业图书馆根据图书馆专业设施要求，制订建设方案。获得管理权限的专业图书馆在制度设计和项目创建过程中坚持统一规划、统一标识、统一配置、统一验收的原则。政府在下放管理权限时，要辩证地理解"财权、事权统一"的内涵，即并非公共图书馆完全包办且由其自己建设、自己管理才是事权和财权的统一，而是可以将建设和管理分离，由不同层级的政府分级投入，交由图书馆专业机构实行专业化、标准化管理。这才是真正意义上的政府主导、管办分离建设。

因此，理顺管理体制机制，赋予县域公共图书馆权力是总分馆建设的首要任务。为公共图书馆赋权必须由政府以正式文件来确定，这种由政府文件提供的切实保障使公共图书馆介入乡镇图书馆的管理能够具有可持续性。公共图书馆作为专业的机构，能够从更加长远的视角去合理安排乡镇图书馆的管理工作，这是促使乡镇图书馆可持续发展的关键。

（二）规范体系建设，建立规范化、标准化的总分馆制

在县域总分馆制建设中，应针对乡镇特点制定服务体系建设标准，规范工作程序和管理规章制度，以政策为依据推动标准化、专业化发展。标准应采用国家标准和行业标准。进行总分馆建设时，乡镇图书馆的服务体系标准应严格遵循国家标准和公共图书馆行业标准，从而使乡镇图书馆相关业务工作进一步统一和规范。标准有分馆建设标准（馆舍面积等的达标）、业务工作标准、服务标准、基层技术标准、管理制度标准等。

在进行县域总分馆制体系建设时，规范体系建设的首要任务是将乡镇图书馆定位为"公共图书馆"，在建设规划中将乡镇图书馆纳入本土专业化公共图书馆服务体系发展规划中，同时明确政府对县域图书馆总分馆建设的责任和范围。在政府主导下，由图书馆专业人员根据公共图书馆的专业化和技术要求规划分馆的发展方向，同时设计分馆的服务内容、方式，开展其文献加工、文献服务、文献咨询、文献检索、多媒体及数字资源的提供、讲座培训等深层次的专业服务，在建设的过程中将基层图书馆碎片化的功能再度整合起来。

（三）融合乡镇图书室、"农家书屋"建设，整合基层图书馆碎片化功能，提高服务效能，以避免二次建设造成资源浪费

严格意义上讲，乡镇图书室、村"农家书屋"不是图书馆，只是其备了

部分图书馆的特质与功能，如果通过总分馆制体系建设将乡镇图书室、"农家书屋"融入公共图书馆总分馆制体系建设中，不仅可整合乡镇图书室、"农家书屋"碎片化功能，同时也遵循了因地制宜、避免重复建设的导向。

公共图书馆、文化馆（乡镇图书室）归属于文化和旅游部系统，"农家书屋"归属于国家广播电视总局系统。多年来，公共图书馆界提议将"农家书屋"交由文化和旅游部管理，以实现建设与管理主体的统一，但这需要顶层设计。现实中到市县一级行政，公共图书馆、文化馆、"农家书屋"都归属于文化广电新闻出版局管理。如乐山市文化广电新闻出版局统理"农家书屋"建设工作，乐山公共图书馆、文化馆又是文化广电新闻出版局直属单位，这说明在基层实际上已经具备了实现建设与管理主体统一的条件。但是目前乐山县域文化局呈现多个部门之间互不干涉、条块分割的现状，乡镇图书室和"农家书屋"都不归文化广电新闻出版局直属单位公共图书馆管理。因此，政府应下决心打破部门界限，整合条块分割，将乡镇图书室和"农家书屋"的管理权、建设权交由公共图书馆负责，进行专业化改造。把乡镇图书室和"农家书屋"具备公共图书馆功能的资源纳入乡镇图书馆管理权限中，让乡镇图书馆按照专业化公共图书馆的功能进行资源整合。

（四）在建设起步阶段理顺图书馆专业化建设方向，从源头上理顺基层公共图书馆发展的专业化方向，同时纠正非专业化方向的发展

认同乡镇图书馆的专业化地位，除了由县级公共图书馆保证馆藏建设和服务设计的专业化，还要保证乡镇图书馆的工作人员有足够的能力实施县（市）图书馆设计的专业化服务。加强对乡镇图书馆服务能力的建设，首要任务是配备具有图书馆专业素养的人才，各层级政府应出台相关政策，对县域总分馆建设中的乡镇图书馆下达相应的编制和公益文化岗位数量，加强队伍专业化建设，提高从业人员的职业精神、业务素质和服务意识。由县文化广电新闻出版局和乡镇政府制定图书馆业务人员聘任制度、培训制度和考核制度，用制度保障专业队伍的稳定；县公共图书馆负责县域内图书馆专业人员的培训、辅导工作；在配置好专业人员的基础上，开展藏书建设、网络化建设，提升其服务效能。

参考文献：

［1］中共中央办公厅、国务院办公厅印发《中共中央办公厅、国务院办公厅关于加快构建现代公共文化服务体系的意见》（全）［EB/OL］.［2017-02-

22]. http://www.gov.cn/xinwen/2015-01/14/content_2804250.htm.

[2] 王黎. 乐山市公共图书馆服务体系建设现状及发展对策研究 [J]. 新世纪图书馆, 2017 (2)：57-61.

[3] 文化和旅游部、中央文明办等印发《"农家书屋"工程实施意见》通知 [EB/OL]. http://www.gov.cn/zwgk/2007-03/28/content_563831.htm2007-03-28.

[4] 于良芝, 李亚设, 权昕. 我国乡镇图书馆建设中的话语与话语性实践——基于政策文本和建设案例的分析 [J]. 中国图书馆学报, 2015 (4)：4-19.

[5] 于良芝, 范并思, 蒋永福, 等. 现代图书馆理念的基石："权利时代的图书馆"巅峰论谈 [J]. 图书馆建设, 2015 (1)：5-19.

[6] 邱冠华. 新世纪以来国内公共图书馆总分馆建设回顾与思考 [J]. 中国图书馆学报, 2017 (4)：18-31.

[7] 张岩. 从图书馆权利视野论总分馆建设 [J]. 图书馆建设, 2015 (12)：21-24, 46.

[8] 于良芝. 我国基层图书馆的专业化改造——从全覆盖到可持续的战略 [J]. 图书馆建设, 2011 (10)：7-11.

（原文刊载于《乐山师范学院学报》2018 年第 5 期）

农民工文化权利保障法律制度研究

陶涛 陈柯

（四川大学；四川省成都市，610000）

摘 要：文化权利是公民的基本权利。作为特殊群体的农民工，其文化权利应当得到法律的充分保障。根据国家统计局 2016 年的调查数据显示，2015 年我国农民工的总人数达到 27 747 万人，农民工逐渐成为城市中一个特殊而又重要的群体。农民工是城市建设的中坚力量，是城市的一分子，他们的文化素质程度与城市建设息息相关。保障农民工的文化权利，也是宪法对农民工文化权利的尊重和保障农民工人权的重要体现。《中华人民共和国公共文化服务保障法》的出台是国家对文化重视的又一体现，其中规定的对农民工等特殊人群应提供相应的文化服务也是对农民工文化权利保障的具体体现。当前我国为保障农民工文化权利，中央与地方不断完善与文化权利相关的法律和政策，中央大力推动公共文化服务设计的建设，地方不断加大对公共文化服务的财政投入。随着国家对公民文化权利的重视，文化权利保障同以前相比已有很大提高，但是国家对农民工这一特殊群体的文化权利保障依然需要进一步完善。当前，在农民工文化权利保障方面，主要还存在政府和社会对农民工文化权利重视程度还有待加强、农民工文化基础设施还相对匮乏、农民工文化活动内容较为单一以及农民工参与文化活动的意愿还不够积极等问题。农民工作为城市建设的主力军，他们的文化权利是否得到保障，这关系着其能否融入城市文化之中，也是促进国家经济发展、保障社会稳定的主要因素。法律作为调整社会关系的重要方式，也是保障农民文化权利的重要手段。本文立足于法律视角，在

作者简介：陶涛（1965—），四川大学法学院副教授、硕士生导师，博士。陈柯（1989—），就职于四川大学法学院人权研究中心。专业：宪法与行政法学。研究方向：政法、文化权利保障。

基金项目：四川省教育厅人文社会科学重点研究基地——四川基层公共文化服务研究中心 2016 年度项目（项目编号：JY2016AB03）。

文化权利保障基本的理论基础上，通过对农民工这一特殊群体的文化权利保障所存在的问题进行总结以及原因分析，探索解决之道。

关键词：农民工；文化权利；法律保障

一、农民工文化权利保障基本理论概述

（一）农民工的概念

由于我国在转型过程中二元结构特征明显，伴随着农村剩余劳动力转移出现了农民工这一特殊现象。可以说，农民工问题是中国转型时期的过渡现象，是传统户籍制度、城乡二元经济社会政治分割，与市场经济发展、统一劳动力市场及中国现代化发展进程相冲突的产物。从传统社会向现代社会转型过程中，必然经历一个产业结构和城乡结构的转换，也经历着由农业人口向城市人口转化的过程，这个过程实质上是工业化、城市化、现代化的过程。

农民工是指具有农村户口身份却在城镇或非农领域务工的劳动者，是中国传统户籍制度下的一种特殊身份标志，是中国工业化进程加快和传统户籍制度严重冲突所产生的结果。农民工虽然不能与拥有城镇户口身份的劳动者享有同样的权利，但是他们又有别于传统的农业劳动者，在于其离开土地甚至居住地并在城镇从事着非农产业，其直接后果便是在获得高于传统农业收入的同时，也形成了与传统的、真正的农民群体日益扩大的距离。所以，农民工事实上处于游离或边缘状态，不是传统意义的城镇居民，也不是传统意义上的农村居民。

从广义上讲，农民工既包括自身拥有农村户籍和耕作土地而到城市里面来务工的人群，也包括转为非农户籍的"失地农民工"和"无地农民工"，同时还包括中央在2010年提出的"新生代农民工"。新生代农民工是与传统农民工不同的概念。随着城市建设的加快，现在"80后""90后"农民工占农民工的比例逐渐上升，而他们一直游离在城市和农村之间，并未实际参与耕作。他们渴望融入城市，并为之洒下汗水，但由于文化资本的差异，他们很难融入城市文化生活。

（二）文化与文化权利

1. 文化的概念

在讨论文化权利之前，我们有必要弄清楚文化的定义。从广义上讲，文化是指人类在社会历史实践中所创造的物质财富和精神财富的总和；从狭义上讲，文化是指社会的意识形态以及与之相适应的制度和组织机构。对于"文

化"这一词的来源却颇有争议，学界普遍认为出自《易经》，其中"关乎天文，以察时变；观乎人文，以化成天下"虽然并没有出现"文化"一词，但是初现"文化"的含义。而国内外最早给"文化"一词定义的是爱德华·博内特·泰勒（Edward Burnett Tylor），他是这样表述的："文化和文明在民族学中的定义来看，主要是包括信仰、知识、艺术、法律、道德、习俗以及社会成员的人所学习和接受的其他才能与习惯在内的复合体。"

笔者认为，"文化"一词是个极其复杂的概念。从狭义的观点来看，文化就是指人类在历史发展的过程中创造出来的精神财富，包括观念、道德等；从广义的观点来看，文化不仅包括观念、道德，而且还包括人类创造的物质财富，即艺术、文字、科技、法律等具体的方面。本文所研究的文化权利主要是从广义的角度来展开讨论。

2. 文化权利的概念

文化权利和文化一样，有着多样性、复杂性的特点，人们对于文化权利的概念也不可能有同样的认识。笔者认为，文化权利是指公民个人在社会生活中参与文化活动、享受文化成果和对自身的文化创造享有物质上、精神上的权利。文化权利是公民的基本权利之一，而在当下，国内学者普遍认为，文化权利主要包括以下几个方面：

（1）参与文化生活的权利。参加文化生活的权利是文化权利的基础，也是最核心的内容。联合国教科文组织早已提出，参与文化生活主要包括以下两层意思：其一，获得文化，特别是指政府创造社会经济条件使人们自由获取信息、知识和了解并享受文化价值及文化财产的各种具体机会；其二，参与文化生活，是指所有个人和群体为了充分发展社会的文化进步而受到保障的自由表达、传播、表演和从事创造性活动的机会。参加文化生活的权利实质是个人平等拥有享受公共文化资源的权利，是政府部门、社会团体提供丰富多彩的文化活动项目，使公民自身能够自由地参与在文化活动中，从文化活动中抒发自我感情的权利。农民工也应当和普通市民一样参与城市的文化、娱乐项目。

（2）享受文化成果的权利。《世界人权宣言》第27条第1款规定了"人人有权自由参加社会的文化活动，享受艺术，并分享科学进步及其产生的权利"。享受文化成果的权利意味着公民有权利享受文化事业的成长、文化产业的发展以及科学技术的进步所带来的文化产品、文化成果形成的普遍福利，公共文化产品、成果是属于整个社会的公共财富，享受公共文化成果是社会成员的基本需要、基本权利和基本福利。而享受文化成果的权利不仅体现在狭义的文化层次上，而且还应包括享受科技成果，因为科技成果也是文化成果的一部分。当今世界，科技进步迅速，不仅市民有权享受科技成果的权利，作为城市建设者的农民工同样需要。农民工不仅有物质上的需求，同时具有文化层面上的需求，应同普通市民一样享受文化成果的权利。

（3）开展文化创造的权利。这一项权利在人权文件中并没有直接提出来，而是在"文化参与权"和"文化收益权"中映射出来的。这项权利不仅是文化权利的重要内容，还是其他文化权利实现的保障和前提。不仅是最能体现文化权利主体的主体意识、主观价值的一项权能，而且是文化权利主体最乐于行使的一项权能。而笔者认为，虽然农民工在文化资本、文化教育以及文化创作上比不上城市市民，但在日常生活中，他们也有文化创作的权利；并且他们不仅应当享受文化创造的权利，而且应该享有文化成果保障的权利。

（4）接受教育的权利和培训权利。在传统的人权理论之中，文化权利还包括进行文化交流、合作的权利，但是在农民工这一领域，用受教育权利和培训权利更加准确。当今世界科学技术发展迅速，只有不断接受教育和接受培训，才能更快地融入社会。与普通市民不同，农民工接受教育和培训的机会并不多。农民工应有权自主选择政府所提供的培训渠道或自主选择社会组织所提供的渠道，使自身文化权利得到保障。

（三）农民工文化权利保障理论基础

1. 社会公平正义理论

在研究农民工文化权利保障的问题时，必然会涉及农民工和普通市民的平等性问题。而在讨论农民工文化权利时，无可避免会涉及社会的公平正义理论。公平和正义，是法律所追求的最高目标，是依法行政和民主法治的必然要求。著名的政治思想家约翰·罗尔斯就力图建立一种政治哲学来维持现行政治制度的稳定，以此为目的，他构建了"公平正义"理论。公平正义理论是公平和正义的结合：正义原则应当建立在公平的基础上；公平则是正义原则的应有之意。同时，他认为，每个人在平等而且自由的体制中，他们都有相同不可剥夺的权利。在马克思的观点中也表明，正义是建立在公平对待所有社会成员、尊重少数人基本权利的基础上。

公平是社会和谐的底蕴和基础，和谐社会首先应当是一个公平的社会。公平正义是人类社会的美好追求，是党一贯奋斗的目标，也是长期以来人们在价值方面追求的最高目标。发展中国特色社会主义文化以及推进社会主义精神文明建设，就应该提高全民族的大众文化素质。为了维护社会的公平正义并改善农民工文化权利保障状况，政府和社会应该公平对待农民工群体，高度重视农民工文化权利保障工作。在制定农民工文化权利的法律法规时，应充分考虑公平正义原则。随着城市的不断发展以及农民工人数不断增加，农民工已成为城市中的重要群体。不断完善农民工文化权利的保障，是我国对人权的重视并且彰显了我国对公平公正的不断追求。

2. 建设公共服务型政府理论

20世纪80年代，西方国家掀起了新公共管理运动，对传统的以官僚制为基础的公共行政理论提出了质疑。也正是在这个时候，建设服务型政府被提出并得到学界的广泛关注。建设服务型政府就是指把对社会服务、公众服务作为政府运行、存在和发展的宗旨。党的十八大报告明确指出："深入推进政企分开、政资分开、政事分开、政社分开，建设职能科学、结构优化、廉洁高效、人民满意的服务型政府。"2013年2月23日，中共中央政治局就《国务院机构改革和职能转变方案（草案）》展开了讨论，中央调整思路，通过对中央机构的调整，最终决定建设公共服务型政府，以此推动中国的市场化改革。在党的领导下的公共服务型政府，通过建立健全公共服务体系、创新公共服务机制等一系列措施来提升公民对公共服务型政府的认同度。法治社会是现代社会最根本的特征，而这一特征的内在要求就是建立一个公共服务型政府。传统的行政法理论是"命令到服从"，公共服务型政府则是以造福公民为目标，主动为社会和公民提供优质产品和服务的政府。

公民的文化权利是私权，国家和政府应当主动保障公民的文化权利。农民工维护自身权利意识不强，作为公共服务型政府应该主动保障农民工文化权利，建设一个主动保障农民工文化权利的新型公共服务型政府。

3. 人权保障理论

人权是指人因其为人而应当享有的权利。"人权"一词并非我国历史文化中的本土词语，而是"舶来品"，由阿利盖利·但丁在欧洲文艺复兴时期较早地提出了"人权"这一概念。而最早提出人权理论的杰出代表是英国的约翰·洛克和法国的让-雅克·卢梭。作为17世纪的思想家，洛克提出，人权是人生来拥有并应当拥有的权利，包括生命权、自由权、财产权、平等权等自然权利。18世纪思想家卢梭提出，人权是"人生而平等"的权利，自由和平等作为人应有的权利，不应该受到剥夺。恩格斯也说过，一个人，或者说一个国家的公民或是社会的任一成员，都应该有平等的社会地位和政治地位。

2004年我国"国家尊重和保障人权"以宪法修正案的形式被纳入宪法之中。以《中华人民共和国宪法》（以下简称《宪法》）为依据，第一代人权侧重于个人政治权利以及经济、社会和文化权利；第三代人权更注重公民的发展权，这也是文化权利中受教育权和培训权的体现。农民工作为中华人民共和国公民，在城市的建设中理应享受平等的人权，受宪法和法律的保护。我国政府和社会应当认真贯彻"国家保障人权"的宪法精神，切实保障农民工的文化权利。

二、农民工文化权利保障的现状分析

（一）现阶段法律法规对农民工文化权利的保障

近年来，我国经济快速发展，国家在持续推进就业和医疗等问题的同时，也逐渐开始关注农民工的文化缺失问题。国家不仅在立法层面不断完善与农民工相关的法律制定，出台了多部关于文化权利方面的立法，同时也以"办法""意见"等多种方式对农民工文化权利保障做出规定。"十一五"以来，随着我国公共文化服务体系建设的有序推进，各地文化行政部门采取多种措施，切实加强对农民工文化权利的保障，农民工文化权利保障呈现不断完善的趋势。

1. 宪法为农民工文化权利保障提供了根本依据

宪法是一个国家的根本大法，拥有最高的法律效力。通过宪法来规定公民的文化权利，具有重要意义。虽然宪法未对农民工文化权利做出单独规定，但是作为我国公民，农民工文化权利也理应受到宪法保护。《宪法》在其条文中从不同的角度对公民文化权利保障进行了规定，主要包括以下几个方面：

（1）《宪法》在总纲部分进行了概括性规定，确定了对公民文化权利保护的原则。在总纲部分的第2条第3款"人民依照法律规定，管理经济和文化事业"，对公民文化权利中的文化参与权做出了规定。

（2）《宪法》直接规定公民应当享有的某项文化权利，如宪法第47条规定"中华人民共和国公民有进行科学研究、文学艺术创作和其他文化活动的自由。国家对从事教育、科学、技术、文学和其他文化事业的公民的有益于人民的创造性工作，给以鼓励和帮助"。单这一条规定而言，就规定了公民的几项文化权利，包括受教育权、文艺创造权、科技创造权以及参与文化活动的自由权。该条规定明确了公民的文化权利这项基本权利。

（3）《宪法》直接规定了国家在保护公民文化权利的实现而需要采取的措施，《宪法》在第19条至第24条规定了关于保护文化权利的具体措施，分别确立了"社会科学发展""自然科学发展""相关文化事业发展""精神文明建设"等相关规范和要求。以《宪法》的第22条为例，该条规定了"国家发展为人民服务、为社会主义服务的文学艺术事业、新闻广播事业、出版发行事业、图书馆博物馆文化馆和其他文化事业，开展群众性的文化活动"。不难看出，《宪法》已经在具体的条款规定了公民的基本文化权利，并充分证明了文化权利的重要性。

不仅如此，"国家尊重和保障人权"在 2004 年以宪法修正案第 33 条第 3 款被纳入了宪法。这项修正案确立了我国人权保护原则，对文化权利的保障起到了解释、补充和发展的作用。

2. 法律法规、国家政策为农民工文化权利保障提供具体依据

农民工作为城市的一分子，作为国家的公民之一，拥有文化生活受保障的权利。这不仅体现在宪法，而且体现在专门的法律之中。通过专门法律的规定，可以找到保护农民工文化权利的具体法律基础。

（1）文化领域的专门法律。我国在 1982 年颁布了《中华人民共和国文物保护法》，这是我国第一部文化领域内的专门法律。该法将有形文化遗产和自然遗产作为保护的重点，是我国文化遗产法制化的开端。这项法律的颁布对我国后期文化事业的发展产生了深远的影响。而后，我国于 2011 年颁布实施了《中华人民共和国非物质文化遗产法》，该法律是继《中华人民共和国文物保护法》后又一部重要的法律，具有重要的意义。该部法律不仅弘扬了中华民族传统文化，也为保障非物质文化遗产工作提供了法律依据。虽说这两部与文化有关的法律都并未直接对农民工文化权利保障提供基础，但是对后来的农民工文化权利保障工作产生了深远影响。

（2）专利权和受教育权的相关法律。我国于 1984 年通过的《中华人民共和国专利法》和 1990 年通过的《中华人民共和国著作权法》，使公民享有文化成果被保护的权利。农民工不仅有开展文化创造的权利，而且农民工享有文化创造成果受《中华人民共和国专利法》和《中华人民共和国著作权法》保护的权利。随着 1994 年通过的《中华人民共和国劳动法》和 1996 年通过的《中华人民共和国职业教育法》的先后出台，为农民工的受培训权提供了具体的法律基础。1995 年，我国颁布了《中华人民共和国教育法》，该法明确规定"公民不分民族、种族、性别、职业、财产状况、宗教信仰等，依法享有平等的受教育机会"这一基本原则，使农民工的受教育权得到具体的法律保障。

（3）公共文化权利的专门法律。2016 年 12 月 25 日，第十二届全国人民代表大会常务委员会第二十五次会议表决通过了《中华人民共和国公共文化服务保障法》，该法于 2017 年 3 月 1 日正式施行，该部法律的施行将促进公共服务标准化，全面提升服务效率与能力，切实保障我国广大人民群众的基本文化权利。该项法律明确指出，将图书馆、科技馆、体育馆、工人文化宫、农家（职工）书屋等作为公共文化设施的同时，大力支持公共文化事业的发展，并

依法将公共文化服务纳入本级财政预算，安排公共文化所需资金。① 该法律是中国第一部关于公共文化的法律，将会对公民的文化生活产生深远影响，农民工的文化权利也因此得到更加充分的保障。

（4）行政法规、部门规章以及相关政策文件。除《宪法》和其他法律外，行政法规、部门规章以及政策性文件也为农民工文化权利提供了保障基础。如《公共文化体育设施条例》，该条例扩大了公共设施的利用和开放度，扩大了农民工文化活动的范围。《公共图书馆服务规范》也明确指出公立图书馆发放的对象是广大群众，并努力满足特殊群体（包括农民工）的文化需求，这对农民工的精神文化生活起到了一定的促进作用。

（5）除宪法、法律、行政法规、部门规章之外，国务院以及各部委的相关文化政策出台也反映了我国文化权利保护的现状。2006 年，国家发布了《国务院关于解决农民工问题的若干意见》，该文件不仅规定了农民工职能培训和农民工文化的相关工作安排，而且确定了具体实施的部门。在《文化和旅游部关于高度重视农民工文化生活，切实保障农民工文化权益的通知》中，强化并明确了政府在农民工文化权利保障工作中的责任。在《中共中央、国务院关于深化文化体制改革的若干意见》《中共中央办公厅、国务院办公厅关于加快构建现代公共文化服务体系的意见》中，针对特殊人群（农民工）作为公共服务的重点对象，均体现了我国对农民工文化权利保障的重视，并为之提供了基础。2011 年，文化和旅游部、人力资源和社会保障部、中华全国总工会联合下发了《文化和旅游部、人力资源和社会保障部、中华全国总工会关于进一步加强农民工文化工作的意见》，该意见将农民工文化服务纳入公共图书馆、文化馆评估考核体系，建立了"政府主导，企业共建，社会参与"的工作机制，满足了农民工的文化特殊需求。该意见建立了农民工文化事业专项经费并将其纳入财政预算，为农民工文化事业提供了物质支持。

3. 国际条约为农民工文化权利提供域外保障

我国加入的国际人权公约中，许多与公民文化权利相关。1948 年《世界人权宣言》第 22 条明确指出，"作为社会成员的每一个人，有权享受他的尊严

---

① 《中华人民共和国公共文化服务保障法》第 14 条规定："本法所称公共文化设施是指用于提供公共文化服务的建筑物、场地和设备，主要包括图书馆、博物馆、文化馆（站）、美术馆、科技馆、纪念馆、体育场馆、工人文化宫、青少年宫、妇女儿童活动中心、老年人活动中心、乡镇（街道）和村（社区）基层综合性文化服务中心、农家（职工）书屋、公共阅报栏（屏）、广播电视播出传输覆盖设施、公共数字文化服务点等。"

和人格的自由发展所必需的文化方面权利的实现"。第27条明确指出，"人人有权自由参加社会的文化生活，享受艺术，并分享科学进步及其产生的福利"，"同时享有自身独立创造的科学、文学和美术作品产生的物质利益和精神利益保护的权利"。我国于2001年批准了《经济、社会及文化权利国际公约》，在这套监督机制下，我国需定期向联合国提交履行报告。2005年，专家委员会审查了我国提交的人权报告后，对农民工文化生活、就业和教育等方面的权利保护问题表示关注，并提出了宝贵的建议。针对联合国的建议，我国对农民工问题制定了相应的政策法规，在我国农民工文化、生活保障等方面起到了明显作用。

（二）现实生活中农民工文化权利保障存在的问题

针对现实生活中农民工文化权利保障存在的问题，我们采用了问卷调查法和实地访谈法来调研，而调查的对象是成都市农民工。成都市是中国西部的重要城市，随着国家西部大开发以及"一带一路"倡议的提出，成都必将在城市规模上更加扩大。城市的建设，离不开城市的建设者，而在我国城乡二元分化的情况下，农民工成为成都的基础建设者。天府新区的打造，使得成都市向国际一线城市迈进，天府新区的建设离不开农民工的力量。2016年上半年，成都工业投资同比增长37.3%，同时在2016年下半年房地产市场急剧升温，这都使得成都市农民工的数量在未来会增多。

成都市统计局2015年4月19日发布的数据报告指出，农民工从事的行业往往集中在以出卖劳动力为主的第二产业和第三产业。数据显示：成都市农民工九成以上选择第二产业和第三产业这些劳动密集型发展的行业，从事行业主要以建筑业，制造业，居民服务、修理和其他服务业，批发和零售业等为主导，占比分别为23.1%、21.5%、19.3%、12.2%。

由于成都市的行业和地域的分布特点，同时结合成都市统计局的统计数据，本次调研主要采用随机抽样法和分层抽样法相结合，制定了详细的抽样方法。本次调查总共发放800份问卷，分别在建筑行业、制造业、服务行业、批发零售行业以及其他行业发放。其中，于天府新区在建地铁口和天府新区在建工地周围发放200份问卷进行建筑调查，在成都富士康工厂和双流蛟龙港工业园发放200份问卷，在双流华丰食品城发放100份问卷，在各大天桥下装修小工处发放100份问卷，其他行业和地方一共发放200份问卷。最终收回问卷共753份，有效问卷共710份，有效率达88%。通过对710份问卷的数据调查和信息对比，最终为分析农民工文化权利保障现状提供了有力的数据支撑。

1. 受教育权（培训权）保障中存在的问题

农民工与本地市民相比，教育文化程度普遍偏低。在收回的710份问卷调查中，农民工为小学学历的一共有 177 人，占调查总数的 25%；农民工为初中学历的一共有 305 人，占调查总数的 43%。农民工为小学学历和初中学历的一共占调查总数的 68%（图 1）。接受过培训的农民工，占调查总数的 38%；没参加过培训的农民工，占调查总数的 62%（图 2）。愿意接受培训的农民工，占调查总数的 53%；不愿意接受培训的农民工，占调查总数的 17%；而农民工中觉得无所谓的，占调查总数的 30%（图 3）。

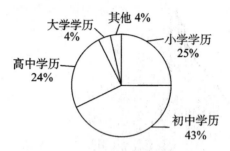

图 1　农民工受教育程度

图 2　农民工受培训比例

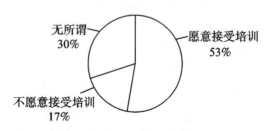

图 3　农民工接受培训意愿比例

农民工培训权得不到保障主要体现在以下几个方面：

（1）对农民工培训工作的重视还不够。政府、企业、农民工自身对于劳动培训的概念还比较淡薄，还并未认识到培训的重要性。通过对部分农民工的访谈了解到，很多农民工认为不需要培训或者认为培训可有可无，其主要的原因是认为自己的工作性质就是卖苦力，不需要培训，培训对自身意义不大，并且"羊毛出在羊身上"的观念根深蒂固，认为接受培训其实是自己花钱，不愿意把钱花在培训上。而从企业的角度来看，企业最重要的是追求利益最大化，如果对农民工的培训不能够给企业带来长期利润，企业并不愿意在这方面做过多投入。作为政府，其重心是放在经济增长上，而农民工的重心是放在农民工被拖欠薪资的问题上。对于农民工的培训，政府财政投入的力度也还不够大。

（2）培训学校整体水平较低，不能全面承担农民工的培训责任。农民工的职能培训不仅是一项系统的工程，而且还是一项专业技术较强的工程。农民工的培训应当从企业的发展和所经营的范围出发。但是作为部分企业的高管，考虑到公司的当前利益发展以及当前经济状况，自身并不能够成立专门的培训部门，所以将农民工的培训工作交给职业培训学校。而当前的培训学校多数是事业单位，是政府成立的职业技术培训学校。学校大部分老师都是从高校直接到培训单位任教，缺少一线工作经验，不能深层次培养农民工的操作能力，难以承担培训农民工的重任。

（3）培训只注重技能培训，缺少文化培训。农民工的文化教育程度相对较低，并且缺少一技之长，从事的大多是"脏、苦、累"的工作，很难通过自身的培训进入到高收入、高文化、高技术的行业。据我们的统计显示，农民工不仅希望自身的职业技能得到培训，还希望在文化层次方面得到培训，其中大多数农民工选择了法律培训和计算机培训。

（4）农民工子女受教育权问题得不到保障。受教育权是我国《宪法》规定的基本社会权利，是每个公民的基本权利。《联合国人权宣言》也指出，"不论阶层，不论经济条件，不论父母的居住地，一切儿童都有受教育的条件"。据我们的调查表显示，在成都市范围内，有28%的外地农民工子女是在成都市接受的九年义务教育，而有72%的外地农民工子女不在成都市接受九年义务教育，如图4所示。多数农民工表示，愿意子女到自己身边来学习。

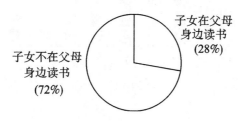

图4　子女在父母身边读书比例

而农民工子女的教育主要存在以下问题：

（1）没有城市户籍，不能就读市公立学校。户籍问题一直是我国突出的问题。城乡二元化导致了我国户籍被分为城市户籍、农村户籍、本地户籍和外地户籍。与拥有城市户籍的公民相比，拥有外地户籍的公民更难在本地公立学校上学。虽然2006年国务院出台的《国务院关于解决农民工问题的若干意见》明确指出，"城市公办学校对农民工子女接受义务教育要与当地学生在收费、管理等方面同等对待，不得违反国家规定向农民工子女加收借读费及其他任何费用"，但是市公立学校门槛依然较高，农民工子女就学难的问题依然存在。

（2）由于城市公立学校的高门槛，许多农民工把子女送到民工子弟校就读。民工子弟校一般位于城乡接合部。这类学校师资薄弱，设施简陋，教育质量低下，不能够给农民工子女带来平等的教育资源。而许多民办的民工子弟校根本不能满足办学条件，学生得不到正规教育。

2. 文化参与权保障中存在的问题

文化参与权是文化权利的基本构成部分。所谓的文化参与就是指政府和社会团体向公民提供文化服务，公民自由参与社会文化生活的过程。据问卷调查显示，农民工的文化生活还相对单一，同时农民工文化活动参与积极性低。

调查问卷一共给出了"在家休息""看电视""玩手机、上网""棋牌""读书、看报""闲逛""参加公共文化活动""去图书馆、博物馆"以及"其他文化活动方式"9个选项（多选）。有效的710份农民工问卷显示，选项最多的分别是"看电视""在家休息""玩手机、上网"这三个选项，如图5所示。

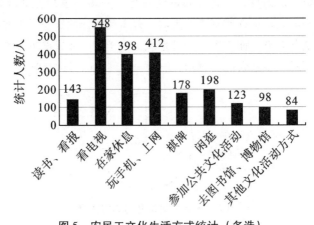

图5　农民工文化生活方式统计（多选）

不难看出，农民工的文化生活相对单调。而在参与社区文化活动的选项中，有73.2%的农民工选择了"不参加或很少参加"，有26.8%的农民工选择了"经常参加"。

根据对部分农民工的访谈，找出了农民工文化参与权得不到保障的具体表现：

（1）农民工休息时间偏少。根据我们的调查显示，每日工作8小时以内的农民工人数占调查总数的8%，而每日工作在10~12小时的农民工人数占调查总数的37%，如图6所示。参与文化活动是一项精神活动，需要足够的空余时间来保障。根据我们的访谈了解到，多数的农民工是没有双休日的，特别是建筑类的农民工，只有在发生恶劣天气的情况下才能够休息。我国的劳动法规定职工每日工作8小时，每周工作40小时。农民工的工作时间大多都超出了这一规定的范围。

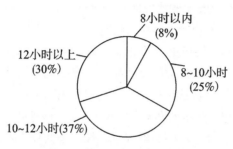

图6　农民工工作时间统计

（2）社区提供的文化活动相对较少。文化权利虽然作为宪法的基本权利，其实并未得到广泛的重视。据实际走访表明，社区给农民工提供的文化活动较少，心理教育严重不足。问卷报告显示，社区中很少组织文化活动的占调查总数的22%，经常组织文化活动的占调查总数的27%，从来没有组织文化活动的占调查总数的51%，如图7所示。

图7　社区文化活动组织统计

社区组织的文化活动对农民工自身精神生活质量的提高以及农民工的融入感有着十分重要的作用。在实地访谈的过程中，多数农民工表示社区并没有为农民工提供相应的文化活动中心。文化的参与权同时包括文化的认同感，农民工一般不是本地居民，总认为同本地城市居民有所差别，若要改变他们的这一看法，需要社区多组织文化活动、公益活动，让农民工融入城市的文化氛围中来。以上的调研表明，社区在农民工文化权利保障道路上还任重道远。

（3）企业的文化活动内容供给还不丰富。文化活动不仅需要个人积极参与，还需要企业组织并提供硬件设施。我们在访谈中了解到，"富士康"这类大型制造类企业拥有阅览室、运动场、足球场、文化创作中心等硬件设施，但是像普通建筑类、服务类企业，却并没有给农民工提供硬件设施以供农民工参与文化活动。与此同时，农民工的文化娱乐活动大多都由朋友之间相互组织，许多企业并没有对农民工的文化娱乐活动进行积极组织，这主要的原因是企业大多不重视农民工的文化权利的发展。

3. 享受文化成果权保障中存在的问题

文化成果是人类发展历史上的瑰宝，《世界人权宣言》第 27 条第一款就规定"人人有权自由参加社会的文化生活，享受艺术，并分享科学进步与其产生的福利"；同时，《经济、社会及文化权利国际公约》也明确规定了"享受科学进步及其应用所产生的利益"。2016 年，《国务院关于进一步做好为农民工文化服务工作的意见》中明确规定，加大公共设施对农民工免费开放的力度包括博物馆、美术馆、文化馆、图书馆，且必须根据农民工的实际文化需求，增加文化服务场次。根据问卷显示，在工作中去过博物馆、文化馆、美术馆的农民工占调查总数的 17%，没有去过博物馆、文化馆、美术馆的农民工占调查总数的 83%，如图 8 所示。

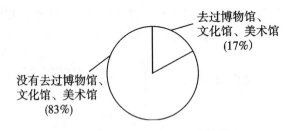

图 8　农民工去公共文化设施的统计

针对这样的比例，笔者展开了访谈，了解到大多数农民工认为：去此类文化场所产生的费用可以节约下来做其他事情。农民工的收入普遍较低，且消费于文化产品的比例相对较小。"经济基础决定上层建筑"，农民工的文化消费观念大多还停留在不愿意去收费类博物馆这种地方。

根据访谈可知，大多数农民工所在企业几乎从未组织过去博物馆、文化馆、美术馆进行参观。笔者针对这一现象对"富士康"中层领导进行了访谈，得到的结论并不理想。企业对农民工文化生活的不重视，使农民工很难充分享受人类文化成果。

在《国务院关于进一步做好为农民工文化服务工作的意见》中，虽然要求加大公共设施对农民工免费开放的力度，但成果并不理想。经过调研，这与各大博物馆、文化馆、美术馆的宣传有关。在农民工看来，所有博物馆、科技馆、美术馆都需要收费，可见"三馆"的宣传以及文化部门对农民工免费享受文化成果的宣传还不到位，导致农民工文化服务工作效果不佳。

（三）农民工文化权利保障问题的法律分析

1. 城乡分割二元结构，导致农民工文化平等权受损

所谓的二元结构是指发展中国家转型过程中，城市产业和农村传统产业因为生产效率所造成的城乡二元对立。我国的城乡分割二元结构主要是以户籍制度为基础，把我国公民分为城市户口公民和农村户口公民，并且对这两种公民实行不同的政策，也有学者称这一现象为"城市分治，一国两策"；而这一政策主要是通过户籍、就业、社保、教育、土地等多方面行政管理制度形成。农民工是我国在经济转型中的一种过渡现象，是二元结构和户籍制度的产物。在计划经济时代，户籍治理主要是为了控制城市人口膨胀、预防大规模农民工涌入城市以达到维护社会稳定、社会和谐的目的。

在城乡二元结构体制下，我国的户籍制度将城市公民和农村公民砌上一道无形的墙，同时也将城市公民和农村公民区分开来，农村公民不能自由成为城市公民，并且两者通常被适用不同的社会待遇，这不仅仅是政治上的不平等，也是权利上的不平等，特别是在城市的教育、文化设施等公共产品上，都体现了二元体制结构下的不平等。

农民工虽然在城市工作、生活，但是由于户籍制度的限制，农民工很难成为城市公民，一般的农民工也都只有"暂住户口"，也很难同城市市民一样享有平等的培训权、受教育权以及文化参与权。单就拿农民工子女上学这一问题来看，户籍制度成为农民工子女同城市市民子女平等接受教育的最大门槛，农民工子女大多由于户籍问题，使其被拒绝在公立学校之外，不得不就读于农民工子弟校或是其他私立学校。此外，农民工文化的参与权和文化成果的享受权都在户籍制度下使其难以和城市居民平等享受。

从根本上讲，我国的城乡二元结构以及城乡户籍制度成为农民工和城市居

民平等享有文化权利的阻碍，也成为农民工文化平等权受损的重要因素。

2. 文化权利立法滞后，体系不完善

从1982年以来，宪法对文化权利的规定几乎没有变化，但是涉及经济的条文比文化权利的条文要多出一倍来。从宪法对文化权利的保护我们可以看出，我国随着改革开放将重心放到了经济建设中，对文化权利的保障还相对欠缺，这不利于我国文化事业的发展。

相对于我国宪法对文化权利的保障，我国法律对文化权利的保障也相对较少。在文化方面，全国人大制定的相关法律有《中华人民共和国文物保护法》《中华人民共和国非物质文化遗产法》《中华人民共和国著作权法》《中华人民共和国义务教育法》《中华人民共和国教育法》以及后来颁布的与特殊人群相关的权益保护法①等。2017年3月1日实施的《中华人民共和国公共文化服务保障法》是目前最新的关于文化权利保障的法律，但是这也仅仅是关于供给公民文化设施的法律，对公民的文化权利保障还不够全面，不能成为我国的文化基本法。通过全国人大的立法工作来看，我国法律在文化立法方面起步较晚，稍显滞后。

如果有关文化权利的立法处于被动、盲目的状态，这便会使有关部门形成不良结果，使公权力很难保障公民的文化权利。我国目前尚未形成一套保障文化权利的法律调控理论系统，也就是说文化权利的保障还没有统一的价值指引，对文化权利保障的方向等还缺少一致的判断标准，所以我国在文化权利的立法上还存在法律位阶偏低、立法盲区偏多、体系结构不完整、可执行性不强等特点。例如前面所提到的，法律对我国公民的文化权利的调整还相对较少，文化权利的保护多数体现了行政法规、部门规章上，由于这些文件的法律位阶偏低，使农民工的文化权利很难得到有效的保障。

在缺少统一的文化法律体系的同时，国家专门对农民工权利保护的法律也相对较少。针对老年人、妇女、未成年人和残疾人，国家出台了相关法律去保障这类弱势群体的权利，例如《中华人民共和国未成年人保护法》《中华人民共和国残疾人保障法》《中华人民共和国老年人权益保障法》等，这类人群的文化权利保护也在这些法律中有所体现。但是作为我国城市化进程中所形成的社会群体——农民工，国家并未出台法律对其相关权利进行保护，取而代之的

---

① "与特殊人群相关的权益保护法"主要是指国家对残疾人、老年人、未成年人、妇女等形成的不同法律，包括《中华人民共和国老年人权益保障法》《中华人民共和国妇女权益保障法》《中华人民共和国未成年人保护法》《中华人民共和国残疾人保障法》等。但是并未有专门的文化权利保障法。

多数是国务院和部委所发布的政策性文件，虽然从广义的角度讲，均属于国家的法律体系，但是由于自身位阶低，保障的力度还不够。目前看来，农民工的经济权利得到了国家的高度重视，但是对文化权利的保障还非常滞后，常常处于被忽视的境地，而文化的融入是农民工融入城市的重要指标。

3. 行政保障力度不够，文化权利保障工作难以落实

文化权利的属性决定了文化权利的保障离不开国家积极的履行保障义务。农民工文化权利的实现需要政府的保障，不可否认，政府在保障农民工文化权利方面做出了许多努力，使农民工文化权利中的部分权利得到了保障，但是政府对农民工文化权利的保障工作总体上还不够重视，并且在服务质量方面也还存在不少问题，主要是以下几方面原因：

（1）在农民工文化权利保障上，出现了机构混乱、角色不清、职权交叉、执法真空等一系列问题。就目前而言，我国还没有专门保障农民工权益的职能部门，权益保障工作大多都分散在了国务院的部委之中。在地方上，也是由各大职能部门来分别保障农民工的权益。在文化政策的制定和落实上，文化和旅游部发挥了主导作用，劳动部门和农业部门主要在农民工的培训上承担主要工作，教育部门主要在农民工子女的教学层面承担主要的执法责任，财政部门主要在为农民工提供财政支持上承担主要工作，同时工会也在农民工文化权利的保障上做出了一定的贡献。虽然说分职能多头管理有利于单位各自发挥所长且更加专业地进行执法活动，但是执法部门的冗杂、机构的分散还是会给文化权利保障工作带来职权交叉、角色不清、执法真空等问题。2013年成立的农民工工作领导小组虽然在一定程度上解决了部分问题，但是其工作的性质并不能明确统一执法权，使得各职能部门有可能会形成相互推诿的局面。

（2）专项经费缺乏，农民工文化建设相对缓慢。行政力度的保障不足，还体现在农民工文化活动经费不足的方面。我国的文化工程建设一般处于临时拨款的状态，并没有保障公民文化服务的专项性长期性经费。农民工的文化参与方式相对较单一，大多都将业余时间用在了看电视、玩手机、上网、睡觉上，这与公共文化基础建设有很大关系。农民工大多数都生活在城乡接合部，周边文化设施还相对简陋，并没有像图书馆、文化馆这类公共文化服务设施。在城市公共图书馆借阅图书经常会被要求提供长期居住证明，而社区图书馆更是很少为外来农民工开放；同时据访谈得出，多数农民工所居住的社区较少有文化活动的场地，有场地的地方大多硬件设施较差。这很大一部分原因在于政府资金投入不够，以至于城乡交接的地方公共设施简陋，活动条件门槛较高。

（3）行政部门监管力度欠缺，使农民工文化权利受损。行政部门的监管

在文化权利的保障中有至关重要的作用。一方面，农民工文化消费品监管还有待提高。由于缺少正常的文化活动，很多农民工将不良嗜好变成了重要的文化活动方式。另一方面，在互联网发展的今天，很多不健康的文化生活使农民工丧失了接受优秀文化的机会。虽然在网络监管方面存在技术难题，但是也体现出了行政部门在互联网文化监管上的力度不够。行政部门对用人单位的监管体制还不够完善。用人单位也是保护农民工文化权利的另一主体，但是从调查问卷显示，用人单位一般都缺乏保障农民工文化权利的积极动力。虽然部分地方性规章制度以及规范性文件都对用人企业加强本单位文化活动建设做出了原则性的要求，但是很少有对企业在这方面的落实情况和违反后果做出规定。因为缺少问责机制，政府很难对其不作为的行为进行处罚，用人单位也不用担心会被相关行政部门进行追责以及受到法律的制裁。

4. 诉讼机制不健全，法律救济手段缺乏

在农民工的文化权利保障中之所以会出现较多的问题，一个重要的原因是文化权利缺少诉讼机制，法律的救济手段较缺乏。文化权利作为公民的基本权利，在其受到侵犯时，需要有救济手段才能够保证权利的实现。作为终极救济方式——司法救济在整体看来还非常不完善，不能发挥应有的作用。文化权利的法定化和宪法化经历了一个很长的法治发展过程。虽然文化权利得到了许多国家宪法的保障和确认，同时也获得了人权公约的认可和实施，但是在文化权利的司法化上还存在很大争议。

司法救济就是指人民法院在权利人权受到侵害而依法提起诉讼后，依其职权按照一定的程序对权利人的权利进行补救。虽然文化权利作为我国公民的基本权利，但是对于宪法规定的基本权利，在没有宪法法院也没有违宪审查制度的情况下，这个问题依然难以解决。被誉为宪法司法化第一案的"齐玉苓"案，开启了宪法司法化的先河，但是该案件的处理方式并不是通过直接引用宪法中保护公民受教育权的条文进行裁判，而是通过民事诉讼的方式来解决这一问题，这也充分说明了文化权利的可诉性在我国依然具有争议。

通过民事诉讼和行政诉讼来保障自身的文化权利不受侵害存在诸多困难，主要原因是我国现行法律对文化权利的规定还很少，使得司法机关对于农民工文化权利受侵害所提起诉讼的受案范围变得非常狭窄。《中华人民共和国民事诉讼法》第三条明确规定，将受案范围确定在侵犯人身关系和财产关系的纠纷案件中。虽然有关条例规定了企业有义务保障农民工的文化权利，但是企业的不作为并不能直接定义为侵犯了农民工的人身关系和财产关系，并不能依此提起诉讼。同时在《中华人民共和国行政诉讼法》第十二条可以看出，行政诉讼的受案范围也被定义在文化权利和财产权利受到侵害的情况下。

法律援助的不完善，也使农民工文化权利得不到应有的保障。法律援助是为了向有需要的人无偿提供法律帮助，以使他们在法律面前能够人人平等。从广义上讲，法律援助应当适用于诉讼案件和非诉讼案件，不应该将法律援助强行规定在某一方面。文化权利作为宪法规定的基本权利，它既是基本权利之一，也是第三代人权发展权的体现，理应将文化权利的相关保障纳入法律援助中来。当前，法律援助工作多出现在农民工的工伤赔偿和劳动报酬请求上，作为文化权利被侵害的情况，成为法律援助工作的盲区。可能由于文化权利还并未司法化，使其并未纳入法律援助中来。

5. 国家宣传力度不够，农民工自身文化意识淡薄

在新中国发展的初期，国家将重心一直放在了经济建设上，对文化的宣传重视程度还不够大。而在改革开放过后，在"实事求是，解放思想"的潮流下，国家大力提倡经济体制改革，所以通过宪法和法律对经济权利、政治权利做出了很大修改，使两者在人民群众中耳熟能详。党的十六大开始，国家开始重视文化体制改革，但是宣传力度依然赶不上经济体制改革。党的十八大明确指出将文化放在中国特色社会主义中的重要位置，文化的宣传工作力度开始进一步加大。由于长期经济建设的重要任务，文化权利的重视程度和宣传工作相对滞后，使得公民文化意识淡薄。

由于文化资本的差距，农民工与城市市民在文化认识上有很大差距。农民工大多在农村长大，对文化的认识相对城市市民还较为落后，还未能正确认识文化权利也是自身权利的一部分，是自身的合法权益。中国的基层社会，尤其在中国的农村，是一个熟人社会，人们大多都是平日里所熟识的，人与人之间形成了一种相互依存、互相牵连的关系，所以人们大都不愿意为了权利纠纷而依法解决，以此来破坏彼此之间的关系。也正是由于这种思想，使得农民工维权意识偏低，很难自主维护自身的权利；同时，在生活之中，农民工大多数将经济权利放在了第一位，不明白自身文化权利的重要性。

所以，农民工自身文化权利意识的欠缺、维权意识低也是我国农民工文化权利保护中所产生问题的部分原因。

三、完善我国农民工文化权利保障的法律建议

（一）完善农民工文化权利保障的立法工作

立足于我国农民工文化权利保障的问题和原因，这里主要是从立法层面、执法层面、司法层面分别对农民工文化权利保障提出对策，从而解决农民工文

化权利保障中出现的问题。

1. 完善文化权利立法体系

（1）加强宪法对文化权利的保障。《宪法》是国家根本大法，拥有最高的法律地位，规定了公民的基本权利和国家的基本义务，文化权利的保障离不开《宪法》的保障。《宪法》规定"国家尊重人权和保障人权"，文化权利本身也是一种人权，所以应该确认文化权利也享有基本人权的宪法地位。在《宪法》中确立了文化权利的地位，不仅可以结束文化权利是否为人权这一学术争论，同时可以加强文化权利的地位，强化公民对文化权利的认识，最终和以保障文化权利相关的法律形成完整的体系。同时，《宪法》虽然规定了公民享有的几项基本文化权利，例如公民的受教育权以及享有科研、文艺创作和文化活动的自由权，但是文化权利的内涵远不止这几项，还包括文化参与权、享受文化成果权、文化认同权以及少数民族维护语言、文字的权利等，所以笔者建议可以以宪法修正案的形式体现在宪法之中。虽然《宪法》的稳定性有助于宪法的权威地位，但是我国目前的《宪法》对文化权利的保护还很少。经济体制改革后，关于经济的宪法修正案不断增多，文化权利的保障可以以经济类的宪法修正案为借鉴，最终文化权利以宪法修正案的形式被纳入宪法。

（2）制定文化权利基本法。制定文化权利基本法是完善我国文化权利立法体系的重要步骤，虽然有学者认为当前制定文化权利基本法的条件还不成熟，但是笔者并不赞同。我国目前文化权利保障工作表现出了诸多问题，很大一部分原因是我国公民对文化权利还缺少正确的认识，甚至我国部分行政部门和工作人员对文化权利的内容和含义还认识不够。在法理学上普遍认为，法律具有指引作用，法律规范的规定有助于公民对文化权利有着更为清楚的认识。文化基本法的制定弥补了《宪法》对文化权利保护的不足，有助于人们更加清楚地认识文化权利的内涵，为提高公民维护自身文化权利的意识起到重要的作用。目前，已经有部分关于文化权利的立法，同时国际上也有诸多文化权利立法的借鉴，所以当前我国形成专门的文化基本法的立法技术问题并不大。有学者认为，文化权利基本法应当包括政府的文化政策以及人们的文化权利两个部分。将国家的文化政策写入法律之中可以使政策保障更加具有力度，弥补了政策保障文化权利力度不够这一问题；同时，将文化权利政策写入文化权利基本法，有助于文化权利保障工作的稳定性和连续性。在文化权利基本法中，应对义务的主体、权利范围和违法后果做出明确的规定，因为文化权利基本法的制定是宪法具体化的体现。当前《中华人民共和国公共文化服务保障法》已经出台，已经有效地推动了文化事业的发展和文化权利保障工作的进步，但是仍然缺少一部文化权利的基本法来保护我国公民的文化权利。

（3）完善公共文化设施立法。当前我国只有一部笼统的公共文化服务保障法律，即《中华人民共和国公共文化服务保障法》。这部法律大多规定的是提供公共文化设施的内容，虽然在法条中规定了公共文化设施的范围和开放的人群，但是具体的公共设施立法还不够具体，需要形成专门的公共文化设施法律。然而，也有一些好的现象使我们欣慰。我国实施的《博物馆条例》已经实行很久，为博物馆法立法工作带来了许多经验，打下了基础；同时《中华人民共和国公共图书馆法》的问世，也是完善我国公共文化设施专项立法的重大进步。

（4）形成专门保护农民工权益的法律。在特殊群体的保护上，我国已经出台了《中华人民共和国老年人权益保障法》《中华人民共和国未成年人保护法》《中华人民共和国残疾人保障法》和《中华人民共和国妇女权益保障法》等，但是还未对农民工权益保护形成专门的法律。笔者认为，农民工作为特殊群体，有必要形成一部专门保护农民工权益的法律，类似于"农民工权益保障法"，而在这部法律里面可以针对农民工文化权利保障方面做出具体的规定。"农民工权益保障法"的制定使农民工的权利包括文化权利有了很好的法律保障，也是为农民工自身文化权利保护提供了法律基础。

2. 建立城乡统一的户籍制度

我国实行的二元化城乡户籍制度使公民被分为农业户口公民和非农业户口公民，二元化城乡户籍制度使农村公民变成了二等公民，这一制度也是农民工文化供给不能得到平等对待的重要原因，公平保护农民工的文化权利就应该进行户籍制度改革。取消户口限制已经是一个趋势，许多学者提出了自己的看法。有学者认为，应加快户籍制度的利益的分离，还原户籍制度本来的面目；同时，国家应该取消农业户口和非农业户口的区分制度，可以以公民居住地界限划分户口。农业户口和非农业户口的取消，可以消除农民工和城市居民的户籍差别，使农民工充分融入城市，享受城市的公共文化资源。

推动户籍改革是消除对农民工不平等待遇的重要途径，也是平等对待国家公民的关键所在。推动户籍改革需要修改当前的《中华人民共和国户口登记条例》或者是根据当前我国国情制定新的户籍管理办法，从根本上废除城乡二元化户籍制度。我国1954年的《宪法》规定公民有自由迁徙的权利，但是在随后的几部《宪法》中并没有再次提起，而我国户籍制度的问世主要是为了保障社会稳定以及避免农村人口大规模涌入城镇，造成混乱。但是现今由于生活的物质成本，使很多农村公民不再愿意涌入城市，所以当前取消城乡二元化户籍制度、建立新的户籍管理办法已经有了现实的可能性。

推动户籍制度改革、建立新的户籍管理办法是解决农民工文化权利保障不平等的重要办法。

（二）完善政府和社会对农民工文化权利的保障

完善政府执法，加强政府执法保障，对我国农民工文化权利保障有着重要意义。

1. 加强文化建设，提高文化认同

文化权利的实现需要国家强有力的干预，但是文化政策的制定和文化设施的投入需要充分考虑弱势群体，向弱势群体倾斜，保证文化资源和文化财富在分配对象、内容以及方式上的公正平等。文化权利的投入，需要对不同阶层之间进行资源配置，以此防止公共资源的过度集中。针对农民工这一特殊群体，需要加大文化权利的投入力度，缩小文化差距。

（1）加大文化资金投入，为农民工公共文化服务提供物质保障。农民工公共文化设施的建立，离不开物质保障作为基础。政府应当加大农民工文化设施的资金投入，设立专门的农民工文化服务经费，同时拓宽农民工文化建设资金的来源渠道，以政府的优惠政策来吸引更多的公共设施建设者参与到农民工文化设施的建设中来。政府可以组织社会公益团体、有经济实力的企业或个人对农民工文化权利进行捐赠。

（2）加强基础设施的建设，为农民工文化参与提供场所。政府可以在农民工聚集的地区设立小型图书馆、文化活动中心来保障农民工文化参与的使用场地，丰富农民工的文化生活。文化消费也是公民实现文化权利的一种重要方式。目前，针对农民工文化消费能力不足的情况，政府可以制定政策去鼓励文化产业经营者到农民工文化建设的部队中来，可以将税收优惠或是提供免租金商铺等优惠条件作为吸引经营者的条件；同时，国家层面可以制定相关的优惠政策或是通过政府购买文化服务等方式提高文化服务质量。

（3）提高文化场所服务水平，为农民工平等享有文化权利提供保障。很多的公共文化设施（如社区图书馆）对农民工这一特殊群体均以不同的方式进行了门槛的设置。政府应该做好开放公共文化设施的工作，提高服务水平，同时对于社区文化场所的服务人员应该加强平等意识的教育。

由于当今社会多元性、包容性的特点，因而需要国家和政府为农民工文化服务提供更多的物质保障和政策保障，让农民工更多地参与到文化活动中来，以增强农民工自身的文化认同感。

2. 构建农民工培训机制

当今社会的快速发展使公民具有危机意识，农民工也希望通过培训来提高自身的业务水平和文化素质。但是当前我国的农民工培训机制还存在许多问题，需要切实可行的有效政策来保障我国农民工的培训权利。

（1）要加大宣传力度，重视农民工培训工作。农民工培训权利得不到保障，很大一部分是由于社会对农民工培训工作不重视造成的。政府应当将对农民工的培训提升到国家战略层面上来，通过多渠道媒体宣传，使农民工和企业明白培训的长期利益和短期利益，在培训中提高农民工的文化综合素质，进而提高整个国民的素质。

（2）建立有效的投入机制。国家作为义务主体，应当加大对农民工培训的资金投入，同时拓宽农民工培训资金的来源。从政府层面上讲，保障长期、稳定的资金投入，是建立有效投入机制的重要部分，这点可以参考印度的"教育券"形式，通过政法给公民发放教育券，来抵充公民的培训费用，这样可以使农民工有自主选择培训地点和培训项目的权利。但是，资金的来源单靠政府并不能解决问题，还应当多渠道拓宽资金来源。政府可以以优惠政策来吸引企业、社会团体等对农民工展开培训，例如税收优惠、发放补贴、优惠贷款等一系列优惠政策。

（3）结合培训需求，按需要提供培训。结合农民工需求提供培训，需针对农民工的不同年龄阶层、不同文化水平等方面来综合考虑，对小学毕业、初中毕业的农民工，主要应采取预备制培训，而对已经在城市里工作的农民工，需根据企业发展和需求对其进行技能培训。不仅如此，培训机构还应适当增加培训的项目。传统上对农民工培训主要集中在技能方面，但是现在的社会应当重视对农民工进行安全意识培训、法律维权意识培训、城市生活常识培训等，只有进行综合性培训，才能有效提高农民工的综合素质。

3. 加强企业和社区对农民工文化生活的重视

农民工多数是外地到城市就业的人群，所以在参与文化活动上都稍显被动，作为企业和社区应当多组织农民工文化活动，加强对农民工文化生活的重视。

（1）企业应当加强对农民工文化生活的重视。农民工为企业带来了利润的同时，也应该享受高质量的文化服务。企业是农民工的工作地点，同时也是农民工的主要生活地点。首先，用工企业应当定期为农民工组织文化活动，例如举行晚会、表演，让农民工自己参与到文化活动中去。其次，用工企业应当在自己公司建设阅览室或者文化活动室，并制订相应的管理方案，为农民工的文化生活提供物质保障和场所保障。再次，用工企业可以为员工文化活动提供专项资金并专款专用。最后，用工企业可以针对农民工所希望掌握的知识进行专项培训，丰富农民工的文化知识。有经济条件的企业可以聘请专门的心理咨询师，为农民工因为工作压力产生的问题进行有效疏导。

（2）社区应当加强对农民工文化生活的建设。社区是农民工重要的生活场所，理应提供丰富多彩的文化生活。社区应当在公共文化设施建设上考虑农民工文化需求，针对需求提供文化设施和资源；在平时开展社区活动时，应当对农民工和城市市民一视同仁，做到不歧视、无偏见，让农民工感觉到社区对自己无差别的对待；社区应当积极开展文化活动，不断创新文化活动的形式，提高文化活动的质量，要重质量轻形式，让农民工在文化活动参与中真正融入社区，增强自身的文化认同感和城市归属感。在文化活动中，应当加强农民工和城市市民的交流，不仅要拓展他们的文化范围，还要拓展他们的生活范围，让他们更好地融入城市。最后，社区可以提供文艺培训，培养农民工的业余爱好，并帮助和鼓励农民工加入业余爱好社团，丰富农民工的文化生活。

4. 加强行政部门监管

一部好的法律及一套优秀的制度需要强有力的执行和监管才能起到效果。行政部门应当加强社会对农民工文化权利保障的监管工作，切实保障农民工的文化权利。

（1）完善对用人企业的监管机制。目前国务院以及部分地方政府已经先后出台了农民工文化权利保障的文件，并明确规定了用人企业有义务保障农民工的文化权利。但是由于政策本身的法律位阶低，并且执法力度不够，导致很多规定成了一纸空文，并不能给文化权利保障这一企业义务得到落实。政府当前应该建立用人企业的检查机制，要将文化建设纳入检查范围中，并且定期检查文化建设情况。不仅要严格执法，对违反农民工文化建设义务的企业还要做出处罚，同时对积极展开文化建设的企业应给予鼓励，可以以补贴、税收优惠等实际措施来鼓励企业。而从企业的层面讲，农民工工作时间应当严格按照《中华人民共和国劳动法》所规定的劳动时间来执行，保障农民工的休息时间，好让农民工有更多的时间去参与文化活动。

（2）加强对文化消费市场的监管。由于农民工生活的地方较为偏僻，并且农民工自身的文化生活相对单一，造成了农民工文化消费低俗化这一现象。政府应当加强对农民工文化消费市场的监管，可以通过加强执法力度、充实执法人员、各部门协同执法等方式来打击低俗文化消费，使农民工有一个健康的文化消费市场。对于低俗性文化消费场所的经营者，应当给予行政处罚，情节恶劣者，直接交予司法部门处理。

（3）加强对社区文化建设的监管。社区是为农民工提供文化设施、文化活动的重要提供者，政府应当建立对社区文化建设的监管，特别是对农民工建设的监管。针对社区工作，政府应当定期考核，主要考核文化活动组织情况、文化设施提供情况等，对文化建设较差的社区应当提出批评，做出处罚。

5. 建立政府文化服务绩效考核制度

在农民工文化建设方面，政府部门除了用具体措施对文化建设进行政策制定和引导激励之外，还应当亲自参与农民工文化建设的相关事业。为农民工提供丰富的公共文化资源，是提高农民工文化权利效用的积极可行手段。面对各个职能部门相关职能的不同分工，并对建设性等多个因素进行综合考量，设置专门的负责公共文化事务的政府部门。这不仅是其他国家在公权力上直接参与文化建设管理的成功经验，也是同当前我国国情相符合且值得借鉴的积极方案。结合相关经验，考核机制主要包括以下具体手段：

（1）加强政府对农民工文化设施建设的信息公开。信息公开可以通过年度报告向社会公布文化机构的工作情况、经费使用情况、工作成果等。信息公开也是公民实施监督的前提。

（2）加强在文化项目审批和执行过程中的监管。对于各类公共文化建设项目，应当在审批和执行环节设置全面而细化的评估标准，升级部门可以根据标准的要求对文化建设的实际成果进行评价，并作为具体文化建设工作是否合格的结论性依据。

（3）在公民监督的情况下，不断重视和收集农民工对文化服务的意见，使得相关建设更加符合农民工的实际需求。

（三）构建农民工文化权利保障的司法体系

无救济则无权利，当农民工文化权利受到侵害时，应当使用权利救济手段来维护自身文化权利不受侵害。建立有效的司法救济制度是农民工文化权利能否得到切实保障的关键。

1. 建立文化权利可诉性的司法机制

政治、经济、文化权利的可诉性一直就是学术界有争议的问题，传统的宪法理论认为公民的文化权利是不可以进行司法救济的，这主要是基于以下几个原因：第一，司法机构不能裁决社会政策的问题；第二，文化权利本身还具有模糊性；第三，司法机构不能救济积极权利等。但是随着文化权利越来越多地成为国家的基本权利以及《经济、社会及文化权利国际公约》被越来越多的国家批准，文化权利的可诉性在学理上也获得了认可和支持。

（1）建立符合我国国情的违宪审查模式。在英美法系国家，法院可以直接使用宪法的规定对公民权利受侵犯的事实进行裁判，但是目前符合我国自身实际的违宪审查模式还在探索中。笔者认为，应当尽快建立符合我国国情的违宪审查制度，让农民工文化权利具有可诉性。

（2）扩大诉讼法的受案范围。《中华人民共和国行政诉讼法》和《中华人民共和国民事诉讼法》对诉讼范围进行了限制，包括人身权和财产权。公民在享受文化服务的同时可以带来物质利益，相关的文化权利有必要被纳入《中华人民共和国行政诉讼法》和《中华人民共和国民事诉讼法》的受案范围。目前，文化权利的保护中只有对知识产权利的保护有所规定，但是知识产权只是文化权的一部分，并不包含文化权利，所以有必要在程序法中扩大受案范围并与实体法相对应，最终达到保障农民工文化权利的目的。

（3）运用具体的法律来保障农民工的文化权利。在我国尚未建立宪法诉讼的模式中，文化权利在司法救济中还存在困难，最有效可行的方式是以具体的法律依据进行民事、行政诉讼。也就是说，当公民的文化权利受到侵害时，依据各专项法律的规定，向法院提起诉讼，从而获得司法救济。目前较为成熟的文化权利保障是在知识产权类方面，但是文化权利的救济还不成熟，处在较为初期的阶段。当农民工的文化权利受到侵害时，还没有具体的法律可以作为依据。所以，只有在相应的立法颁布以后，农民工文化权利的司法救济才能更好被推进。

2. 完善农民工的法律援助制度

法律援助应是让每个人都有获得法律援助的可能性，不应该受案件类型的限制。从国外的经验来看，很多国家都没有在法律援助上设定案件的范围，法律援助的范围很广。但是目前在我国，很多是经济类案件和刑事诉讼类案件才能够进行法律援助，而公民的文化权利并不能申请法律援助。随着文化基本法的制定，文化权利诉讼案件也会逐渐增多，文化权利方面的法律援助需求也会产生。目前，随着《中华人民共和国公共文化服务保障法》的出台，使农民工在公共文化设施使用权上拥有了法律的保障。将文化权利纳入法律援助保障，可以减轻农民工文化维权的经济顾虑，更有助于维护自身的权利，最终实现社会的公平正义，让社会更加和谐。

由于之前我国国情决定，将农民工的文化权利纳入法律援助制度还不成熟，但如今经济条件已经成熟，可以加大农民工法律援助的力度：第一，中央和地方财政可以将农民工法律援助费用纳入财政预算；第二，各级地方政府成立专门的农民工法律援助资金，专款专用，解决农民工维权费用高的问题。

3. 构建文化权利公益诉讼机制

公益诉讼制度是指特定的国家机关、相关组织在法律的授权下，对违反法律规定且侵害国家、社会、个人利益的行为向法院提起诉讼的制度。目前我国的《中华人民共和国民事诉讼法》和《中华人民共和国消费者权益保护法》分别在环境和消费者权益方面进行了公益诉讼的规定，但未对公民文化权利进行公益诉讼规定。公益诉讼的核心问题是诉讼主体的问题，即"谁"有资格提起公益诉讼。我国应当建立文化权利公益诉讼机制，将侵犯农民工文化权利案件纳入公益诉讼中来。

当前我国可以建立文化权利保护机构，以该机构的名义进行文化权利公益诉讼，通过司法程序可以起到加强对政府部门以及对企业文化保障的监督。可以使农民工不再单独面对政府、企业等强势主体，能够更好地为农民工文化权利提供救济保障。同时，文化权利的公益诉讼其本身性质决定该诉讼不能够给机构带来丰厚的物质回报，国家可以采取对文化公益机构的资金投入，或者是大力宣传文化权利保护机构的益处，以公益事业的形式得到社会各界的捐赠，为文化权利保护机构提供资金支持。

四、结语

随着城市化进程的不断加快以及农民工数量的不断增多，使农民工逐渐成为一个庞大而又特殊的群体。农民工是城市的建设者，为城市创造了大量的物质财富，但是农民工文化权利保障出现的问题也随着城市化进程加快而不断暴露出来。近年来，国家通过立法手段保障农民工这一特殊群体的文化权利，中央和地方也不断出台相关政策去改善农民工的文化生活。从目前看来，虽然国家通过立法手段来保障农民工的文化权利，但是在农民工的文化权利保障方面还存在诸多问题，所以政府对农民工这一特殊群体的重视程度还应加强。

当前我国农民工文化生活所出现的主要问题是文化生活单一、培训权得不到落实、农民工子女教育权得不到保障、文化参与积极性低、政府对农民工文化生活投入不够等。而产生这些问题的主要原因表现在立法层面的不完善、执法不严、司法救济手段匮乏和农民工自身文化素质较低等方面，这使得农民工文化建设举步维艰，农民工文化权利保障事业进步缓慢。

为农民工提供丰富多彩的文化生活，为农民工建立一个良好的文化权利保障制度，需要国家和社会的共同努力，这是一个巨大的工程，而法律和制度保障是这一工程的基石。推动农民工文化权利保障工作，需要有完善的立法、严格的执法和有效的救济途径。三项工作的完成离不开国家和社会对农民工文化权利的认同，也离不开农民工自身的文化认同。保障农民工的文化权利，要在政府和社会中树立对农民工文化权利保障的理念，要不断重视在农民工文化权利保障中出现的问题，推进农民工文化生活建设，切实保障农民工的文化权利。

参考文献：

[1] 郑功成，黄黎岩，等. 中国农民工问题与社会保护 [M]. 北京：人民出版社，2007.

[2] 朱悦蔚. 现代性语境中的行政法治研究——以农民工权利保护为例 [M]. 北京：中国人民大学出版社，2016.

[3] 孟凤英，夏静雷. 论新生代农民工的文化权益保障 [J]. 广州大学学报，2012，11 (3)：53-57.

[4] 俞思念. 文化与宽容 [M]. 北京：社会科学文献出版社，2009.

[5] 爱德华·博内特·泰勒. 原始文化：神话、哲学、宗教、语言、艺术和习俗发展之研究 [M]. 连树声，译. 桂林：广西师范大学出版社，2005.

[6] 吴理财. 文化权利概念及其论争 [J]. 中共天津市委党校学报，2015 (1)：53-61.

[7] 许军珂，李红勃. 文化权利的法律保障机制研究 [M]. 北京：世界知识出版社，2014.

[8] 约翰·罗尔斯. 作为公平的正义：正义新论 [M]. 姚大志，译. 北京：中国社会科学出版社，2011.

[9] 孙国华，周元. 公平正义——社会主义法治的核心价值 [M]. 北京：中国人民大学出版社，2014.

[10] 薄贵利. 建设服务型政府的战略与路径 [J]. 国家行政学院学报，2014 (5)：94-99.

[11] 让-雅克·卢梭. 社会契约论 [M]. 何兆武，译. 北京：商务印书馆，1987.

[12] 江国华. 文化权利及其法律保护 [J]. 中州学刊，2013 (7)：46-52.

[13] 张象学. 农民基本文化权益现状及保障思路 [J]. 山东农业工程学

院学报, 2014, 31 (2): 23-26.

[14] 王在银, 何天谷. 四川农民工市民化研究 [M]. 北京: 中国人口出版社, 2011.

[15] 孙正林, 郭秀秀. 农民工培训: 现状、问题与对策 [J]. 东北农业大学学报 (社会科学版), 2011, 9 (1): 1-4.

[16] 由建勋, 陈留彬. 农民工培训的现实困境及对策 [J]. 职业技术教育, 2010, 31 (22): 60-63.

[17] 柳娥, 蒋爱群, 李菁. 农民工培训现状及培训需求调查报告分析 [J]. 中国农学通报, 2005 (10): 428-431.

[18] 张杰, 汪进元. 农民工子女受教育权的平等保护 [J]. 华东政法大学学报, 2009 (2): 18-26.

[19] 李海玲. 农民工文化权益保障研究 [D]. 苏州: 苏州大学, 2009.

[20] 侯志阳. 新生代农民工的文化参与状况调查 [J]. 重庆社会科学, 2012 (9): 25-30.

[21] 陆学艺. 破除城乡二元结构, 实现城乡经济社会一体化 [J]. 理论参考, 2010 (12): 29-32.

[22] 乔婧. 论我国公民文化权保护 [J]. 剑南文学 (经典教苑), 2011 (10): 257-258.

[23] 秦前红, 涂云新. 经济、社会、文化权利的可司法性研究——从比较宪法的视角介入 [J]. 法学评论, 2012 (4): 3-14.

[24] 秦前红, 涂云新. 经济、社会、文化权利的保障路径及其选择——在立法裁量与司法救济之间 [J]. 交大法学, 2013 (1): 112-129.

[25] 汤宇. 新生代农民工文化权利法律保障研究 [D]. 长沙: 湖南师范大学, 2015.

[26] 刘怀谦. 中国农民工问题 [M]. 北京: 人民出版社, 2005.

[27] 王隆文. 《日本文化基本法》的考察及其对中国的启示 [J]. 日本问题研究, 2013, 27 (4): 74-79.

[28] 别红暄. 当代中国户籍制度研究综述 [J]. 北京工业大学学报 (社会科学版), 2014, 14 (1): 10-15.

[29] 李强, 胡宝荣. 户籍制度改革与农民工市民化的路径 [J]. 社会学评论, 2013, 1 (1): 36-43.

[30] 刘英赫. 文化权利的法律保障机制研究 [M]. 北京: 世界知识出版社, 2014.

［31］夏静雷. 农民工基本权益保障研究［D］. 天津：南开大学，2013.

［32］刘艳苏. 彰显文化权利　构建适于农民工消费特点的文化市场［J］. 农业图书情报学刊，2012，24（8）：105-107.

［33］赵静娟. 如何维护新生代农民工精神文化权益［J］. 当代工人（C版），2013（5）：82-83.

［34］谢亚秋. 重庆市农民工城市公共文化权益保障机制研究［D］. 重庆：重庆工商大学，2015.

［35］潘嗥宇. 文化权利的法律保障机制研究——文化权保护面临的问题与对策［M］. 北京：世界知识出版社，2014.

［36］杨春福. 经济、社会和文化权利的法理学研究［M］. 北京：法律出版社，2014.

［37］许丽英，李明然. 新生代农民工法律援助机制探析［J］. 学术交流，2012（5）：31-34.

［38］陈承堂. 公益诉讼起诉资格研究［J］. 当代法学，2015，29（2）：77-86.

（本文系研究报告，此前未公开发表）

弱势群体的阅读推广探索

张 青

（成都大学图书馆；四川省成都市，61000）

摘 要：弱势群体作为在经济和社会地位上都处于弱势地位的群体，对知识和阅读的需求更加迫切。因而，公共图书馆在推动全民阅读、对弱势群体的阅读推广中则起着举足轻重的作用。本文着重介绍了弱势群体的界定和划分，论述了公共图书馆开展弱势群体阅读推广的重要意义；并从当前弱势群体的阅读现状入手，就当前存在的诸多问题提出了加强弱势群体阅读推广的有效举措，旨在为更好地服务于弱势群体的阅读行为提供参考依据。

关键词：弱势群体；阅读；推广；举措

公共图书馆作为由国家或地方政府管理并提供资金支持的、向公众免费提供阅读服务的公益性组织，在阅读推广工作中具有得天独厚的优势，对于弱势群体的阅读推广有着不可推卸的责任和义务。弱势群体的阅读推广，是满足弱势群体阅读需求并丰富其精神生活的重要举措。对于建设和谐社会、提高国民整体阅读水平，都有着重要的意义。因此，不断探索阅读推广新途径，也成为当前社会普遍关注的重要问题。

一、弱势群体的概念及范围界定

弱势群体又被称为弱势人群，一般是指在社会资源的分配过程中，由于受到客观条件的限制，导致其经济收入、社会地位、权益保护等都处于一个相对弱势的特殊社会群体。还有一种表述，即在社会中经济或能力贫困或者受到法律、制度、政策的排斥而造成的权利贫困的社会群体。在我国，弱势群体一般

作者简介：张青，就职于成都大学图书馆，副研究馆员。

基金项目：四川省教育厅人文社会科学重点研究基地——四川基层公共文化服务研究中心 2016 年度项目（项目编号：JY2016B01）。

可以概括为生活较为困难的群众。而这个群体具有构成状况较为复杂、存在的问题较为多样等特点，是在社会分化逐渐加剧和社会关系严重失调的社会现实下产生的，并且规模也在不断扩大。

二、公共图书馆加强弱势群体阅读推广的重要意义

（一）公共图书馆是弱势群体的精神文化阵地

公共图书馆是一个社会教育机构，是一所没有围墙的学校，是每一个公民接受终身教育的场所。图书馆拥有丰富的馆藏文献资源，有亘古以来人类创造和积累的各种信息资源。图书馆以其丰富、多样化、多载体的文献信息为物质基础，为人们的知识更新和积累提供最大的便利条件，成为人们日益倚重的获取知识信息的重要场所。弱势群体由于受自身客观因素的影响，在知识文化水平上普遍存在缺陷和短板，对于阅读的需求更加迫切。在弱势群体中做好阅读推广工作，不仅能够让其在阅读中增长见识、学习知识和技能、丰富自我的精神生活以及陶冶自身情操，还能够帮助他们不断跨越阅读障碍，提高自身参与社会文化生活以及更好地融入社会所需的能力。

（二）提高全民阅读水平，推动文化繁荣

在推动全民阅读的大趋势下不难看出，弱势群体的阅读水平就如同"木桶效应"中的那一块短板，制约着整体国民阅读水平的提升。因此，在弱势群体中做好阅读推广工作，不仅使得该群体的阅读水平得到提升，同时也推动着全民阅读水平的提升。加强对弱势群体的阅读推广服务，充分利用公共图书馆的资源满足其阅读需求，保证弱势群体能够获得最为基本的、均等的文化权益，这对全民文化素养的提升都有着重要的推动作用，进而可以推动我国文化建设向前发展，为繁荣我国文化事业贡献一分力量。

（三）促进公共文化事业发展，体现其教育职能

公共图书馆在弱势群体的阅读推广中占据着重要的位置，是开展全民阅读活动的重要力量之一。加强弱势群体的阅读推广工作，是公共图书馆的职责所在，是积极行使其社会教育职能的体现。弱势群体的阅读推广工作，依赖于公共图书馆的更加个性化、优质化以及多样化的服务；同时，也能够反作用于公共图书馆等公共文化事业的发展，使其不断延伸服务的深度和广度，提升服务层次，实现现实意义上的普遍均等服务，从而使得我国的公共文化服务体系的建设更加科学与完善，公共图书馆等公共文化事业的服务职能得到进一步的体现，经济效益也得到进一步的扩大。

（四）推动社会和谐发展，体现社会公正、平等

弱势群体由于种种客观原因导致其经济或者社会地位低下，很容易催生其

不平衡心理。故加强阅读在弱势群体中的推广，可以极大地满足他们的阅读需求，弥补其精神文化的空缺，使其获得更多的知识和技能，并创造出逐步摆脱种种现实困境的条件。这将有利于消除弱势群体中的不和谐因素，消除弱势群体的焦虑心理，尽可能地减少其因心理不平衡而产生的社会冲突现象，进而推动社会的和谐进步与发展。因此，要重视弱势群体中的阅读推广工作，重视弱势群体公平且平等地享受公共文化服务的权益，将不和谐因素的影响降到最小。

三、当前弱势群体阅读推广现状中存在的问题

（一）阅读资源不足，针对性较差

公共图书馆是由政府创立的公益性服务单位，其性质决定了政府的支持与投入是其发展的主要动力。事实上，公共图书馆为弱势群体提供专门服务的区域仍然不足，阅读资源的缺乏使得弱势群体的阅读需求未能得到满足；同时，公共图书馆对于弱势群体的阅读现状缺乏准确的把握，不能够根据弱势群体的知识水平和阅读需求、困难类型等做出合理剖析，并制定出有针对性的阅读推广活动。因此，弱势群体的阅读推广效果就会大打折扣，有流于表面化之嫌，进而削弱阅读推广在弱势群体中的效果。

（二）阅读推广形式单调，可持续性差

根据对公共图书馆弱势群体阅读推广现状的调查可知，当前的推广工作存在形式单一的现象，故影响着阅读推广活动开展的效果。这主要是由于弱势群体阅读推广自身的局限性，以及公共图书馆的阅读推广人员在形式的开发上缺乏创新和创意等原因所导致的。在"走出去"这一方面还存在单一性，远低于"引进来"的服务模式，故还有很大的开发空间和上升空间。另外，由于对推广模式的认识不到位，在具体的执行上缺乏评估机制，无法评估活动的开展情况，持续性一般都较差，因而很难得到长期有效的坚持。

（三）设施建设欠缺，服务性差

首先，很多的公共图书馆在面向弱势群体的公共资源上的建设还不到位，例如"无障碍资源"。出行不便利，是弱势群体阅读推广的一大障碍；同时，阅读资源和阅读辅助设备更新换代较慢，也成为影响服务质量的重要因素。究其原因还在于公共图书馆的资金投入有限，先进的设备和人才引进未能得到投入并使用。其次，部分从事弱势群体阅读推广的工作者，还存在专业知识严重不足、素质不高、缺乏创新精神和服务意识等问题，不能适应弱势群体的阅读需求服务。

（四）缺乏立法保障，管理体制不完善

时至今日，关于弱势群体的阅读推广工作国家还尚未出台明确的图书馆法。法律保障的缺失，势必也会影响图书馆自身管理体制的建设。公共图书馆的发展缺乏必要的协调与统一，内部管理体制不健全；同时，由于缺乏有效的监督管理体制，使得管理的效果和服务质量都呈现下降的趋势。管理体制的不完善，在很大程度上影响着阅读推广的服务质量，因而需要得到充分的重视。

四、制定公共图书馆弱势群体阅读推广服务的对策

（一）建立健全相关图书馆法律体系，保障阅读权利

健全的法律法规对于公共图书馆弱势群体的阅读推广具有十分重要的意义，是推广活动顺利开展的重要保障，也是具体的行动指南。国际社会颁布的《联合国教科文组织公共图书馆宣言》《图书馆自由宣言》等，都要求公共图书馆为弱势群体提供平等的阅读权利，但在阅读推广工作方面，仍缺乏明确的法律法规支持。因此，必须要加强对图书馆法的立法工作，用以明确规范图书馆的工作宗旨和服务方式、内容等，重视保障公共图书馆为弱势群体提供平等公正的阅读权利。

（二）提高图书馆资源丰富度与针对性

首先，丰富的图书馆馆藏资源是图书馆能够持续进行阅读推广活动的前提，也在很大程度上影响着阅读服务的质量。因此，图书馆应不断拓展资金来源渠道，不断丰富图书馆的馆藏资源，为弱势群体提供能够满足不同类型阅读需求的纸质资源、数字资源等。其次，公共图书馆还要在丰富馆藏资源的基础上，提高信息资源的针对性。这就要求图书馆需要对弱势群体的阅读现状做出详细的调查并进行严格的分析；了解他们的阅读特点，并多多听取他们的意见，为其提供所需的阅读需求资源，并且制定专门的阅读推广的形式和活动。只有这样，才能够为弱势群体提供更优质和个性化的服务，提高他们的整体阅读水平。

（三）完善推广模式，建立弱势群体读者信息库

公共图书馆还需要不断创新和探索多样化的阅读推广方式，明确活动对象，充分了解各类型弱势群体的阅读特点，为其量身打造适合的阅读推广模式，吸引更多的人参与进来。图书馆可与当地相关机构如劳动就业部门、残疾人联合会、学校等取得联系，将本地区弱势群体的档案材料及他们的详细情况诸如姓名、年龄、性别、原单位、特长、爱好等进行搜集、登记等。同时，公共图书馆应搜集他们利用图书馆的基本情况，如到馆时间、所需信息的种类、

所选择的服务方式、满意度等，建立弱势群体读者信息库，以便确定本地区弱势群体的重点服务范围，了解他们的信息需求，定制专一性的服务。

（四）拓宽资金筹集渠道，加强设施建设

长期以来，公共图书馆作为公共资源，其建立和运转都是由国家财政提供主要的经费支撑和资金支持。图书馆资金来源渠道非常单一，仅仅依靠政府，资金投入明显不足。因此，国家和社会应该在加大资金投入的基础上，最大限度寻求社会资金的支持。要不断改善服务设施，为弱势群体营造一个安全便捷的无障碍阅读环境，满足其对于阅读辅助设置的需求，提高服务水平。弱势群体代表着一个社会阶层，他们之所以弱势的原因也各不相同。因此，图书馆针对弱势群体所采用的服务手段应具有针对性，提供的服务设施应具有实用性。例如，可以为老年人设置老年人阅读室，提供老花镜、大字书、试听设备、放大镜和有声读物等辅助性设施，以此提高阅读的便利性。

（五）完善科学评估机制，建立长效服务体系

任何一项活动的开展，都需要辅以相应的监督和评估机制，才能保证活动持续高效地进行。要合理评估阅读推广活动的开展情况和实际效果，为活动持续开展指明方向。在阅读推广工作进行过程中，要始终树立可持续的观念；明确服务理念，加强联盟之间的联合推广，建立长效服务机制，设立专门的特殊服务部门；建立多元化的合作平台，保障弱势群体的阅读推广活动可以长期有效开展；通过推广活动，让弱势群体在接受均等服务的过程中充分体会来自国家和社会的关怀，使他们对于社会的认同感和归属感都有较大的提升。

五、结语

在社会更加关注弱势群体的大时代背景下，公共图书馆对弱势群体阅读推广的服务，是一项复杂而持久的系统性工作，具有十分重要的意义。这不仅可以使弱势群体迫切的阅读需求得到满足，为弱势群体创造良好的阅读和获取知识信息的条件；同时，也能够缓解弱势群体由于文化的缺失而造成的社会地位较低的不平衡现象，促进社会的公平与和谐。因此，公共图书馆应该充分发挥公共资源的优势和辐射范围，以积极探索和创新服务的形式，为弱势群体提供更具人性化的服务。做好弱势群体的阅读推广工作，切实将公共图书馆建设成为弱势群体的精神家园，以推动我国全民阅读水平的提高，促进我国文化建设的进一步繁荣。

参考文献:

[1] 张利娟.公共图书馆弱势群体阅读推广服务研究 [D].合肥：安徽大学，2015.

[2] 许晔.视障读者阅读推广工作的探索与实践——以张家港市图书馆为例 [J].公共图书馆，2016（4）：64-68.

[3] 杨敏文.面向弱势群体的公共图书馆阅读推广服务探讨 [J].图书馆研究与工作，2014（4）：60-62.

[4] 吴小蕊.公共文化服务体系下图书馆对弱势群体服务模式的探索——以重庆市农村留守儿童阅读需求调研及服务模式的建立为例 [C] // 中国图书馆学会未成年人服务学术研讨会，2011.

[5] 朱莺.图书馆残疾人阅读推广模式研究 [J].图书馆研究，2014，44（4）：54-56.

[6] 庞建民.公共图书馆开展视障读者阅读推广的实践与思考 [J].图书馆研究，2016，46（5）：9-13.

[7] 李晓瑜.面向弱势群体的公共图书馆阅读推广服务 [J].河南图书馆学刊，2015，35（12）：28-30.

[8] 庞璐.公共图书馆信息弱势群体阅读推广服务探析——以吉林省图书馆为例 [J].河南图书馆学刊，2016，36（11）：13-14.

[9] 郭森，汪宇彤.公共图书馆在和谐社会如何为弱势群体服务 [J].四川图书馆学报，2016（1）：55-56.

[10] 李健刚.构建和谐社会——公共图书馆为弱势群体服务的新思考 [J].四川图书馆学报，2011（6）：15-18.

[11] 周晓莲.公共图书馆如何做好为弱势群体服务的工作 [J].四川图书馆学报，2013（5）：6-7.

[12] 潘拥军.公共图书馆人文精神与为弱势群体服务的思考 [J].四川图书馆学报，2013（2）：5-7.

[13] 韩宁.公共图书馆做好弱势群体服务工作的思考 [J].四川图书馆学报，2012（2）：24-25.

[14] 李臻.论我国残疾人阅读推广模式的构建 [J].四川图书馆学报，2014（4）：44-47.

[15] 杨婵.图书馆阅读推广活动的反思与重构 [J].四川图书馆学报，2011（2）：58-61.

［16］王振蒙，王平，黄尚，等.我国省、市级公共图书馆弱势群体服务现状调查与分析——基于网络内容分析法［J］.四川图书馆学报，2013（2）：30-33.

［17］王荣立.浅议图书馆如何为弱势群体服务［J］.四川图书馆学报，2012（6）：69-70.

［18］王素芳.国外公共图书馆弱势群体服务研究述评［J］.中国图书馆学报，2010，36（3）：95-107.

（原文刊载于《魅力中国》2018年第3期）

川南城市群城镇居民
文化消费情况分析

刘永丽

（泸州职业技术学院；四川省泸州市，646000）

摘　要：文化消费是指用文化产品或服务来满足人们精神需求的一种消费，主要包括教育、文化娱乐、体育健身、旅游观光等方面，是对精神文化类产品及精神文化性劳务的占有、欣赏、享受和使用等。随着经济的发展，人们的生活水平稳步提高，消费观念和消费能力的提升使得文化消费在整个消费结构中所占的比重越来越大。因此，大力发展文化产业、进一步规范文化市场、营造良好的文化消费环境、扩大我省居民的文化消费势在必行。

关键词：川南；城市群；居民；文化消费

文化消费是指用文化产品或服务来满足人们精神需求的一种消费，主要包括教育、文化娱乐、体育健身、旅游观光等方面，是对精神文化类产品及精神文化性劳务的占有、欣赏、享受和使用等。随着经济的发展，人们的生活水平稳步提高，消费观念和消费能力的提升使得文化消费在整个消费结构中所占的比重越来越大。中国人民大学近几年主办发行的"中国文化消费指数"数据表明，我国文化消费综合指数持续增长，由 2013 年的 73.7 增至 2017 年的 81.6，年平均增长率为 2.6%。四川省作为西部省份，居民文化消费水平虽不及东部省份，但随着西部大开发和城市化进程的不断加快，四川省的社会经济快速发展，人们的收入稳步提升，物质生活水平得到极大改善，人们对精神文化的需求急剧增加，文化产业的发展、文化消费水平的提升也愈加受到政府的重视。如《四川省国民经济和社会发展第十三个五年规划纲要（2016—2020 年）》

作者简介：刘永丽，女，泸州职业技术学院外语系副教授，硕士。

基金项目：四川省教育厅人文社会科学重点研究基地——四川基层公共文化服务研究中心 2015 年度科研项目（项目编号：JY2015D02）。

便明确指出:"进一步完善文化市场准入机制,提高文化产业规模化、专业化水平,支持民营文化企业和小微文化企业发展。建立健全文化产品和要素市场,规范文化市场秩序,提高市场监管水平,扩大和引导文化消费,进一步提升西部区域文化市场中心地位"。由此可见,大力发展文化产业、进一步规范文化市场、营造良好的文化消费环境、扩大我省居民的文化消费势在必行。

一、调查背景及其意义

川南城市群是四川省的第二大城市群,在四川经济版图中占据着重要位置。它们位于长江上游四川南部,川、滇、黔、渝三省一市的交界处,是四川省域内人口稠密的地区之一,包括自贡市、泸州市、内江市、宜宾市以及乐山市除主城区、夹江县、峨眉山市以外的其余城镇。经过近几年的快速发展,川南城市群在四川省经济发展中的地位愈加凸显。四川省"十三五"规划纲要便提出了"加快川南城市群一体化建设,打造率先实现次级突破的新兴增长极"的目标。因此,如何有效地提升在居民文化消费中占主体地位的城镇居民的文化消费,并与促进川南城市群经济增长有机结合,加快川南城市群文化产业的发展,使文化消费成为城市群经济发展的重要支撑值得研究。

二、调查对象

本次调查共发放调查问卷 4 000 份,收回问卷 3 911 份,其中有效问卷 3 796 份。被调查对象分别来自泸州、自贡、内江、宜宾、乐山五市的市区、县城和乡镇。有效问卷中男性占 40.2%,女性占 59.8%。年龄以 20~29 岁为主,占 34.2%(表 1);居住地以乡镇为主,占 43.9%(表 2);月收入以 1 500~3 000 元为主,占 35.7%(表 3);学历以大专为主,占 29.3%(表 4);职业以个体或私营业主居多,占 24.5%(表 5)。

表 1　被调查对象年龄分布情况统计表

年龄分布	20 岁(不含)以下	20~30 岁	31~40 岁	41~50 岁	50 岁(不含)以上
所占比例(%)	27.7	34.2	24.4	9.6	4.1

表 2　被调查对象居住地情况统计表

居住地	市区	县城	乡镇
所占比例（%）	20.8	35.3	43.9

表3 被调查对象月收入情况统计表

月收入	1 500 元 (不含)以下	1 500~ 3 000 元	3 001~ 5 000 元	5 001~ 8 000 元	8 000 元 (不含)以上
所占比例(%)	30.4	35.7	25.9	6.8	1.2

表4 被调查对象学历情况统计表

学历	小学	初中	高中	大专	本科	研究生及以上
所占比例(%)	9.6	21.7	28.1	29.3	9.5	1.8

表5 被调查对象职业情况统计表

职业	学生	政府或事业 单位人员	个体或 私营业主	企业 员工	农民	工人	离退休 人员	其他
所占比例(%)	23.1	15.6	24.5	12.7	4.5	11.6	2.4	5.6

三、调查结果分析

(一)消费总体情况

1. 生活必需品消费情况

调查中,针对"您每月生活必需品的消费占生活费的比例是?"这一问题,其中41%的被调查对象表示所占比例为80%~100%;32.6%的被调查对象表示所占比例为60%~79%;21%的被调查对象表示所占比例为39%;仅5.4%的被调查对象表示所占比例在39%以下。由此可见,多数调查对象的日常消费仍以生活必需品消费为主。

2. 消费理念

调查显示,被调查对象的消费观念比较理性。其中45.4%的被调查对象会选择有计划地进行消费;27.9%的被调查对象会视情况进行消费;20.2%的被调查对象在消费中秉持能省则省的原则;而6.5%的被调查对象会选择想花就花。

3. 消费意愿

在调查问卷中针对消费意愿进行了调查,其中34.7%的被调查对象表示在月收入有节余的情况下,将主要用于改善物质生活;25.5%的被调查对象选择了传统型的理财方式,将节余存入银行;24.8%的被调查对象表示将用于改善精神生活;15%的被调查对象选择用于投资。

（二）文化消费情况

1. 文化消费认知度

根据近几年发布的"中国文化消费指数"显示，我国的文化消费取得了长足发展，得益于文化产业的发展、文化消费环境的改善，人们对文化消费的认知度也显著提高。调查显示，9.8%的被调查对象表示对文化消费很了解，48.6%的被调查对象表示对文化消费一般了解，32.8%的被调查对象表示对文化消费略有了解，8.8%的被调查对象表示不了解文化消费。

2. 文化消费支出

据国家统计局所公布的数据显示，2017年城镇居民人均消费支出24 445元，其中教育文化娱乐消费占城镇居民可支配收入的11.6%。调查表明，同我国的人均文化消费支出比例相比，川南城市群居民的文化消费占消费总额的比例总体略高于全国水平。调查显示，川南城市群居民文化消费占生活费在比例在30%以上者为18.2%，在20%~30%者为34.1%，在10%~20%者为28.2%，在10%以下者为15.3%，几乎没有文化消费的居民占4.2%。支出比例在10%以上者占总数的80.5%，较为合理。

3. 文化消费时间

调查显示，被调查对象每月用于文化消费的平均时间为每天1小时以内者占31.5%，每天1~2小时者占37.5%，每天3~5小时者占12.1%，在5小时以上者占5.9%，几乎没有时间进行文化消费者占13%。被调查对象中，文化消费时间介于1~3小时之间者的比例，与中国人民大学商学院江林教授在2013年"中国省市文化产业发展指数（2013）"发布会上公布的在全国20多个省市的调查结果（超过一半的受访者每天文化消费的时间在1~3小时）相比，仍旧持平，并未增长。

4. 文化消费方式

调查显示，被调查对象的文化消费方式呈现多样化，其中知识类（购买书籍、报纸，去图书馆等）消费占35.4%，娱乐类（电影、电视、上网等）消费占50.4%，休闲类（旅游等）消费占38.2%，运动类（健身等）消费占25.7%，打扮类（购买服装、护肤品等）消费占5.4%，艺术类（学习器乐、观看艺术演出等）消费占10.4%，情感类（朋友聚餐、送礼等）消费占5.1%。由此可见，川南城市群城镇居民偏爱的消费方式主要以享受型消费中的娱乐类、休闲类消费为主。

5. 影响文化消费的主要原因

调查显示，影响川南城市群城镇居民文化消费的主要原因中，时间问题占

26.5%，收入水平和文化消费设施缺乏，分别占 24.8%和 20.9%，受教育程度占 17%，个人意愿仅占 10.8%。

6. 文化消费目的

调查显示，被调查对象进行文化消费的目的为"娱乐消遣"者占 38.3%，"提高自身能力和文化素养"者占 48.5%，"促进身体健康"者占 33.4%，"增加就业机会"者占 33.8%，"扩大人际交往"者占 15.9%，其他消费目的者占 3.1%。由此可见，川南城市群城镇居民的文化消费目的以"提高自身能力和文化素养"为主，他们比较重视发展型消费，积极利用文化消费促进自身的发展。

7. 文化消费意愿。调查显示，在条件允许的情况下，26.1%的被调查对象选择增加知识类消费，33.9%的被调查对象选择增加娱乐类消费，30%的被调查对象选择增加休闲类消费，19.5%的被调查对象选择增加运动类消费，选择打扮类和艺术类消费的被调查对象比例比较接近，分别占 10.6%和 10.4%，选择情感类的被调查对象比例最小，占 6.3%。由此可见，川南城市群城镇居民的消费意愿主要围绕享受型和发展型消费。

8. 文化消费的影响

在调查中就"通过文化消费活动，您实际收获了哪些?"这一问题，48.7%的被调查对象表示通过文化消费"增长了文化知识，提高了个人综合素质"；36.8%的被调查对象表示通过文化消费"放松了身心，心理压力得以排解"；32.9%的被调查对象表示通过文化消费"培养了一定的艺术爱好"；30.4%的被调查对象表示通过文化消费"拥有了健康的体魄"；19.3%的被调查对象表示通过文化消费"扩大了朋友圈和人脉"；14.1%的被调查对象表示通过文化消费"消遣娱乐，打发了时间"。

以上调查情况表明，川南城市群城镇居民的文化消费支出和文化消费时间比较合理，文化消费的方式多样，文化消费的目的明确。

四、川南城市群城镇居民文化消费中存在的问题

（一）文化消费时间缺乏

在调查中，26.5%的川南城市群城镇居民认为，影响文化消费的主要原因是时间，在所有备选原因中位居第一；同时，44.7%的被调查者认为"工作繁忙，没有时间消费"是抑制他们进行文化消费的最主要因素，在所有备选因素中位居第一。由此可见，缺乏足够的文化消费时间是影响川南城市群城镇居民进行文化消费的首要因素，究其原因主要是在所有的被调查对象中，40 岁以下的人群占了 86.3%，这部分人多是"00 后""90 后""80 后"，他们是现阶段文化消费的主力军。但是他们处于人生发展的关键时期，"00 后"为学业所累，"90 后"和"80 后"忙于为事业和家庭奔波，因此过于紧张的生活节奏，加之来自金钱、家庭等各方面的压力，使得他们不得不放弃培养一定的文化爱好，用于文化消费的时间自然也受到了限制。

（二）文化消费能力待提高

调查显示，24.8% 的川南城市群城镇居民认为收入水平是影响文化消费的主要原因，该比例在所有备选项目中排名第二。根据四川省统计局公布的数据表明，近几年我省城镇居民人均可支配收入持续增长。2016 年我省城镇居民人均可支配收入为 28 335 元，比 2015 年增长了 8.1%；2017 年我省城镇居民人均可支配收入为 30 727 元，比 2016 年增长了 8.4%。川南城市群城镇居民的可支配收入也有明显增长，如 2016 年泸州全市城镇居民人均可支配收入为 28 959 元，比上年增长 8.6%，2017 年城镇居民人均可支配收入为 31 449 元，比上年增长 8.6%；2016 年内江市城镇居民人均可支配收入为 27 986 元，比上年增长 8.5%，2017 年城镇居民人均可支配收入为 30 393 元，比上年增长 8.6%。在可支配收入增长的同时，与之相关的居民消费价格指数（CPI）已在持续上涨。统计显示，2016 年四川省 CPI 全年上涨 1.9%，2017 年全年上涨 1.4%。就川南城市群而言，每年的居民消费价格指数已在稳步上升，比如，2016 年泸州市 CPI 比上年上涨 2.1%，2017 年比上年上涨 1.8%；2016 年内江市 CPI 比上年上涨 1.6%，2017 年 CPI 比上年上涨 1.7%。与 CPI 密切相关的八大类商品及服务项目价格持续增长，其中与人们的衣食住行密切相关的衣着、交通和通信等品类稳步上涨，与文化消费息息相关的教育文化和娱乐类价格上涨尤为突出。如 2016 年泸州市教育文化和娱乐类价格上涨了 2.5%，2017 年上涨了 5.5%；2016 年内江市教育文化和娱乐类价格上涨了 4.8%，2017 年上涨了 5.2%。由以上数据可见，尽管城镇居民的可支配收入在上涨，但是在他们支出中占绝大比重的生活必需品的价格也在上涨。同时，随着经济条件的改善，人们对于物质生活水平的追求也在不断提高，这务必会使生活必需品的支出增加。另外，随着文化消费类产品价格的上涨，也使得消费者的消费能力和消费欲望受到影响。综合以上几点因素以及问卷调查数据可见，尽管多数川南城市群城镇居民有一定的文化消费意愿，但是文化消费支付能力却比较有限。

（三）文化消费环境待优化

文化产业的良性发展以及文化消费环境的优化，是催生文化消费的关键因素。中国人民大学主办、中国人民大学文化科技园和文化产业研究院承办的

"2017 中国文化产业系列指数发布会"上所发布的"中国文化消费指数（2017）"的数据表明，2013—2017 年我国的文化消费综合指数持续增长，其中文化消费环境指数上升速度最快，年平均增长率为 6.9%，同时文化消费满意度也在增长。就单一数据来看，城镇居民的文化环境消费指数为 83.18%，文化消费满意度指数为 83.8%，相较 2016 年的 82.93% 和 80.85%，稳步提升。而针对川南城市群城镇居民所做的调查显示，36.8% 的被调查者认为，目前生活的地方文化氛围"一般，不太符合大众的要求"；33% 的被调查者认为，目前生活的地方文化氛围"较好，对大众的消费有积极的影响"；16.6% 的被调查者认为，目前生活的地方文化氛围"很好，完全符合大众的要求"；12.4% 的被调查者认为，目前生活的地方文化氛围"较差，缺乏政府的有序领导"；1.2% 的被调查者认为，目前生活的地方文化氛围"极差，文化消费市场较混乱"。针对"您认为是哪些因素抑制了您的文化消费？"这一问题，36.5% 的被调查者认为"文化市场管理混乱，无法放心消费"，在 5 个备选项中位居第二，另有 30.1% 的被调查者认为"城市文化气息稀薄，缺乏进行文化消费的整体气氛"。以上数据表明，川南城市群城镇居民对文化消费环境的满意度有待提高，文化消费环境需要进一步优化。

（四）文化消费结构待调整

根据对川南城市群城镇居民文化消费方式和文化消费意愿的调查显示，在文化消费活动中，娱乐型、消遣型文化活动明显占主导，文化消费层次不高。针对文化消费方式的调查结果显示，娱乐类（电影、电视、上网等）和休闲类（旅游等）消费位居前两位，分别占到了 50.4% 和 38.2%；在针对文化消费意愿的调查中，娱乐类和休闲类消费也位居前两位，比例分别为 33.9% 和 30%。调查显示，45.8% 的被调查者表示在过去一年中，"休闲娱乐"在消费中所占的比例最大。由此可见，对川南城市群居民文化消费仍以低层次消费为主，应给予适当的引导，使之向高层次的知识型、发展型、智能型方向发展。

五、川南城市群城镇居民文化消费的对策和建议

（一）增加城镇居民收入，提升消费支付能力

收入的增加，是居民消费水平提高的前提。根据马斯洛的需求层次理论，人们只有在衣食住行这一基本需求得以实现的基础上才会有更高一级的精神层面需求。因而，唯有增加城镇居民的收入，才能使他们在物质生活方面得到更大满足的基础上，扩大自身的文化消费支出。《成渝经济区南部城市群发展规划（2014—2020 年）》《四川省国民经济和社会发展第十三个五年规划纲要

（2016—2020年）》等一系列发展规划指出，将加快川南经济区一体化发展，川南城市群经济势必会迎来良好的发展机遇。在这一背景下，首先需要积极推进和完善收入分配制度改革，建立健全收入分配调节机制，使居民收入同地方经济发展对等；其次要切实完善居民收入增长机制，促进城镇居民收入水平稳步提升；再者进一步完善城镇居民的最低生活保障制度，适时根据物价变动情况调节城镇居民最低生活保障标准；最后要进一步完善社会保障体系，在增加居民收入的同时，对关乎民生的商品和服务价格实施政策性引导，从而减少城镇居民生活必需品的支出。

（二）增加文化基础设施投入，着力打造良好的文化消费环境

首先，应加大政府对公共文化基础设施建设的投入力度，集中规划、合理布局，兴建一批现代化的公共图书馆、文化馆、文化体育广场、公园、体育馆、博物馆、青少年宫、社区文化宫、社区阅览室等一系列免费的文化消费场所，为城镇居民营造良好的文化消费环境，让他们不用花钱就能享受到高质量的文化消费项目。其次，政府要逐步放宽文化基础设施建设的准入政策，广泛吸引社会力量参与文化产品经营及文化场所的建设，吸纳社会各方投资兴建一批高端的文化消费场所，如电影院、剧院、音乐厅、美术馆、书城等，让有意愿进行文化消费的高收入人群有处可去。再次，政府还可以出台相应的税收减免等政策，鼓励各营利性文化消费场所定期向城镇居民提供平价电影、免费艺术培训等公益项目，让低收入人群也能享受高品质的文化消费项目。最后，政府还应规范文化市场次序，提高对文化消费环境管理的监督力度，让城镇居民在良好的文化消费环境中放心消费。

（三）建立系统的文化消费引导机制，积极引导城镇居民增加文化消费

地方政府应建立系统的文化消费引导机制，积极引导城镇居民进行文化消费。现阶段各种文化消费产品良莠不齐，而川南城市群城镇居民的文化消费又多以休闲型、娱乐型消费为主，因此在进行消费时会因为缺乏足够的判断力和鉴赏力而仅关注消费项目的娱乐性，从而使得低俗文化盛行。因此，政府应采取多种手段，如报纸、网络、微信等新媒体手段或社区张贴栏等传统的宣传手段，定期在城镇居民中普及文化消费知识，帮助他们形成正确的文化消费观念；长期为城镇居民介绍一些积极向上的文化消费项目，让他们有机会了解、体验好的文化消费项目，从而提升人们的文化消费水平，丰富人们的精神追求。

（四）整合区域优势资源，合力打造川南文化消费圈

《四川省国民经济和社会发展第十三个五年规划纲要（2016—2020年）》指出，要提高文化产业规模化、专业化水平；同时积极推进一系列文化发展重

点工程，如公共文化惠民工程、文化产业提升工程、文化市场建设工程等，提升大川南等旅游目的地的国际化水平。而目前正在修建中的川南城际铁路，将在未来几年内实现川南城市之间"半小时交通圈"以及与成都、重庆两中心城市"1小时交通圈"。在这些利好因素下，川南各市应该集中整合优势资源，认真规划、合理布局，共同发展特色文化产业，着力挖掘城市文化消费亮点，让每个城市都建有自己的特色文化消费项目，合力打造川南文化消费圈。同时，利用2015年6月开始推出的"川南一卡通"，畅通文化消费途径，切实发挥"川南一卡通"的作用，让川南城市群居民享受到由"川南一卡通"带来的金融、生活、医疗等多方面的便捷服务以及在川南旅游景点门票等一系列消费项目上的"互通优惠"。此外，有效利用2012年8月开始推出的《川南城市群》特刊以及川南地区区域性门户网站"川南全搜索"多年累积的读者和用户资源，加强对"川南一卡通"的便捷性特点的宣传，并定期推送川南各市的文化消费动态，吸引城镇居民走出自己的居住地到其他城市进行消费。

党的十九大报告指出，"推动文化事业和文化产业发展。满足人民过上美好生活的新期待，必须提供丰富的精神食粮"。可见，健康丰富的精神文化生活对于小康社会的全面建成意义重大，高质量的精神食粮是促进人民综合素质提升的源泉。因此，应重视文化消费观的引导，积极帮助川南城市群城镇居民形成正确的文化消费观念，努力营造良好的文化氛围，形成健康的文化消费环境，让广大城镇居民在物质生活水平不断提升的同时，精神生活也得到极大丰富，有效提升文化自信。

参考文献：

[1] 高峰. 我国城镇居民文化消费现状及问题研究 [J]. 城市，2014（3）：57-60.

[2] 李蕊. 中国城镇居民文化消费：现状、趋势与政策建议 [J]. 消费经济，2014（6）：32-38.

[3] 林秀清. 城镇居民文化消费与经济增长关系的实证分析——以福建省为例 [J]. 福建广播电视大学学报，2014（5）：57-61.

[4] 聂正彦，苗红川. 我国城镇居民文化消费影响因素及其区域差异研究 [J]. 西北师大学报（社会科学版），2014，51（5）：139-144.

（原文刊载于《大东方》2018年第2期）

泸州市城镇居民文化消费情况调查报告

杨惠婷

（泸州职业技术学院；四川省泸州市，646000）

摘　要：随着经济的发展，人民生活水平逐步提高，居民在满足了基本的物质需求后，便开始注重个人文化修养、教育培训、旅游休闲享受生活等更高层次的精神文化消费。本文针对川南地区泸州市城镇居民的文化消费现状进行调查，分析泸州地区城镇居民文化消费中的问题，并提出相应的对策。

关键词：城镇居民；文化消费；现状；策略

一、调查背景及目的

文化消费是人们用于文化、娱乐产品和服务等相关方面的支出和消费活动。文化消费作为文化产业链上的终端环节，既是文化产业发展的现实基础和动力，也是文化事业、文化产业发展的最终目的。本文以泸州地区993位随机调查居民关于"城市居民文化消费情况调查问卷"结果为依据，全面分析泸州市城镇居民文化消费现状、文化消费需求及消费意向、文化消费热点等，提出促进城镇居民文化消费稳步增长的对策建议。

二、调查问卷结果分析

（一）调查内容及调查对象的基本情况

1. 调查对象的基本情况

本次被调查的对象均为泸州市各区城镇居民，其中江阳区、龙马潭区各发

作者简介：杨惠婷，就职于泸州职业技术学院，讲师。

基金项目：四川省教育厅人文社会科学重点研究基地——四川基层公共文化服务研究中心课题"城镇居民文化消费情况研究——以川南城镇群为例"研究成果（项目编号：JY2015D02）。

放调查问卷 200 份，纳溪区发放调查问卷 180 份，泸县发放调查问卷 140 份，古蔺县发放调查问卷 140 份，叙永县发放调查问卷 140 份，其他区县发放调查问卷 193 份。收回问卷 993 份，其中有效问卷 960 份，无效问卷 33 份。在有效问卷中，男性有 346 名，占调查总人数的 36%，女性有 614 名，占调查总人数的 64%；年龄在 20~30 岁之间的占 36.5%，年龄在 20 岁以下的占 34%，而年龄在 40 岁以上的总共只占 29.5%；在被调查对象中，月收入在 1 500 元（不含）以下的占 34.7%，月收入在 1 500~3 000 元的占 28.4%，月收入在 3 001~8 000 元的占 35.4%，月收入在 8 000 元（不含）以上的只占 1.5%；有关被调查对象的职业情况，调查显示，41.3% 为学生，22.6% 是个体或私营业主，政府或事业单位人员占 16.1%，企业员工占 10.1%，其他农民、离退休人员、工厂工人、待业人员等总共占 9.9%。从以上数据可以看出，本次调查的对象较为广泛，被调查对象本身的条件各有不同，比较有利于搜集更广泛的数据。

2. 调查对象的文化消费情况

（1）文化消费实现的基础。调查显示，泸州市城镇居民每月生活必需品在生活费中的比重在 100%~80% 的占 36%，比重在 79%~60% 的占 37.1%，比重在 59%~40% 的占 21.6%，比重在 39% 以下的占 5.3%。由此可见，大部分人每月的生活费中预留的其余消费的空间较少。同时，针对收入结余的支配方式来看，34% 的居民选择改善物质生活，27% 的居民选择丰富精神生活，还有 20% 的居民选择进行投资，另外 19 的居民选择存入银行。本组数据显示，各个选项百分比接近，注重提高物质生活的居民人数略多。

（2）对文化消费的认知。调查显示，有 12% 的居民表示对文化消费很了解，有 51% 的居民表示对文化消费的了解度一般，有 30.3% 的居民表示略懂，还有 6.7% 的居民表示完全不了解。与此同时，针对居民的消费观念所做的调查显示，有 51.6% 的居民认为应该有计划的花钱，有 42.4% 的居民认为消费应该视情况而定，还有 6% 的居民认为消费就是想花就花。因此，居民对文化消费的认知情况比较乐观，同时，大部分居民的消费习惯都比较科学，愿意为自己的消费制订计划，这对于提高居民文化消费水平奠定了良好的基础。

（3）文化消费方式。调查显示，泸州市城镇居民中有 53.7% 的居民选择了娱乐类（电影、上网、电视、听音乐、游戏等），有 45.6% 的居民选择了休闲类（旅游、逛公园等），有 36.7% 的居民选择了知识类（阅读书籍、报纸以及去图书馆等），有 30.3% 的居民选择了运动类（健身等），有 26.9% 的居民选择打扮类（购买衣服、护肤品等），有 16.6% 的居民选择了情感类（与朋友聚会、送朋友礼物等），仅有 9.8% 的居民选择了艺术类（听演出、学乐器等）。与此同时，针对最近一年的文化消费方式中的消费比例调查表明，有40.1%的居民选择休闲娱乐，有35%的居民选择拓展知识水平，有24.9%的居民选择强身健体。由此可见，泸州市城镇居民的文化消费方式以享受型和发展型消费的娱乐类和知识类消费为主，文化消费呈现多样化。

（4）文化消费时间。调查显示，泸州市民每天用于文化消费的时间为1小时以内者占37.8%，每天用于文化消费的时间为1~2小时者占33%，每天用于文化消费的时间为3~5小时者占16.6%，每天用于文化消费的时间为5小时以上者占6%，几乎没有时间进行文化消费者占6.6%。由此可见，泸州市城镇居民文化消费时间为1~5小时者占49.6%，属于中等水平。

（5）文化消费支出比重。针对居民最近一年用于文化消费占总支出比例的调查显示，有31.7%的居民认为文化消费比重在20%~30%之间，有32.3%的居民认为文化消费比重在10%~20%之间，有17.2%的居民认为文化消费比重超过30%，另有17.2%的居民认为文化消费比重低于10%，还有1.6%的居民认为几乎没有任何文化消费。数据表明，绝大部分居民的文化消费水平在总消费中占比达到10%~30%。总体来讲，文化消费的支出偏低。

（6）文化消费的影响因素。根据调查，有27.7%的居民认为影响文化消费的主要原因是文化消费设施缺乏，有27.5%的居民认为是时间因素，有26.2%的居民认为受到收入水平的影响，有14.3%的居民认为受到自身受教育程度的影响，另外还有4.3%的居民认为受到自我意愿的影响。这说明大部分的居民有进行文化消费的主观意愿，但受到时间、收入水平以及设施缺乏的因素影响较多。

（7）文化消费目的。调查显示，泸州市城镇居民进行文化消费的目的为"提高文化知识，促进自身能力和素养的提高"的占57.4%，消费的目的为"锻炼身体，促进身体健康"的占39%，消费的目的为"娱乐消遣，打发时间"的占37.8%，消费的目的为"增加就业机会"的占37.1%，消费的目的为"扩大人际交往"的占15.9%。数据表明，泸州市城镇居民的文化消费目的以"提高文化知识，促进自身能力和素养的提高"以及"拓宽视野，增长见识"为主，他们比较重视发展型消费，积极利用文化消费促进自身的发展。

（8）文化消费的作用。调查显示，有55.6%的居民认为通过文化消费能够增长文化知识，提高个人综合素质，有40.5%的居民认为通过文化消费培养了一定的艺术爱好，有38.5%的居民认为通过文化消费获得了健康的体魄，有38%的居民认为通过文化消费能够放松身心，使心理压力得以排解，另外还有15.4%的居民认为通过文化消费扩大了朋友圈和人脉，有9.8%的居民认为通过文化消费可以打发时间，也有 1.7% 的居民认为不打算将时间花在这类文化消费的活动上。从调查数据可以看出，泸州市城镇居民对于文化消费的作用主要集中在提高个人素质、丰富精神生活以及使生活方式健康化等方面。

（二）泸州市城镇居民文化消费中存在的问题

（1）城镇居民文化消费支出比重偏低。从前文的调查数据来看，泸州市城镇居民每月生活必需品在生活费中的比重在 100%~80% 的占 36%，比重在 79%~60% 的占 37.1%，比重在 59%~40% 的占 21.6%，比重在 39% 以下的占 5.3%。也就是说，大部分居民每月用于文化消费的支出并不多，分析其原因，主要有两个方面：一方面，市民总体收入不高。月薪在 3 001~5 000 元的占 27.4%，月薪在 5 001~8 000 元的占 8.3%，人均收入在 5 000~6 000 元，收入水平较低的居民首先要保证自己生活必需品的支出，于是大部分居民的文化消费支付能力受到了限制。另一方面，泸州市的物价水平也影响了居民的消费能力。据国家统计局泸州调查队资料显示，2017 年上半年，泸州市 CPI 同比上涨 1.9%，在全省 21 个市州中，泸州位列第二，高出全省和全国平均水平 1.4%。物价的上涨使得购买力下降，居民用于日常生活消费的支出比例增加，而用于文化消费的支出比例降低，这也是较大部分居民认为收入水平制约自己文化消费的原因之一。

（2）城镇居民文化消费结构有待优化。调查显示，泸州市城镇居民的文化消费方式主要以享受型和发展型消费的娱乐类和知识类消费为主，文化消费方式多样，但占主导地位的仍然是看电影、电视、上网、打游戏、逛公园等，而艺术类占 9.8%。高雅艺术消费和纯文化艺术消费在城镇居民生活消费中还没有占据重要地位。文化消费方式虽然多样，但构成比重却不科学。除上网属于新兴文化消费项目以外，其他内容都属于传统项目，这些活动消费范围和环境局限性大，文化消费层次偏低。

首先，造成这一现象的原因主要是居民对文化消费的认识不够，大部分人表示比较了解文化消费，但观念多停留在传统的休闲娱乐类文化消费。其次，文化消费构成不科学还受到居民自身文化水平的限制。受访对象中，文化程度较高的政府或事业单位人员只占 16.1%，其余农民、工人、待业人员等占 19.4%。最后，文化消费结构有待提高还受到居民消费意愿的影响。在受访对象中，有 37.1% 的居民愿意增加娱乐类的文化消费，有 30.7% 的居民愿意增加知识类的文化消费，而愿意增加艺术类和情感类文化消费的居民只占 8.6% 和 4.1%。

（3）文化消费环境待优化。良好的文化消费环境是刺激文化消费的重要因素。而调查显示，有27.7%的居民认为"相应文化消费设施缺乏"是制约自己文化消费的主要因素。从针对居民对居住地文化氛围的评价调查来看，只有18.2%的居民认为自己生活的地方文化氛围很好，有33.3%的居民认为生活的地方文化氛围较好，多达40.8%的居民认为周围的文化氛围不太符合大众的要求，还有7%的居民认为周围的文化氛围较差，有0.7%的居民认为周围的文化氛围极差。可见泸州市城镇居民对文化消费环境的满意度不高，这无疑是对提高居民的文化消费意愿造成了很大的负面影响。

三、促进城镇居民文化消费稳步增长的对策建议

（一）树立并强化文化消费的观念和意识，激发居民文化消费热情

政府应全面系统地进行居民文化消费引导机制的建立与创新。可通过媒体等多种途径去宣传、倡导文化消费的观念，培养良好的消费习惯，在全社会形成"文化是发展的核心"以及"文化繁荣和居民精神文化生活水平的提高是发展的最高目标"这样一种共识，引导居民自觉地以不断提高文化素质、满足精神享受、实现自我全面发展、追求较高的生活品质为目的，自觉进行文化消费活动，培养良好的消费习惯。

（二）营造良好的校园文化氛围，打造良好的城镇文化环境

不断加强城市文化建设，同时面向市场，面向社会，面向消费者，充分了解并尊重消费者的需求，真正做到群众需要什么就生产什么、服务什么，不断满足最广大群众的文化消费需求，为文化市场注入活力，带动居民文化消费不断增长；同时，加大对公共文化基础设施的投入，充分利用文化资源，开发特色文化消费项目，创造良好的文化消费环境。

（三）依据居民文化消费现状，调整文化产品和服务

文化事业和文化产业发展应立足居民文化消费现状，生产适销对路的文化产品，提供符合居民需求的文化服务。要调整目前文化市场定价过高的产品和项目，如电影票、景区门票等，要让普通老百姓都能消费得起。文化消费定价过高，老百姓消费不起，居民原本的文化消费欲望也就被扼杀了。单纯靠高价位反而不能换取高额利润。因此，政府应加强文化消费设施建设，优化文化消费产品，合理发展适合不同消费层次及消费水平人群的文化产品。文化产品和服务不仅要有标志性的经典项目，还要贴近群众、社会、生活，满足居民文化需求，引导居民文化消费不断增长，最终实现不断提高全体居民文化素质和思想道德水平、营造和谐文明社会氛围的目的。

参考文献:

[1] 段鹏, 项钰璇. 中国互联网文化产业发展新趋势 [J]. 文化产业研究, 2017, (3): 6-13.

[2] 肖华, 李彬. 中国电子竞技的消费分析 [J]. 大众文艺, 2017 (24): 246.

[3] 张鹏辉. 消费文化语境下民族艺术教育发展对策研究 [J]. 贵州民族研究, 2017, 38 (11): 130-134.

[4] 傅为民. 泉州文化消费与文化产业互动研究 [J]. 文化学刊, 2017 (10): 88-89.

(原文刊载于《世界家苑》2018 年第 2 期)

"候鸟儿童"基本文化权益保障的相关机制与实现路径研究

倪海珍

（泸州职业技术学院；四川省泸州市，646000）

摘　要："候鸟儿童"随着学校的开学与放假而不断迁移，他们的文化权益难以得到保障。本文从政府、学校、家庭三个层面分析和探讨保障"候鸟儿童"文化权益问题的相关机制与实现路径：建立和健全公共文化服务体系；加大学校文化教育的关爱力度；强化家庭的文化教育责任。只有三方合力，才能有效保障"候鸟儿童"的文化权益。

关键词："候鸟儿童"；基本文化权益保障；机制与实现途径

近年来，我国各地各级政府开始关注"候鸟儿童"①这一特殊人群的文化权益，并开展了不同形式的关爱"候鸟儿童"的行动。但是，这些孩子仍然像城市的过客，他们大都缺乏社会的关爱和保护，更是难以保障他们的文化权益。第五次全国人口普查结果显示，我国流动人口规模已经超过1亿人。其中，18周岁以下的流动儿童接近2 000万人，占全部流动人口的19.37%。在这些流动儿童中，绝大多数是经常迁移的"候鸟儿童"，所以"候鸟儿童"的问题绝不仅仅是一个家庭的问题，而是一个亟须社会各界高度重视的社会问题。

根据党的十七届六中全会讨论通过的《中共中央关于深化文化体制改革推动社会主义文化大发展大繁荣若干重大问题的决定》以及文化和旅游部发

作者简介：倪海珍（1964—），女，就职于泸州职业技术学院，教授，硕士。主要研究方向：心理学与心理健康。

基金项目：四川省教育厅人文社会科学重点研究基地——四川基层公共文化服务研究中心2016年度项目（项目编号：JY2016B05）。

① "候鸟儿童"指的是父母在城市里务工的农民工子女。

布的《文化和旅游部"十二五"时期公共文化服务体系建设实施纲要》，我们必须以"以人为本"和"科学发展观"为指导，依据社会主义核心价值体系建设的根本任务，坚持"保障基本、促进公平"的原则，满足儿童的基本文化需求（看电视、听广播、读书看报、进行公共文化鉴赏、参与公共文化活动等）。同时，正确认识和理解"候鸟儿童"的基本文化权益问题，也是体现教育公平、构建和谐平安社会的重要举措。

一、建立和健全公共文化服务体系，保障"候鸟儿童"享用公共文化资源的权益

（一）建立和健全公共文化服务的保障机制

1. 理顺权责关系，建立健全组织保障

按照党的十八大关于深化行政体制改革的要求，改革公共文化管理体制，强化地方政府在公共文化服务中的责任，发挥地方政府在公共文化服务体系建设中的主导作用，建立党政相关部门共同参与的沟通协商机制，共同承担公共文化服务体系建设职责，形成工作合力。科学界定公益性文化事业单位的性质和功能，全面推进人事、收入分配和社会保障制度改革，增强文化馆（站）、博物馆、公共图书馆等公益性文化单位的活力。建立文化馆（站）、博物馆、美术馆、公共图书馆行业协会组织，理顺文化行政部门和公共文化行业组织之间的关系，探索建立文化行政部门宏观调控和行业组织微观管理相结合的公共文化行业管理体制，充分发挥公共文化行业组织的作用，提高行业组织自我教育、管理、服务和监督能力。

2. 建立公共文化服务经费投入和保障机制

保障基层公益性文化单位开展基本公共文化服务所需经费，扶持公益性文化单位的技术改造和设备投入。设立农村文化建设专项资金，保证乡镇和村文化建设。可以通过政府购买服务、项目补贴、以奖代补等方式，鼓励和引导社会力量提供公共文化产品和服务。落实《文化和旅游部关于鼓励和引导民间资本进入文化领域的实施意见》，鼓励社会组织、机构和个人捐赠以及兴办公益性文化事业，逐步形成以政府投入为主、社会力量积极参与的多元化公共文化服务投入机制。

3. 加强公共文化服务领域政策法律法规建设

研究制定《中华人民共和国公共文化服务保障法》，推进和实施《中华人民共和国公共图书馆法》《博物馆条例》的相关工作，修订《群众艺术馆文化馆管理办法》，制定相关的城市社区文化设施管理办法、美术馆管理办法和美

术馆工作管理规范，制定和完善文化馆（站）、公共图书馆等公益性文化单位的服务标准和服务规范。组织公共文化领域的对外交流，落实好公共图书馆、群众文化、少数民族文化、少儿文化等领域的对外交流合作项目。

（二）发展公益性文化事业，保障"候鸟儿童"的基本文化权益

满足人民基本文化需求是社会主义文化建设的基本任务，所以要坚持政府主导，按照公益性、基本性、均等性、便利性的要求，加强文化基础设施建设，完善公共文化服务网络，让"候鸟儿童"广泛享有免费或优惠的基本公共文化服务。

1. 构建公共文化服务体系

加强公共文化服务是实现人民基本文化权益的主要途径。各级政府要以公共财政为支撑，以公益性文化单位为骨干，保障"候鸟儿童"的基本文化权益（看电视、听广播、读书看报、进行公共文化鉴赏、参与公共文化活动等），完善覆盖城乡、结构合理、功能健全、实用高效的公共文化服务体系。把主要公共文化产品和服务项目、公益性文化活动纳入公共财政经常性支出预算。采取政府采购、项目补贴、定向资助、贷款贴息、税收减免等政策措施鼓励各类文化企业参与公共文化服务。鼓励那些由国家投资、资助或拥有版权的文化产品无偿用于公共文化服务。加强对文化馆、博物馆、图书馆、美术馆、科技馆、纪念馆、工人文化宫、青少年宫等公共文化服务设施和爱国主义教育示范基地的建设并完善向社会免费开放服务的功能，鼓励其他国有文化单位、教育机构等开展公益性文化活动，各类公共场所要为群众性文化活动提供便利。统筹规划和建设基层公共文化服务设施，坚持项目建设和运行管理并重，实现资源整合、共建共享。

加强社区公共文化设施建设，把社区文化中心建设纳入城乡规划和设计，拓展投资渠道，以保证"候鸟儿童"能有效享用这些公共文化设施。进一步完善公共文化服务设施，引导和鼓励社会力量通过兴办实体、资助项目、赞助活动、提供设施等形式参与公共文化服务。推进公共文化服务体系示范区创建，制定公共文化服务指标体系和绩效考核办法。

2. 加快城乡文化一体化发展

增加农村文化服务总量，缩小城乡文化发展差距，对推进社会主义新农村建设、形成城乡经济社会发展一体化新格局具有重大意义。要以农村和贫困地区为重点，加强县级文化馆和图书馆、乡镇综合文化站、村文化室建设，深入实施广播电视村村通、文化信息资源共享、农村电影放映、"农家书屋"等文化惠民工程，扩大覆盖、消除盲点、提高标准、完善服务、改进管理。加大对

革命老区、民族地区、贫困地区文化服务网络建设支持和帮扶力度。深入开展全民阅读、全民健身活动，推动文化科技卫生"三下乡"、科教文体法律卫生"四进社区""送欢乐下基层"等活动经常化。建立以城带乡联动机制，合理配置城乡文化资源，鼓励城市对农村进行文化帮扶，把支持农村文化建设作为创建文明城市的基本指标。鼓励文化单位面向农村提供流动服务、网点服务，扶持文化企业以连锁方式加强基层和农村文化网点建设，推动电影院线、演出院线向市县延伸，支持演艺团体深入基层和农村演出，使"候鸟儿童"不论在农村还是在城市都能有效享用社会公共文化资源。

3. 加强公共文化产品的创作和生产

加强对公共文化产品创作和生产的引导，充分发挥广大文化工作者和人民群众的文化创造精神，尊重群众的参与权和表达权，了解"候鸟儿童"的文化需求，有针对性地提供公共文化产品和服务，推动儿童文艺作品体裁、题材、形式、手段等的发展创新。

广泛开展群众性文化活动，让"候鸟儿童"能在文化建设中自我表现、自我教育、自我服务。以"群星奖""中国民间文化艺术之乡"为龙头，推出一批优秀的、具有可持续发展价值的文化品牌，发挥导向、示范和带动作用，实现群众文化活动的整体推进、全面提高。以社区文化、村镇文化、企业文化、校园文化建设为载体，积极搭建公益性文化活动平台。依托重大节庆活动，大力开展群众文化活动，丰富其内容和形式。坚持开展"文化下乡""文化进社区"以及群众文艺精品巡演展演、少儿合唱节等公益性文化活动。挖掘和利用民族民间文化资源，打造特色文化精品。让"候鸟儿童"能够有机会参与公共文化的创作，感受生产与创作的乐趣，增强主人翁意识。

4. 促进公共文化领域的文化和科技融合发展

大力推进数字文化建设，将计算机技术、数字技术、网络技术、移动通信技术等应用于公共文化服务，创新文化表现形式，丰富服务内容，拓宽服务渠道。

实施文化信息资源共享工程。在各级文化馆、城市社区新建基层服务点，加强管理，发展并完善服务网络，加大整合力度，丰富公共数字文化资源。利用"云计算"和"三网融合"技术，提升整个网络的管理水平和服务能力，推进网络资源进村入户，广泛开展惠民服务，实施以"农村实用技术人才培养计划"为重点的网络培训。使"候鸟儿童"即使在最偏僻的乡村也能用手机上网，分享网络带来的便利，充分利用网络资源进行学习和休闲娱乐活动。

加强数字图书馆建设。建设覆盖全市的数字图书馆虚拟网、互联互通的数字图书馆系统平台和海量分布式数字资源库群，形成完整的数字图书馆标准规范体系。实施"公共电子阅览室建设计划"，利用文化信息资源共享工程工作网络，依托公益性文化单位，建立公共电子阅览室，为广大青少年提供内容健康、服务规范、环境良好的公益性互联网服务，让"候鸟儿童"足不出户就能进入图书馆借阅各类图书，享用公共文化信息资源。

5. 开展文化志愿服务活动

完善文化志愿服务工作机制，发展文化志愿者队伍，广泛开展文化志愿服务活动，努力构建参与广泛、形式多样、机制健全的文化志愿服务体系。

贯彻落实《文化和旅游部、中央文明办关于广泛开展基层文化志愿服务活动的意见》精神，把文化志愿服务工作纳入公共文化服务体系建设总体规划，制定文化志愿者招募办法，依托相关单位或行业协会组建文化志愿服务组织，建立文化志愿者注册系统、电子档案和文化志愿服务数据库，实现文化志愿者、服务对象、活动项目的有效对接。鼓励热心公益事业的社会人士参与基层文化建设和文化活动，担任"候鸟儿童"的文化指导员、辅导员。依托各类公益性文化单位，招募文化志愿者做好图书借阅管理、读者咨询、讲解讲座、儿童文化活动组织等志愿服务工作。组织文化志愿者在重要节日及纪念日深入基层开展民俗活动、文化娱乐活动、主题教育实践活动等各具特色的文化志愿服务活动，丰富"候鸟儿童"的文化生活。

二、加大学校文化教育的关爱力度，保障"候鸟儿童"接受系统优质的文化教育的权益

学校是文化传播的主渠道，在保障"候鸟儿童"文化权益中起着主导作用。所以，学校不仅对学生进行知识技能的传授、能力的训练，更要注重对学生人格的塑造和良好品德的培养，还要重视亲情的教育，让学生在学校也能感受浓浓的亲情，充分沐浴在现代文化教育的阳光雨露中。正如雨果所说："多建立一所学校，就少建立一所监狱。"

（一）办好寄宿学校

在城市，儿童上学往往是分片区就近入学，很多农民工子弟因为没有城市户口而不能就近入学。政府为解决这批农民工子女的上学问题，把他们分在城郊的学校上学，路途遥远，交通堵塞。这些儿童为了能不迟到、不早退，经常起早贪黑，大量的时间浪费在上学的路上。在农村，学龄儿童逐渐减少，很多农村小学停办或者合并，致使这些"候鸟儿童"上学也要走很远的路，交通很不便利。所以要多办一些寄宿学校，为他们提供安全、优良的学习环境，既解决了家长的后顾之忧，又有效保证了"候鸟儿童"接受系统文化教育的权益。

（二）提升教师素质

教师是人类知识财富的播种机，是塑造人类灵魂的工程师，是学校教育成败的关键。所以教师要用自己人格的魅力去感染学生、吸引学生，要用博大精深的专业知识去引领学生畅游知识的海洋，为"候鸟儿童"提供优质的教育资源。

1. 为人师表，凸显人格魅力

教师的人格渗透在教师劳动的全过程中。从某种角度讲，教师的人格魅力远远胜过他的专业知识的魅力，有人说，一个班的学生的思想情操、道德风貌往往是一些教师自身风格的体现。所以，作为教师，应该自信、自尊、自重，严于律己、宽以待人，时时检点自己的言行，"为人师表，做人楷模"，具有能够征服学生心灵的震撼力和渗透力，从而用无声的熏陶在潜移默化中为学生塑造美好心灵，让学生自觉或不自觉地被感染，达到"润物细无声"的效果。

2. 精益求精，凸显专业素养的魅力

"身正为范，学高为师"，在学生心目中，教师犹如知识的化身。所以，作为教师，首先必须对所教学科的知识有比较系统而透彻的理解，如对本学科的发展历史、现状和未来等有全面认识和了解，具备丰富的专业知识和专业技能；其次，具有比较广泛的文化基础知识，不仅能全面系统地掌握本学科的知识，而且还应懂得其他学科知识，努力实现文理学科的交叉以及文化课与专业课的交叉，力争做到精通多门学科。只有拥有了渊博的知识，才能驾驭课堂教学，左右逢源。同时，教师还要掌握教育科学理论，懂得教育规律，这就要求教师必须具备一定的教育学、心理学知识，懂得儿童身心发展的一般特点、个性和品德形成的一般规律以及如何根据这些特点和规律实施有效的教育，以此保障"候鸟儿童"能够接受优质的教育。

（三）均衡课程设置

课程是文化知识的载体，为了保证"候鸟儿童"能接受内容丰富、全面的文化知识教育，学校必须要均衡课程设置。首先，要根据德智体美全面发展的要求，均衡设置课程，各门课程比例适当，并可按照地方、学校的实际情况以及学生的不同需求进行适度调整，保证学生和谐、全面发展。还要依据学生身心发展的规律和学科知识的内在逻辑，根据不同年龄段儿童成长的需要和认知规律以及时代发展和社会发展对人才的要求设置课程。积极推行素质教育，培养学生的创新精神和实践能力，注重学生经验，加强学科渗透。各门课程都应重视学科知识、社会生活和学生经验的整合，改变课程过于强调学科本位的现象。

（四）建设图书馆

图书馆是校园文化的重要载体，是学校各学科的链接和集成地，是学校最大的公共服务场所，应该拥有多层次、全方位的文献信息资源。学校要根据教学工作的需要，要有目的、有计划的收藏各学科的书籍，搜集与各科课程有关的教学参考材料和课外读物。图书馆工作人员要经常从新到的书刊中挑选能够配合有关课程或有关章节的书刊资料，推荐给有关的任课教师，然后由教师精选后再向学生宣传，供学生阅读。所选书刊一方面可以紧密结合课程内容和课程进度，巩固并扩大学生所学知识；另一方面又要通俗易懂、富有趣味性，符合学生的阅读水平和兴趣爱好。图书馆还要通过优美、舒适的环境，丰富的文献资料，完善的规章制度，良好的管理秩序，热情周到的服务态度，将学校的广大师生、员工吸引到这块增长知识、陶冶情操、净化心灵的思想阵地上来。

（五）关爱"候鸟儿童"

第一，要建立"候鸟儿童"档案。学校（特别是班主任）一定要做好"候鸟儿童"的摸底工作，了解他们的家庭背景、人际关系、性格特征、行为习惯、道德品质、学习动机和态度等，把他们在学校各方面的表现记入档案，留意孩子的每一个心理变化。第二，建立"代管家长制"。可以充分发动学校的教师、党员、团员、少先队干部、班委干部与"候鸟儿童"进行结对帮扶，作为"候鸟儿童"的"代管家长"，应深入他们的生活中，给予他们更多的关心，在学习上给予他们更多的帮助与辅导。第三，特别关爱行动。对"候鸟儿童"在生活、学习和思想等方面给予特别的照顾，对于那些家庭条件比较差的孩子给予学杂费减免或生活补助。在他们的生日、儿童节、中秋节等重要节日里，学校或班级可以组织一些活动，如主题班会、联谊会，让每一位同学都来关心他们，让他们感受到集体的温暖。第四，关注孩子的每一点进步，多鼓励和表扬，让他们有一个稳定的情绪、积极的情感，增强他们的自信心，培养他们乐观、积极、上进的心态，懂得生活、知道感恩、学会做人。第五，建立"家长热线"，确保在发生特殊情况时，可以第一时间和家长取得联系，保持学校和家庭的联系畅通无阻。一方面，让家长及时了解子女在校的表现和学习生活情况；另一方面，学校要及时就留守儿童的一些问题与家长进行有效沟通，尽可能地为留守儿童创造一个良好的学习环境和健康的成长空间。

三、强化家庭的文化教育责任，为保障"候鸟儿童"的文化权益提供保证

家庭是孩子的启蒙学校，父母是孩子的启蒙老师，家庭对孩子的影响是强大的、潜移默化的，也是长期且深远的。但是，很多"候鸟儿童"长期和父母分离，在农村与不识字或文化水平较低的爷爷、奶奶或其他亲人生活在一起，和父母长时间没有联系与沟通，学习上无法得到父母的关心和辅导，爷爷奶奶也无力去监管他们的学习，造成其学习成绩差、学习习惯不良等问题。有些儿童待在城里打工的父母身边，有机会进入城郊的民工子弟学校；但是其父母为了挣钱养家糊口和供孩子上学，不得不起早贪黑没日没夜地工作，根本没有时间去辅导和关心孩子的学习。因此，作为"候鸟儿童"的父母，应该承担起对孩子的监护和引导责任，不要"生而不养或者养而不教"。

家长要承担起"候鸟儿童"文化教育的责任。首先，应该考虑尽量把孩子接到自己的身边，担负起对孩子的文化教育责任，而不应该把孩子交给父母甚至别的亲戚；其次，父母应为孩子创设一个良好的家庭文化氛围，对孩子抱有合理的期待，注意自己的一言一行，堪为孩子的表率，并通过自己的言传身教，培养孩子喜欢读书、热爱学习的习惯；再次，家长还应该与孩子的老师经常保持联系，随时掌握孩子的思想动向，共同商讨教育方法与对策，做到打工挣钱与关心子女教育两不误，使孩子从小就能在良好的心理环境和教育环境中健康成长；最后，家长应该多抽出部分时间和孩子一起学习，周末陪孩子去参加社会活动、逛公园、参观博物馆、文化馆、展览馆，或去图书馆看书，去电影院看电影，去书店购书、看书，或去参加社区、街道、团体等组织的文化娱乐活动，这不仅可以丰富孩子的知识、增长见识、提高文化修养，还可以增进亲子感情。

总之，要有效保障"候鸟儿童"的基本文化权益，有赖于政府、学校、家庭和社会多方的共同努力，有赖于社会经济的发展和公民文化意识的提高。在目前的体制下，只要政府、学校、家庭和社会充分发挥合力作用，给"候鸟儿童"足够的社会关怀和支持，这一问题是可以在很大程度上得到解决的。

参考文献：

［1］李湘祁.农村留守儿童教育问题的思考［J］.中国电力教育，2010（18）：194-195.

［2］吕锐.农村"留守儿童"教育现状分析与思考［J］.教育科研论坛，2009（1）：91-92.

［3］朱熙勇."小候鸟"进城——留守儿童的暑期时光［J］.新闻前哨，2011（6）：108.

［4］聂洪辉.流动儿童在城市中入学的困境与对策——以候鸟式儿童为例［J］.桂海论丛，2009，25（1）：96-99.

（原文刊载于《酒城教育》2018年第1期）

虚拟现实技术在基层社区
公共文化服务中的应用研究

陈 杰

（四川工商学院；四川省成都市，61000）

摘 要：社区公共文化服务作为社会公共文化服务的基础阵地，是全社会提升公共文化素质、文化修养的基本保障。对促进社会文化的发展及和谐起着重要的作用。伴随社会经济的快速发展，人们处在高压的快节奏生活中，需要不断地对文化的内涵及内容进行丰富。当然，社区的公共文化服务也是居民最直接、最便捷的一种文化体验方式。随着世界科技水平的极速攀升，新兴的科技媒体方式是最吸引大众人群视线的一种手段。将虚拟现实技术的文化层面运用到基层社区公共文化服务中，实现了对社区公共文化服务提升动力与吸引力的最大化，是当代科技与文化结合的重要源泉。本文主要是对当代基层社区的公共文化现状、虚拟现实技术的文化的优势特点以及虚拟现实技术在基层社区公共文化服务中的应用方式、方法等进行阐述。为社区公共文化服务建设及发展的方式与新媒体科技的充分结合提供理论依据，增添社区居民的文化乐趣，促进当代基层社区的发展，保障社区的和谐共融。

关键词：虚拟现实；公共文化；社区建设

虚拟现实技术作为新兴科技代表之一，应用范围之宽、领域之广，是通过电脑模拟产生的一种多维空间维度的虚拟世界。这种虚拟世界能够给人们带来新鲜的体验感，使受众实现视觉、听觉、触觉的交互体验。可以将传统的二维影像内容形成三维空间维度的体验。不仅是交互体验，而且便于实现丰富、多元内容的可能性。

作者简介：陈杰（1989—），男，就职于四川工商学院，助教。

基金项目：四川省教育厅人文社会科学重点研究基地——四川基层公共文化服务研究中心 2017 年度项目（项目编号：JY2017B01）。

当今世界对虚拟现实技术的应用从多层次、多维度的不断增加到技术层面的不断革新，头戴式的传感体验是当今主流的应用方式。但是，我们坚信在不久的将来通过减少设备的休量与烦琐程度，可以使体验者更能直接地与虚拟现实内容零距离接触，真正实现"零穿戴"的虚拟体验。从而促进虚拟现实技术在各行各业的应用发展。

基层社区公共文化服务是人们日常生活的主要领域，肩负着社区文化传承的作用。多元化的社区要求以及多方式的信息来源，使传统基层社区的公共文化服务功能逐渐不再满足现今人们对社区文化的服务标准。人们在日常生活中通过手机、互联网等方式获取信息的途径成为主要来源之一，但是这种来源方式有一定的弊端，它将文化信息点状化呈现，对文化信息的传承系统不够完善。长时间通过点状化接收信息，会产生枯燥单一的表象。如果将虚拟现实技术的内容形成完整的传统体系，可以将文化的传播力度加大，增添传播过程的乐趣，实现在交互体验中形成文化传承的理想，为社区的和谐奠定基础。

通过虚拟现实技术，可以充分整合资源，破解基层资源分散及优秀公共文化产品供给不足的难题，发挥基层综合性文化服务中心的终端平台优势，加大基层优秀公共文化产品和服务的供给，使基层社区综合性文化服务中心成为我国文化建设的重要阵地和提供公共服务的综合平台。

一、基层社区公共文化服务的发展现状

社区作为城市居民长期居住的生存环境之一，是整个社会的重要组成部分，是社会细胞的体现价值。随着社会的不断进步以及人们生活水平的不断提高，对于社区公共文化服务的建设需求也越来越高。在中国改革开放以来，社区文化服务管理体系在不断发生变化，对于当今社区文化的设施内容都需扩大化、细化分工。社区公共文化建设是社会公共管理不可忽视的一个环节。特别是在党的十八大和党的十九大以来，党中央对于基层文化建设提出了新的要求与标准，对我国当代社区文化建设做了重新部署。建设具有中国特色的文化强国，在继承优秀的传统文化前提下，也需要将高新技术引进到人民群众中去，以此来丰富人民群众的文化生活。

将责任的主体直接转向社区的文化建设体系中，让基层社区发挥主导作用，扩大虚拟现实技术的贯穿与落实的可能，并集中利用多种方式按标准建设基层综合性文化服务中心。

当然，中国社区文化还存在一定的问题，主要表现在以下几个方面：

（一）社区公共文化服务管理人才局限性

社区公共文化服务的建设与整体社区的直接管理是密不可分的，是服务管

理的直接体现。国内大部分社区文化管理人才岗位相对较少，文化管理的理念相对较薄弱，引进外来新兴科技的接受度还需进一步提高。面对以上问题，需要社区的管理人员通过对文化管理专业的人才进行引进，以此来提升社区公共服务文化创建的专业度，以专业的文化素养来影响社会公共文化进行建设与发展，打破现有的缺乏专业文化管理人员的格局。

（二）在公共文化建设中经费不足问题

社区作为基层单位的体制状态，大部分经费来源于政府的扶持，国家对基层单位的经费支出相对较少。除去基本的基层单位开支，对于文化建设的经费可进行一定的限制。当然，基层社区本身的经费来源相对比较少，渠道限制了经费的支出比重。因此，在基层社区公共文化建设中，应多与企业进行合作，将高成本的虚拟现实技术与社区进行联合开发，不断加强经费的补充。作为虚拟现实技术本身而言，新兴科技成本（即将虚拟现实技术应用到社区，需要采用多方面的经费来源）相对于其他媒体形式而言投入更大，同时也为社区文化建设奠定了经济基础。

（三）缺乏广泛的关注度及参与度

多元化社会的发展以及信息来源渠道的多角度呈现，使人们对社区的关注度及参与度降低。虚拟现实技术的应用可以让居民对社区文化产生好奇感，增加人民群众对于社区公共文化的关注度。

二、虚拟现实技术应用在社区文化内容的丰富性

现阶段，国内大部分文化建设与人民群众的参与是单一性的，内容相对匮乏，缺乏创新的文化体系内容，缺少新兴科技来吸引社区居民；同时，大部分社区的文化建设还停留在对基础文化的宣传，而对于三维或是虚拟现实的宣传基本是没有的。有部分优秀的社区是将传统的优秀文化以陈列馆、小型博物馆等方式进行呈现。这种呈现的方式有一定的弊端，缺少互动体现功能，仅限于视觉观感上的体现活动；同时，还缺乏一些趣味性。大部分居民对于现有的陈列内容的展示都是一次性的观赏，缺少文化内容的形式丰富性。

在基层社区中可以创建数字阅读、游戏娱乐、传统文化宣传等虚拟现实体验馆，在它的内容上可以以电子的形式多方向、多维度地涉及各年龄层次的人群。人们不再是只看静态图片或视频、浏览一些文化古迹和旅游景点的文字内容，而是能以虚拟的方式进行"实地"考察，如在市场或城市广场上闲庭信步，进行身临其境的真实体验。如今，海滩、丛林、瀑布、金字塔和世界其他奇观都可以通过虚拟现实来实现"实地"体验。对文化的内容进行多角度宣

传，不仅能在社区当中增添文化内容的丰富性，还可以拉近社区中居民的邻里关系。

三、虚拟现实技术应用在社区文化中的娱乐性与互动性

虚拟现实是非常强调真实性的，虚拟现实所做的一切都是为了让体验者相信虚拟的景物是真实的，所以临场感非常强。体验者如身临其境般进入虚拟的世界，获得沉浸式的享受。当然，虚拟影片中的景物与现实情景还是有一定联系的，是将现实中的景观利用技术手段，将其修改成未来、科幻的样子，当然真正的未来世界也是由现实发展而来的。

这种虚拟现实技术应用在社区文化建设中，自然会对社区居民的日常生活产生重要性改变。通过与游戏的直接感官接触，即通过技术手段、视觉效果、听觉效果同参与者进行互动，使参与者与社区文化内容产生共鸣。

四、社区创建虚拟现实体验馆的现实意义

顶层化设计，统筹解决难题，鼓励基层创新，加强督促检查。虚拟现实技术走进基层社区，并为其提供公共文化服务，必将推动基层综合性文化服务中心建设的顺利开展，并推动基层公共文化建设迈上新的台阶。

虚拟现实技术不断呈现在居民日常生活中，不但提高了基层群众对社会的归属感以及认可度，也为他们提供了数字阅读、文化娱乐、公共信息、文化服务等便捷条件。利用公共数字化方式向基层群众传递公共文化知识，可以不断提升国民素质、文化修养，以此促进社区文化和谐发展。

社会公共文化服务的领域与当今较前沿的科技——虚拟现实技术接轨，不仅使文化不断传承，对社区发展也是大有裨益。只需更新数字化文献资料，就能节约大量的资源。虚拟现实技术本身就是科技的先进性体现，对基层群众散发着自身的吸引力，由此形成长效机制，实现设施良性运转、长期使用和可持续发展。基层综合性文化服务中心的具体职责任务，是要求其丰富服务内容和方式，使之提供的产品可与服务更适应并符合基层群众的需求。可以加大基层优秀公共文化产品和服务的供给，使基层综合性文化服务中心成为我国文化建设的重要阵地和提供公共服务的综合性平台。只有这样，才能使基层公共文化服务的建设切实可行，能够真正落地。

以基层社区为主导，扩大虚拟现实技术社区公共文化对居民服务的服务性落实，推动每个社区开展虚拟现实体验馆的相关活动，将虚拟文化体验做成一种居民享受型常态化文化活动，是当今科技的进步给人们带来的最直观的感受。

参考文献：

[1] 李国新. 对我国现代公共文化服务体系建设的思考 [J]. 克拉玛依学刊, 2016, 6 (4)：3-15.

[2] 圣章红. 中国公共文化服务体系的现代性解读与建设路径 [J]. 湖北大学学报（哲学社会科学版），2016, 43 (4)：137-142.

[3] 李旺珍，吴理财. 试析现代公共文化服务体系的内涵与特征 [J]. 理论月刊，2016 (5)：144-147.

[4] 李国新. 强化公共文化服务政府责任的思考 [J]. 图书馆杂志, 2016, 35 (4)：4-8.

[5] 巫志南. 社区公共文化服务 [M]. 北京：北京师范大学出版社, 2012.

[6] 陈威. 公共文化服务体系研究 [M]. 深圳：深圳报业集团出版社, 2006.

[7]. 林争春，胡艳. 数字图书馆的虚拟场景优化技术研究 [J]. 情报探索，2012 (7)：98-100.

[8] 朱成，等. 三维图书馆可视化馆藏文献信息查询系统的应用 [J]. 实验室研究与探索，2012, 31 (7)：79-82.

[9] 许微. 虚拟现实技术的国内外研究现状与发展 [J]. 现代商贸工业, 2009, 21 (2)：279-280.

[10] 刘向铜，熊助国，曹秋香. 虚拟现实技术的若干问题及发展展望 [J]. 水利科技与经济, 2006, 12 (5)：324-327.

（原文刊载于《艺术品鉴》2018 年 6 月刊）

泸县基层公共文化服务建设的实践与思考

牟 红

（泸州职业技术学院；四川省泸州市，646005）

摘 要： 泸县凭借首批国家公共文化服务体系示范项目——泸县农民演艺网建设的成功经验以及其在公共文化设施、公共文化阵地免费开放、群众文化活动品牌打造等方面奠定的扎实基础，跻身成为四川省首批现代公共文化服务体系示范创建县。党的十九大报告提出，要完善公共文化服务体系，深入实施文化惠民工程，丰富群众性活动。泸县根据《四川省现代公共文化服务体系示范县创建标准》，按照基层公共文化服务的建设要求，制定目标考评机制，加大工作落实力度，让广大群众共享文化发展的成果。文章结合泸县公共文化服务建设的现状，针对建设过程中的亮点，总结泸县基层公共文化服务建设实践的经验。

关键词： 泸县；基层公共文化服务；创新；品牌；机制

"千年古县"泸县已有 2 100 多年的历史，地理位置优越，地处四川盆地、川滇黔渝接合部，是一个面积约 1 532 平方千米、人口约 109 万人的川南名县。"雨坛彩龙""龙脑桥""屈氏庄园""宋代石刻"等被誉为泸县的"八大国宝"，良好的文化底蕴铸就了"千年泸县·宋韵龙城"的城市文化品牌。其先后被评为中国龙文化之乡、全国文化先进县、中国曲艺之乡、全国文物工作先进县、四川省农村文化建设示范培育县、中国最具影响力文化旅游名县等。泸县文化底蕴深厚，农村演艺人才丰富，农村文艺演出团队活跃在全县 19 个

作者简介： 牟红（1986—），女，就职于泸州职业技术学院，讲师。主要研究方向：白酒文化。

基金项目： 四川省教育厅人文社会科学重点研究基地——四川基层公共文化服务研究中心 2016 年度项目（项目编号：JY2016C02）。

乡镇及周边市县。在此基础上，泸县整合资源，抱团成立了全国首家"泸县农民演艺中心"。该中心一专多能、服务群众、播种文化、勇闯市场、声名远扬，成为在泸州乃至西南地区具有一定影响力的一种社会文化现象。2012 年，泸县被评为四川省首批农村文化建设示范培育县。2017 年，泸县被列为首批创建四川现代公共文化服务体系示范县的县市区之一。自获得创建资格以来，文化阵地覆盖城乡、文艺创作浸润心田、文化活动精彩纷呈、文脉传承活跃生活、文化体制活力迸发。2018 年 6 月，在创建省级现代公共文化服务体系示范县中期督查中，泸县得分名列全省第一，继续领跑全省现代公共文化服务体系建设第一方阵。

一、泸县基层公共文化服务建设现状

（一）公共文化服务基础设施逐渐完善

近年来，泸县以精准扶贫为契机，把文化脱贫放在文化工作首要位置，文化部门克服作为非贫困县缺乏专项资金的困难，自筹资金 700 余万元，补齐全县 40 个贫困村的基础设施，解决了贫困村基础设施缺乏的问题。全县 40 个贫困村文化设施"六有"成功升级为"十有"，包括广播器材（一套）、图书、室外文体活动场地、公共文化服务必需的文化器材（一套）、宣传栏以及建筑面积不低于 50 平方米的文化室（图书馆）等；同时，城市书吧、农民演艺特色文化院坝、镇情村史陈列室、家族祠堂等正在加入公共文化服务阵地的行列，实现了"县有品牌文化活动，镇有节庆文化活动，村有文艺演出"。

（二）县、镇两级公共文化服务网络体系基本建立

在推进贫困村文化设施建设的同时，泸县财政投入 4 亿元到文体基础设施建设中，龙城文化艺术中心、泸县宋代石刻博物馆、屈氏庄园民俗博物馆等逐步投入使用。县图书馆成功创建国家二级图书馆，县文化馆建成国家一级文化馆。社区书屋、"农家书屋"、村文化室、镇综合文化站实现全覆盖。以文化扶贫为契机，泸县拓展实施五大文化民生工程——书报"天天读"、电视"户户通"、广播"村村响"、电影"月月放"、活动"周周有"。农村应急广播"村村响"建成泸州市示范工程，数字电视"户户通"建成"高清四川·智慧广电"示范县，实现"超常规发展"，拥有 10 万用户。经过近年的积极努力，泸县基础设施建设稳步推进，群众文化活动丰富多彩，基本形成县、镇两级公共文化服务网络体系。

（三）基层公共文化服务管理模式初步形成

以政府为主导，以文化馆、图书馆为龙头，以基层和农村为重点，大力实

施"文化信息资源共享工程""乡镇（社区）综合文化站建设工程""农村电影放映工程""112 农村文艺演出服务工程"（即保证每年每村 2 场文艺演出），每年农村文艺演出 1.6 万场次，现已完成"文化信息资源共享工程"和 19 个镇的综合文化站建设任务，全县公共文化活动场地面积达 11.6 万平方米。"农家书屋"实现全覆盖，并摸索出一套成功的"一二三四五"管理模式，即"一保经费，两项联动，三级责任，四重监督，五项基本制度"，公共文化服务水平和能力不断提高。

二、泸县基层公共文化服务建设创新与亮点

（一）建立全国第一个农民演艺网

2009 年，泸县文体广电局整合在县内活跃的 86 支农民演出团队，组建成为四川龙城农民演艺中心。以四川龙城文艺演出中心为平台，逐步构建起"村有服务点、镇有演艺站、县有演艺中心"的泸县农民演艺网，开创在全国建立第一个农民演艺网的先河。2011 年，在创建全国公共文化服务体系示范项目中，泸县农民演艺网成功立项，成为四川省第三批文化产业示范基地。截至目前，泸县的农民演出团队足迹遍及川、滇、黔、渝等地，聚集演员 5 000 多人，演艺团队扩展到 140 余支，年演出收入高达 2.5 亿元。

（二）率先试点农民演员资质认定和职称评定

1. 拓宽评定职称范围

泸州市率先实行并在泸县试点民间艺术人才职称评审和农民演员资质认定考核，组建民间艺术专业技术职称评委会，建立民间艺术人才评审专家库并制定民间艺术人才职称评定办法，探索开展民间艺术职称评审试点工作。规定凡是在社区或农村的学会、协会、民间、民营等艺术单位从事文化艺术生产活动的专业技术人员或民间艺人，皆可申报职称评定。此举打破了艺术人才职称评定仅在国有企事业单位的局限，调动基层文艺工作者的积极性。如今已有约 820 名农民演员获得演艺技能认定，180 余人获评初级艺术职称。

2. 突破评审限制条件

民间艺术人才的职称评审主要是以贡献大小、艺术水平、业务能力、工作业绩为专家评审时的重要依据，打破过去职称评审受外语、学历、年龄、岗位等条件的制约。职称申报人的作品或创作的节目获得县级以上奖励的，其本人被确定为市级以上非物质文化遗产保护传承人的，文化艺术生产、经营效果显著的都可以破格评审相应的职称等级。职称评定涵盖了民间戏剧、民间曲艺、民间杂技魔术、民间音乐、民间舞蹈、民间美术、民间工艺技艺七大类型，通

过开展演艺人才职称评定和资质认证，提升基层文化人才档次。

3. 抱团发展成立西南农民演艺联盟

随着乡村文化需求不断提升，如今与泸县相距不远的重庆、云南、贵州等地的农民演艺事业和产业也在不断扩大。为了把"南有农民演艺大舞台"的品牌打响，2017年7月，泸县和重庆永川区、大足区以及宜宾珙县等地方的农民演艺组织，在泸县共同发起成立西南农民演艺联盟，聚集川滇黔渝农村演艺团队420余支，演员达到15 000余人。联盟成立后，主要是通过信息共享、资源共享、政策共享等去搭建统一的信息资讯平台，根据各演艺团体的功能差异，形成演出资源优化承接和相互衔接，实现整体规模优势和高效运营态势，统筹合作开拓西南演艺市场，提高市场竞争力。

三、泸县基层公共文化服务建设措施与成效

（一）创新机制，优化基层文化人才队伍结构

1. 建立演艺中心人才管理库

泸县文化管理部门创新人才培养机制，借助农民演艺中心激发广大农村"文化人"的活力，唤醒群众的文化自觉性，把农民从文化的看客变成主角。通过整合农民演出队伍中的文艺骨干，建立社区文艺表演队、民间文艺演出队等，夯实演出基础。以自愿报名、比赛选拔、群众推荐等形式，基层文化部门从学校、机关、企业等各行业中挑选了一批文艺骨干，建立"演艺中心人才管理库"。

2. 开展校企合作储备人才

早在2009年，泸县就与四川师范大学签订了多项文化合作协议。一方面，以校企合作的形式与四川师范大学音乐学院联建"泸县农民演艺学校"，并与音乐学院合办实习基地，吸引一批大专院校的艺术毕业生加入演艺中心，为农村演艺队伍培养人才；另一方面，面向基层开办免费培训班，聘请四川师范大学专家负责培训农村演艺人员，分发相关的农村文艺演出作品集，促进泸县农民演艺表演艺术的提高，提升演出队伍的作品质量，增强公共文化服务能力。

（二）挖掘内涵，打造基层地方特色文化品牌

1. 实施文化品牌计划

文体赛事活动是丰富群众精神文化生活、提升城市文化软实力的重要途径。精彩纷呈的文体活动是泸县公共文化服务的特色和亮点，春节农民演艺大舞台连续上演7年，春节联欢会、龙舞闹元宵连续上演10年，已经成为泸县百姓必不可少的春节文化大餐。每年定期举办的特色品牌活动包括"二月二·龙抬头"、

民俗文化活动、云锦梨花节、玉蟾春会、龙贯春会、玉龙湖放生节（端午诗会）、龙眼采摘活动、"龙城金秋"篮球比赛、"五一"羽毛球比赛等。2017年以来，全国龙文化峰会、全省老年门球赛、城际篮球赛、青少年足球比赛、小篮球比赛、文化遗产日活动、全市阅读活动启动仪式等一批大型文体活动相继在泸县举办，极大提升了泸县文化的影响力，增添了文化繁荣的强劲动力。此外，泸县将文化活动与党风廉政建设、乡风文明、脱贫攻坚、群众路线、中国梦等时代主题相结合，近年来共举办各类主题文艺巡演 300 余场，文化活动成为唱响新时代主旋律、凝聚发展进步正能量的重要举措。

2. 打造特色文化精品

农民演艺网是泸县基层公共文化服务体系建设的重要载体。为提高文化产品质量，泸县积极开展"打造明星，打造精品""评级创牌，形成龙头""注册登记，资质认定"等工作，以此促进演出节目和队伍的品牌知名度与美誉度的提高。一方面，紧跟人民群众日益增长的精神文化需求，淘汰不受市场欢迎的团队和质量低劣的节目，从表演艺术、节目档次上不断改进，打造品牌剧目。经过多年的努力，泸县农民演艺网诞生了众多老百姓喜爱的"笑星""歌星"和精品节目。另一方面，跟进消费市场扩大演出规模，以演艺中心为主体的演艺业不仅是泸县富有地域特色的文化产业之一，"德高艺术团""心连心艺术团"等团队的商业演出辐射云南、贵州、重庆、湖南、广东等地。泸县农民演艺队伍不断发展壮大，增强了农民演艺的生命力和服务能力，品牌效应日渐明显。

（三）创新机制，保障基层公共文化服务长效发展

1. 落实政策保障机制

落实基层公共文化服务的有效供给，政策保障是关键。一方面，泸县开展政府购买服务范围审核，通过编制《政府购买服务指导性目录》，使购买服务更具针对性；另一方面，通过在专项资金管理、活动经费、培训、奖励等方面制定多项方案与制度，并将购买服务支出纳入部门（单位）年初预算同步编制，防止购买服务的随意性。

2. 创新市场运作机制

泸县通过政府搭建"农民演艺大舞台"及"112"工程等公益性文化平台，开展辐射泸县各镇（村）的企业、学校和机关的基层公共文化服务项目，探索"政府买单、百姓受益、演艺中心得实惠"的公共文化服务模式，在泸县乃至整个西南地区成为具有极大影响力的一种社会文化现象。同时，按照公益演出事业最大化、市场利益最大化的原则，把商业演出进行市场运作，"公

益化"与"市场化"并行的"两条腿走路"策略让泸县农民演艺网和老百姓都能得到实惠。

3. 建立目标考核机制

为让"泸县农民演艺网"在基层公共文化服务体系中发挥更大作用,泸县将其列入政府的目标考核中,以建立长效发展机制。一方面,县文体广电局代表县政府对各镇、村、组、机关、学校和企业下达全年演出指标,就群众监管指标的情况进行落实;另一方面,隶属于龙城农民演艺中心的农民演出队伍要分别签订责任书并接受考核,考核成绩与财政补助经费挂钩。

四、结语

泸县作为千年古县、龙文化之乡,文脉传承是构建现代公共文化服务体系的重头戏。文艺精品创作、传统文化进校园、传统文化进乡村是泸县文脉传承的"三驾马车"。目前,泸县基层公共文化服务形成了规模化发展格局,文化服务阵地已达 11.64 万平方米。同时,"泸县农民演艺网"公共文化服务体系建设逐渐形成以社区、园区、机关、学校、企业为横向,以院落、组、村、镇、县为纵向的活动网络。在下一步工作中,通过拓展信息反馈、辅导培训、创作培训、队伍培训等方式去管理机构,完善基层公共文化服务机构运营的公众参与制度和专家咨询制度,切实让"泸县农民演艺网"这张上下链接、横纵交错的无形网来覆盖全县公共文化服务。

参考文献:

[1] 雷兵能. 泸县:强化公共服务有效供给 [N]. 中国政府采购报,2018-02-23.

[2] 杨双全,许辉. 泸县民间艺人有了专业职称 [J]. 四川劳动保障,2013(10):38.

[3] 张良娟. 泸县农民演艺网创新公共文化服务模式 [N]. 四川日报,2013-11-14.

[4] 李思忆. 泸县农民演艺线上线下"撒网"[N]. 四川日报,2015-07-05.

[5] 付远书. 农民歌舞团唱红大西南 [N]. 中国文化报,2013-03-19.

[6] 肖鹏. 农民演艺惠农民创新模式走在前 [N]. 中国文化报,2017-10-13.

[7] 谢蕤. 文化生民间 [N]. 泸州日报,2011-10-08.

[8] 王雪娟. 四川泸县有个农民演艺网 [N]. 中国文化报,2013 09 13.

第二部分
公共文化服务人才队伍建设与培养

四川省基层公共文化服务人才知识教育培训研究

吴耀宏

(四川大学公共管理学院；四川省成都市，610000)

摘　要：知识教育是四川省基层公共文化服务人才教育的重要内容。本文主要是对知识教育的含义、内容和需求进行分析，将知识教育与主体进行匹配，构建四川省基层公共文化服务人才知识教育培训过程，同时提出相关的对策建议。

关键词：基层公共文化服务；人才教育培训

一、知识教育培养

(一) 知识教育的含义

根据基层公共文化服务的内涵以及对基层公共文化服务人才的要求，本文所引入的知识教育是基于对基层公共文化服务人员的思想素质、政策法规及专业艺术文化知识能力培养的方法与内容，认为基层公共文化服务人才作为积极参与公共文化服务并愿意以此作为职业或愿意投入大量精力的人，知识教育是基层公共文化服务人才教育培训必须接受的必不可少的第一阶段学习。

(二) 知识教育的内容

从知识教育的定义我们知道，知识教育是一种针对基层公共文化服务人才内容更为广泛的教育培养，它强调人才教育内容的基础性、综合性、经典性以及宽泛性，目的在于提高基层公共文化服务人才的思想政治素质、社会主义核

作者简介：吴耀宏（1964— ），四川大学公共管理学院教授。研究方向：公共管理。

基金项目：四川省教育厅人文社会科学重点研究基地——四川基层公共文化服务研究中心2015年度科研项目（项目编号：JY2015A03）。

心价值观和基础艺术文化知识素养，使基层公共文化服务人才具有正确的价值观和知识能力结构。知识教育结构表如图1所示。

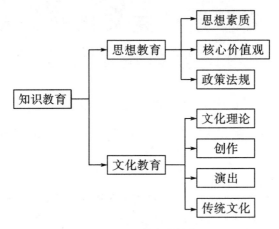

图1　知识教育结构表

首先，由于基层公共文化服务需要长期扎根于基层并为基层人民群众服务，因此必须具备高尚的思想素质。一是自觉执行党的路线、方针、政策，遵纪守法，爱岗敬业，热心群众文化事业，具有高度的责任感和坚定的事业心；二是具备全心全意为人民服务的思想和无私奉献的品质，愿做"俯首甘为孺子牛"的基层公共文化服务人员；三是对业务刻苦钻研，精益求精，努力做到一专多能，又专又精；四是勇于克服困难，以"精诚所至、金石为开"的决心和信心，做好群众文化工作。

其次，要使基层公共文化服务人才具有高尚的思想素质，就必须将社会主义核心价值观教育融入基层公共文化服务人才知识教育培养的全过程来。一是要充分认识社会主义核心价值观对于基层公共文化服务人才教育培训的重要意义；二是要加强对社会主义核心价值观的宣传引导；三是要让基层公共文化服务人才带头践行社会主义核心价值观的责任感和使命感。

最后，由于基层公共文化服务人员在坚守岗位、无私奉献的同时，还对现存社会的政治、经济、文化等知识予以介绍和分析，因此必须使基层公共文化服务人才对国家关于群众文化的大政方针政策能够准确接收并传达，所以针对知识教育必不可少的一部分即政策法规的培养，包括公共文化体系构建的总体规划、重大文化工程及相关政策和支持性政策。政策法规培训内容如表1所示。

表 1 政策法规培训内容

基层公共文化服务政策法规类别	具体内容
公共文化体系构建总体规划	（1）2005 年，中共十六届五中全会通过制定"十一五"规划的建议，提出"加大政府对文化事业的投入，逐步形成覆盖全社会的比较完备的公共文化服务体系"。 （2）2006 年，第十届全国人民代表大会第四次会议将政府工作报告扩展为："加强文化基础设施建设尤其是农村基础文化建设，完善公共文化服务体系"。 （3）2007 年，第十届全国人民代表大会第五次会议在通过的政府工作报告中提出："着眼于满足人民群众文化需求，保障人民文化权益，逐步建立覆盖全社会的公共文化服务体系。" （4）四川省委办公厅、四川省人民政府办公厅 2015 年 10 月正式印发《四川省委办公厅、四川省人民政府办公厅关于加快构建现代公共文化服务体系的实施意见》，对加快构建四川省覆盖城乡、便捷高效、保基本、促公平的现代公共文化服务体系，推进基本公共文化服务标准化、均等化，保障城乡人民群众基本文化权益做出了全面部署。
重大文化工程及相关政策	（1）2010 年 12 月国家文化和旅游部、财政部联合发布《文化和旅游部、财政部关于开展第四批国家公共文化服务体系示范区项目创建工作的通知》。 （2）2011 年 3 月第十一届全国人民代表大会第五次会议指出，中央对深化文化体制改革、推动社会主义文化大发展大繁荣进行了全面部署。 （3）"振兴川剧"工程也取得新成效。四川省将坚持以人民为中心的创作导向，努力创作生产出更多思想性、艺术性、观赏性有机统一，为人民喜闻乐见的优秀作品。
支持性政策	（1）1994 年，财政部、国家税务总局发布《财政部、国家税务总局关于继续对宣传文化单位实行财税优惠政策的规定》，规定对部分宣传文化单位实施先征税后退税；对纪念馆、博物馆等单位门票收入免征营业税；对文化事业单位的固定资产投资方征收零税率等。 （2）2015 年，四川省加快出台《四川省公共文化服务保障条例》，支持和鼓励拥有地方立法权、文化发展较快并积累了一定实践经验的地方先行出台本地区公共文化服务地方性法规、政府规章或单行条例，为现代公共文化服务体系建设提供法规支撑。

文化教育培训是由于基层公共文化服务工作的复杂性和困难性，需要相关人员具有丰富的知识储备，包括①文化理论：统筹全局，制定并组织实施文化

艺术事业发展规划、各类型业务知识和文化产业文化品牌发展相关理论知识。②文化创作：各类型文化创作的基础知识，其目的是为了强化精品创作意识，树立精品创作目标，创作真正贴近群众受群众喜爱的文化精品。③文化演出：各类型文化普及阶段。④传统文化：四川省特色传统文化的挖掘保护和传承工作。基层公共文化服务人才具有广泛的知识储备，有助于更好地展开基层公共文化服务工作，因此需要开展文化教育，以培养全面发展的基层公共文化服务人才。

基层公共文化服务人才教育培训的具体内容如表2所示。

表2 基层公共文化服务人才教育培训的具体内容

专业艺术文化知识类别	具体内容
文化理论	专业门类艺术知识培训、舞台艺术创作培训、业务知识培训、文化产业的培育与发展培训；基层群众公共文化权益知识的普及；文化服务品牌策略和文化服务创新案例学习等专业文化理论知识。
文化创作	各家书法临帖与鉴赏、国画创作技巧、文学（小说）创作、舞蹈创作、戏剧作品创作、文字学与书法创作、诗歌创作、音乐创作等各类专题创作培养。
文化演出	举办音乐会、话剧演出、舞台剧演出、电影放映、地方戏、综艺节目以及全国、全区性文艺赛事等，协调全市性艺术比赛、展览和非营业性演出等重大艺术活动。
传统文化	挖掘传统文化资源，梳理、提炼文化符号、文化标识、文化景观和文化象征；传统文化产业的培育与发展培训；非物质文化遗产的保护和传承等。

（三）知识教育培养的资源需求分析

知识教育是基层公共文化人才培养过程中的重要一环，知识教育的完成需要借助各类资源。根据基层公共文化人才通识教育培养的基本内容，各类基层公共文化教育培训资源责任主体各取所长，团结合作，合理分工，共同完成基层公共文化服务人才价值观和知识能力的培养。

1. 思想教育

思想政治素养培养的作用主要体现在重要的导向作用、塑造个人优良职业道德的作用、提升心理素质以及帮助基层公共文化服务人才实现创新和发展的诸多方面。除此之外，政治素质的提升是我国基层公共文化服务人才建设的重要理论依据，有助于我国基层公共文化服务人才队伍的凝聚力和组织力的增强，从而促进我国基层公共文化服务体系建设的不断发展和完善。一方面，由于基层公共文化服务人才思想素质的高低决定了他们对工作的投入和用心程度以及思考和解决问题的高度，因此可以借助政府强大的思想政治教育体系——党校和各类行政院校开展全面深入的思想培训课程，同时借助现代化教育教学手段（多媒体、远程教育等多渠道）提高思想素质教育的广度与深度；另一方面，学校多年开展人才培训，具有强大的师资力量和理论体系，因此对于思想教育中的政策法规培养可由学校承担主体责任，政府负责重大方向的控制。

2. 文化教育

文化教育培养主要体现在工作的实际运用中，它的作用包括塑造在基层工作中能顺利开展工作的复合型人才，强化全面锻炼，增强综合素质，提高适应能力，将其培养成具备多种能力的"全才"和"通才"。由于基层公共文化服务人才文化知识素养的高低决定了其解决问题的难易度以及基层群众的认可度。因此，对于文化理论和文化创作两方面的培养可借助学校，在文化演出和传统文化方面可由社会机构和团体担任培训主体。

知识教育培训所需资源与资源主体如表3所示。

表3   知识教育培训所需资源与资源主体

培养目标与任务	所需资源	提供主体
思想教育	思想培训课程	政府
	政策法规	政府
	教学资源	学校
文化教育	理论知识	学校
	理论实践	社会机构

二、主体及主体间的责任与关系分析

根据四川省基层公共文化服务人才教育与培训的目标，结合我国的现状，承担基层公共文化服务人才培训的主体主要有政府、学校和社会机构。其中，政府是基层公共文化服务人才培训的主阵地；学校是人才培训的重要生力军；社会机构是人才培训的重要补充。根据这一情况并结合我国具体国情，笔者建立了政府、学校和社会机构在四川省基层公共文化服务人才培训的责任矩阵表（表4）。

表4 政府、学校、社会机构责任矩阵表

工作项目	政府	学校	社会机构
宏观政策支持			
（1）公共文化体系构建总体规划	P		
（2）重大文化工程及相关政策	P		
（3）支持性政策	P		
具体培训规划			
（4）观念的培训	P	S	
（5）知识的学习和体系的构建	S	P	
（6）实践能力的培训与锻炼		S	P
保证资金投入			
（7）专项资金	P		
（8）一般资金	P		S
相关信息咨询	P		
确定实践试点			
（9）可行性分析	P	S	S
（10）期限、目标、任务以及协调机制的确定	P	S	
引进专业师资			
（11）素质型	P	S	
（12）知识型		P	
（13）能力型			P
理论（技术）教育			
（14）硬件资源	S	P	P
（15）教师服务		P	P
思想道德提升			
（16）政策认知与教育	P	S	
（17）硬件资源	S	P	
提供实践平台			
（18）试点的提供	P		

表4(续)

工作项目	政府	学校	社会机构
（19）模拟实践			P
完成考核评价			
（20）效益的评价	P	S	S
（21）效用的评价	P	S	S
（22）人才的评价		P	P
后续能力提高			
（23）差异分析	P	S	S
（24）针对性提高	P		

　　四川省基层公共文化服务人才教育与培训的责任矩阵表主要包括11项大类、24项具体的内容。宏观政策支持主要是指基层公共文化服务的政策建设，即建立基层公共文化服务的政策，包括总体政策规划、重大文化工程及相关政策和支持性的配套政策。具体培训规划是指建立四川省基层公共文化服务人才教育与培训的具体的培训规划，主要包括三个方面的培训规划，即观念、知识和实践的培训。保证资金的投入是指在基层公共文化服务人才教育与培训中的资金支持，包括一般性的资金和专项资金。相关信息咨询是指保证四川省基层公共文化服务人才教育与培训中的信息的对称性。确定实践试点是指建立基层公共文化服务人才教育与培训的试点，包括可行性分析与期限、目标、任务以及协调机制的确定。引进专业师资是指根据人才教育与培训的目标和任务，根据培训内容引进知识型、素质型以及能力型的专业师资，开展人才的教育与培训。理论（技术）教育是指一方面满足人才教育与培训的硬件资源，另一方面还要加强教师的服务能力。思想道德建设提升主要是指加强人才的思想道德建设，包括建设的硬件配套资源和加强对政策的认知与教育。提供实践试点是指为四川省基层公共文化服务人才的教育与培训提供实践的地点，包括提供模拟试点和实践试点。完成考核评价是在基层公共文化服务人才的教育与培训工作之后，根据最初的教育与培训目标进行考核，包括人才的考核、效益的考核以及效用的考核。后续能力的提高是指在考核结束以后，对考核进行差异分析，明确优势与不足，同时进行针对性的提高，使基层公共文化服务人才教育与培训的工作效率更高。

三、对策建议

以上的分析指出，四川省基层公共文化服务人才的培训及培训的参与主体主要有政府、学校和社会机构。政府层面的组织机构主要包括：党委部门、政府部门、地方文化行政管理部门、公益性文化事业单位以及国有文化企业，其核心功能主要是政策导向和监管功能，以及优化人才教育与培训的税收、金融、市场等环境。学校应该发挥教育的主体作用，建立基础教育、高校职校、培训机构和文化服务机构组成的公共文化人才教育培训体系，实施基层文化队伍培训项目、文物博物馆人才队伍能力提升工程、美术馆专业人才培训项目。对于社会机构而言，应该加强与政府及学校的沟通，为人才培训提供实践场所和机会。

以建立的"三螺旋"（政府、学校和社会机构）人才教育与培训模式为根据，依据政府、学校和社会机构各自的要求、特点及功能，结合"三螺旋"的静态和动态特征，吸取相应的实践经验，从规划、计划与实施、保障和考核评价这四个层面进行政策建议。

（一）规划

规划主要是指个人或组织制订的比较全面长远的发展计划，是对未来整体性、长期性、基本性问题的思考和考量，设计未来整套行动的方案。对于四川省基层公共文化服务人才培训而言，就是要明确文化人才队伍建设的目标、重点、路径和保障措施，以现有的公共文化人才队伍为基础，做好未来相关人才需求的调查分析，建立和明确公共文化体系构建的总体规划、重大文化工程的相关政策以及支持性的配套政策措施。

1. 人才岗位及准入规划（总量及结构）

第一，根据四川省基层公共文化服务机构设置和岗位数量，明确每个岗位需要哪一类人才，需要多少人才，这类人才需要具备怎样的知识和技能，因需设岗，因岗设职，使得岗位职能明确，优化基层公共文化服务人才队伍结构；第二，制定和实行公共文化服务机构从业人员的职业技能等级标准和准入制度，通过政府、学校及社会机构三方的教育与培训，提升公共文化人才队伍的整体素质和服务能力；第三，除了培训专业的四川省基层公共文化服务人才以外，还应该合理高效地利用专家等开展人才的咨询服务工作，为四川省基层公共文化服务人才提供技术支持，同时将公共文化服务志愿者也纳入人才培训的范畴，使志愿者的服务专门化、专业化。

2. 公共文化人才顶层设计

在人才需求调查和分析的基础上，加强公共文化人才的顶层设计，制订完善公共文化人才队伍建设中的长期规划，以文化专业技术人才、业余文化骨干、文化志愿者三支队伍建设为重点，针对性地解决目前四川省公共文化服务人才队伍存在的问题；制定出台加强公共文化机构和队伍建设的意见，制定落实公共文化人员编制标准和比例，制定公共文化服务职业资格准入制度，对从业人员职业资格准入制度划分为省级、县市级、乡镇级三个等次，建立相应的公共文化人才准入标准，以顶层人才带动县乡级基层公共文化服务人才；加强公共文化人才队伍建设的宏观指导，将公共文化人才队伍的顶层实际建设纳入党委、政府重要议事日程和目标考核评价体系，同时建立科学的决策、协调和督促落实制度。

3. 政策引导

在四川省基层公共文化服务人才的培训工作中，应该以政策引导和资助为助推器，制订科学完善的四川省基层公共文化服务人才培训专项方案，引导和规范政府、学校以及社会机构及其他资源投入基层公共文化服务人才培训工作；根据总体政策、专项政策以及相关的配套政策，使政府、学校和社会机构合理分工，使高校和社会机构明确责任，联合构建人才培训互动合作平台；政府通过已有的基层公共文化服务人才培训的政策，规划公共文化服务人才培训用地，建立园区，与学校配合划定实习、实践基地；以法律法规和政策为导向，创造良好的社会文化服务氛围，从法律上明确基层公共文化服务人才培训的重要性和地位。

4. 综合管理组织的建立

基于基层公共文化服务人才教育与培训的参与主体主要有政府、学校和社会机构，三个主体在参与四川省基层公共文化服务人才培训时，在制订人才培训规划时会以不同的角度和参与度进行，因此可能存在组织协作效率低下的问题。因此，可以建立专门的公共文化服务人才教育与培训委员会，负责规划和统筹工作，制订统一、高效的规划；同时，将具体的规划工作交给政府、学校和社会机构进行，委员会负责审核各个主体的机构规划，在两个或者三个主体共同参与的规划工作中，由委员负责提高规划和协作效率。因此，综合管理组织主要担负的工作是四川省基层公共文化服务人才教育与培训的总体规划工作的计划统筹，以及在两个或两个以上主体作用的外场域的协调和计划。

（二）计划与实施

基层公共文化服务人才教育与培训的计划工作主要是指职能部门根据对组织外部环境与内部条件的分析提出的，在未来一定时期内需要达到的组织目标以及实现目标的方案途径。具体而言，就是相关职能部门按照四川省的基本状况设立的基层公共文化服务人才教育与培训的中长期内的人才组织目标,鉴于在人才教育与培训工作中参与的主体主要有政府、学校和社会机构,因此计划和实施工作主要是按照主体再分工协作。

1. 政府:为高校和社会机构指明方向

(1)制定人才培训政策,进行具体分类人才的需求分析

政府是四川省基层公共文化服务培训政策的主要制定机构,政府应该结合人才培训委员会的相关政策,制定政府层面的人才培训政策,将其细化到每一个政府机构,建立分级负责、分类实施的培训组织体系。各级文化行政部门负责组织实施基层文化队伍培训工作。同时,政府部门还应该进行人才需求的分析和统计:第一,收集公共文化服务机构中的紧缺岗位和紧缺人才的信息资料。信息资料是制定人才资源计划的依据。从现有岗位和人才队伍的资料统计入手,分析紧缺岗位和紧缺人才的情况并加以分类,人才志愿者的招募工作要以分类信息为基础进行预测。第二,进行人才需求预测。根据目前公共文化服务机构中的人力需求和结构与数量进行预测,如近期和将来组织内人员升降、岗位间调动、退休、工伤离职病故等人员流入流出情况。第三,人才供给预测,这主要包括两个方面:一是内部人员拥有量预测;二是外部供给量预测,即人才志愿者的来源渠道。第四,确定人员净需求。可以从部门人才需求的预测与在同期内部门本身供给的人才资源数进行对比分析,是招募人才志愿者的具体依据。第五,确定目标并制订具体计划。根据以上收集的信息资料和人才需求预计的基础上,确定具体岗位和招募要求,将合适的人员安排到组织中与之相匹配的合适的岗位上。

(2)加大对人才培训平台的监管

对于正在建立和已经建立起来的联合培训平台应当在给予支持的同时,加大监管和约束力度,形成一套具有可操作性、强制性的奖惩机制,确保平台的有效、高效运行,避免资源浪费,禁止违法乱纪的情况发生,使平台能够真正为基层公共文化服务提供优质人才。建立目标管理责任制,将培训任务进行层层分解,落实专门机构和人员。建立干部培训档案,将培训工作与持证上岗制度、职务晋升相挂钩,并作为绩效考核的重要方面。将培训工作纳入文化行政部门、文化单位年终考核指标,纳入图书馆、文化馆站评估工作。文化和旅游部定期开展基层文化队伍培训督查工作,对培训工作完成好的部门和单位进行表彰,对不合格的部门和单位通报批评。

(3)建立资金投入体系

政府应该依靠相关财税优惠政策的支持,形成以国家财政资金为主体,各

级地方财政为辅助，加大对基层公共文化服务人才培训的投入。在保证公平性的同时，适当向参与人才培训的高校和社会机构倾斜，给予部分奖励性投资，激发学校和社会机构的热情，充分满足其在人才培训过程中的需求。可以通过经济政策和财政补贴引导教育资源的流动，鼓励社会资本的参与，扶持相关的学科和专业。各文化相关部门积极争取各级财政，加大对基层文化队伍培训的投入，建立基层文化队伍培训长效机制。要根据本地、本级部门的实际情况，精心策划好基层文化队伍培训项目，将培训经费列入年度预算，专款专用，不断提高经费使用效益，为开展基层文化队伍培训提供有力的经费保障。

（4）建立健全基层公共文化服务人才的分类考核认证体系

政府是权威和公信力的代表。在对于高校和社会机构的培训成果的考核过程中，应当出台一系列科学、明确的认证标准和认证体系，方便人才引进，使人才培训更有针对性，更能切实满足基层公共文化服务的需求，同时有利于人才的不断更新及其能力的提升。各级文化行政部门负责组织实施基层文化队伍资格认定的工作，文化和旅游部负责指导各地培训工作、组织教材编写、建设远程培训平台、制作考试题库、培训省级师资、举办示范性培训；省级、地市级文化行政部门负责组织培训县、乡级专业文化队伍；县级文化行政部门负责组织培训业余文化队伍。各地文化行政部门负责组织培训考试。

2. 高校：完成自身教育使命

（1）建立教育培训体系

对于基层公共文化服务人才的要求，应该有针对性地进行培训。高校应设置专门的学科，使有相关兴趣和志向的学生可以接受系统完备的专业教育，学习专业的理论知识和技能，培训公共文化服务精神，提高思想认识。同时也方便了已经就职于基层公共文化服务机构的人员回炉深造。

（2）编写专业教材，丰富教学方式

为更好地培训专业人才，高校应组织科研队伍结合国内外发展状况编写专业教材，使基层公共文化服务的知识理论化、系统化，并谨慎选择部分高校作为试点，不断推广和改进教材，使人才培训和课堂教学有路可循，有据可依。在教学方式上，注重理论联系实际，增加案例研究和探讨在课堂中的比例，在条件允许的地区开展"理论—实践—理论"的培训模式，打造专业的应用型人才。

（3）加强师资队伍建设

在四川省基层公共文化人才培训工作中，首先要提高高校公共文化服务人才的相关学科在引进人才方面的门槛，细化考核标准，严化准入程序，保证高质量、高水准的师资进入高校；其次是高校应提供资金，支持相关的教师外出交流和学习，取长补短，提高教学能力；最后还应聘请具有丰富实践经验的文化人才加入高校的教育工作，使教师结构多元化。通过这些师资队伍的建设，最终打造一支高水平、高素质的专职、兼职教师队伍。

3. 社会机构：把控培训与实践环节

（1）知识与技能的培训

对于已经在职的基层公共文化服务人员，尤其是新入职和即将入职的人员，社会机构有义务进行系统的培训，使其了解公共文化服务的基本情况和发展方向，具备完成公共文化服务工作所需的专业知识和相关技能。在此过程中，培训其为基层公共文化服务贡献力量的思想认识，树立团队协作精神，增强各部门人员对于基层公共文化服务的归属感和荣誉感。

（2）开展"订单式""嵌入式"培训

社会机构应该加强与高校的合作，积极与高校联合，开展类似"3+1"的培训模式，使高校学生在接受完备知识技能教育之后，进入基层公共文化服务机构实习，提高实践能力。另外还可以与高校进行"双向嵌入式"培训，建立双向互动基地教育机制。一方面，高校的学生可以进入社会机构实践；另一方面，社会机构的人员能够回到校园，学习系统的专业知识，接受新的思想，提高文化水平和业务能力。

（3）为高校学生提供实践平台

将基层公共文化服务机构作为高校相关专业（如公共管理专业）的第二课堂，开展实践课程，培训学生的实践动手能力，引导学生从知识型、研究型人才向应用型人才转变，使其将学校所学的理论知识运用到现实的基层公共文化服务工作中去。既可以提高学生的能力，培训职业素质，又可以为社会机构注入新的活力，便于引进人才，满足基层公共文化服务发展需要。

（4）加大宣传，吸引社会资本的投入

在依托财政资金的同时，社会机构应当适当加大宣传力度，使社会大众更好地了解基层公共文化服务的性质和职能，吸引社会个人和组织的资金投入，以丰富服务内容及拓展服务范围，使更多人可以享受到基层公共文化服务所带来的红利。

（三）保障

保障是指各个主体为四川省基层公共文化服务人才的培训提供支撑的措施，基层公共文化服务人才培训的保障工作是有层次的、系统的，包括资金、政策、配套和义化四个方面。

1. 资金

政府、学校及社会机构组成的三方混合组织（人才教育与培训委员会）应该建立专门的四川省基层公共文化服务人才教育与培训的专项基金，用于人才的教育与培训。同时，建立专业的资金使用的制度，严格按照使用制度对资金进行使用和管理。在人才薪酬的管理上，采用灵活的报酬管理办法，将工资与福利有机地结合起来。工资一般包括基本工资、奖金和津贴，福利按种类从货币性和非货币性两方面进行划分，分别包括：住房补贴、餐饮补贴、带薪休假、生活困难补助以及改善工作环境性质的服务、提供培训教育的机会、提高精神层面的生活服务等。政府采用更多的企业运作方法，生产力将会自动增加（Mann，1980），"宽待薪酬"就是其中的重要方法之一，就是简化基本工资等级，拉大等级工资范围，淡化职位，关注业绩，员工由关注岗位转移到关注找到一个适合自己的岗位，并在此岗位上干出业绩。如果在基层公共人才培训中采用宽带薪酬，这就使得决定人才在公共文化服务机构中取得薪酬的角色不是职位，而是个人创造的绩效和所拥有的技能，这也使员工报酬更具有激励性，资金的效用会增加。

2. 政策

基于公共文化服务人才教育与培训的公共性，政策是其人才培训的指导性的旗帜。相应的法律、法规、政策都应该清晰、明确地为人才培训提供指导，这在规划和计划中都有重要的体现。

3. 配套

配套是指除资金、政策以外的其余的为四川省基层公共文化服务人才培训服务的支持性工作，主要是硬件设施的建设，硬件设施的完善可以为四川省基层公共文化服务人才的教育和培训提供更加丰富的资源。硬件设施的建设是人才培训工作的重要支撑条件。目前，四川省已大体上实现省市有图书馆、艺术馆、博物馆，县有图书馆、文化馆，乡镇有综合文化站，村和社区有文化活动室或文化大院的五级公共文化服务网络，但总体来说，其数量还是较为缺乏，质量仍有待提升，政府应该进一步加强硬件设施的建设，努力改善基层公共文化服务的硬件设施。

4. 文化

四川省基层公共文化服务人才教育与培训的协同组织是政府、高校、企业在当今经济快速发展下衍生的双边或三边混合组织，组织成员来自不同的部门、行业和岗位，都会带有各自领域的典型的文化特征，形成个体之间的相互差异。这种差异既是各成员的优势，同样也会成为基层公共文化服务人才教育与培训的障碍。因此，应该加强组织文化建设，通过组织文化的无声作用，搭建组织成员沟通的桥梁，浸润组织成员的精神，从而起到凝聚人心、协调差异的作用，避免组织成员"人在曹营心在汉"的现象出现，构建"政府—学校—社会机构"三螺旋人才教育与培训模式。具体而言，就是大力弘扬组织成员的协同、合作、平等、创新精神，营造友好合作的工作氛围；组织制度要鼓励创新创造、合作共赢，实现各种政策资源、设施资源、人力资源、资金资源、信息资源的共享；在培训模式中，组织的结构要扁平化，反对集权主义和官僚主义，有效激发集体智慧。

（四）考核评价

考核评价是四川省基层公共文化服务人才教育与培训工作的重要组成部分，不仅能在工作中对组织的贡献和不足进行评估，更可在宏观上对协同育人政策、措施进行调整提供参考，完善组织反馈机能。考核评价工作主要涵盖人才培训环境的考核、培训过程的考核、投入与产出的考核、培训效果的考核以及对长远的发展评价五个层面。人才培训环境的考核主要是指对人才培训的硬环境和软环境的考察，包括政府对基层公共文化人才培训的扶持政策、对参与培训工作的社会机构的税费优惠和金融支持政策、基层公共文化服务人才的法律法规、三螺旋培训模式的机构数量、人才培训硬件设施的数量及质量、社会服务机构的数量及服务机构的服务能力等。培训过程的考核主要是指对协同主体的规章制度执行情况、信息资源共享情况、摩擦差异协调情况等进行考察，了解和掌握三螺旋人才培训模式的协作情况，保证人才培训的效率。在投入与产出的考核中，投入包括人力、资金、设备、场地等的投入，投入水平高低直接影响人才培训效果，它的评价指标可以包括学校的教师数量及结构、资金及来自政府资金和企业资金的比例、人才培训的活动场地面积等；产出则是指人才培训产生的社会效益，比如基层公共文化服务质量的提高、人员的充足等。培训效果的考核主要是对人才的知识和实践技能进行考察。在考核评价工作中，委员会应根据不同评价内容的性质采取不同的考核评价方法，采取自评、他评与专家评价相结合，短期、中期和长期评价相结合，定性评价和定量评价相结合的方式进行。此外，考核评价工作还应与激励约束机制相对应，对于评价内容中不足的方面要及时反馈、调整或者引进退出机制、惩罚机制。

参考文献:

［1］张恒. 面向公共文化服务保障的 LAM 整合模式［J］. 图书馆学刊, 2015, 37（12）: 19-21.

［2］姜清英. 论基层文化馆人才队伍建设［J］. 艺术百家, 2015, 31 （S1）: 288-289.

［3］胡鹏. 传播学视角下的公共文化服务研究: 综述与前瞻［J］. 北大新闻与传播评论, 2015: 150-165.

［4］潘建红, 陈毅莹. 协作与发展: 残疾人公共文化服务体系的主体关系［J］. 残疾人研究, 2015（4）: 37-42.

［5］姜大源, 吴全全. 当代德国职业教育主流教学思想研究——理论、实践与创新［M］. 北京: 清华大学出版社, 2007.

［6］朱晓刚. 美国大学通识教育的理念解析［J］. 内蒙古师范大学学报（教育科学版）, 2005（1）: 5-8.

［7］张海芳. 深入学习十八大精神［N］. 廊坊日报, 2013-12-24.

［8］中共中央办公厅国务院办公厅. 关于加强公共文化服务体系建设的若干意见［EB/OL］. （2007-11-06）［2008-02-25］. http://www.yinxiangcn.com/xueshu/tansuo/200711/6207.html.

［9］姜海英, 佟阿伟. 农村基层公共文化服务体系建设情况调查［J］. 图书馆学研究, 2009（11）: 64-66.

［10］荆晓燕. 提升基层公共文化服务水平的路径研究［J］. 行政论坛, 2013（4）: 17-20.

［11］徐芳. 培训与开发理论及技术［M］. 上海: 复旦大学出版社, 2006.

［12］陈天祥, 徐于琳. 西方公共部门人力资源管理变革理论研究述评［J］. 公共行政评论, 2010, 3（3）: 140-174, 205-206.

［13］张月玲. 宽带薪酬制度设计及其应用［J］. 现代财经（天津财经大学学报）, 2006（7）: 40-43.

（本文系调研报告, 此前未公开发表）

皮影艺术融入高校装饰画课程的研究与实践

——以四川幼专为例

彭 丽

（四川幼儿师范高等专科学校；四川省绵阳市，621010）

摘 要：皮影独特的视觉美术资源体现出东方艺术装饰风尚。发掘皮影的艺术价值，继而研究其与高校美术教学之道。本文探讨如何在装饰画教学中渗透民间皮影艺术，结合皮影艺术的装饰性语言、装饰画造型观以及装饰画表现形式，拓宽教学思路和学生的创新思维和创意途径。

关键词：皮影艺术；高校；装饰画课程研究

一、皮影艺术概述

"一口述说千古事，双手对舞百万兵"说的就是皮影艺术，它融合音乐、美术、雕刻、戏曲、光影、动作、表演等多种艺术形式，是一种古老的综合艺术。皮影戏中影偶的设计吸收了剪纸、戏曲、年画等多种传统艺术特色。皮影艺术"始于汉""兴于唐""盛于宋"。在历史的变迁中，各地的皮影各具特色，但都非常重视其观赏性，可谓"静观为画""动则呈戏"。从影偶的造型变化中可以看出历史的发展轨迹，同时也是前人留给我们的珍贵的造型艺术宝库。

皮影艺术作为优秀的民族民间美术形式，演绎了从拙朴的原始艺术到技巧

作者简介：彭丽（1983—），女，湖南衡阳人，美术学硕士，讲师，四川幼儿师范高等专科学校美术教师。研究方向：美术教育。

基金项目：四川省教育厅人文社会科学重点研究基地——四川基层公共文化服务研究中心 2017 年度科研项目（项目编号：JY2017C07）。

娴熟的装饰艺术，皮影的造型、风格都充满了中国艺术的平面装饰意味，而平面化的表现形式是装饰画的主要特征之一。不论是皮影人物造型还是动物、神怪，又或者是布景中的道具、衬景图案，范围广泛，几乎囊括了所有艺术表现的题材，浓缩了生活在农耕时代汉族先民的历史、生活。皮影艺术所透出的形式背后是民族文化，蕴含了不可多得的民族民间艺术资源，其中动物尤其是神怪精灵造型是极具民族特色的卡通动画造型典范，对开拓学生创造思维具有重要的现实指导意义。本文旨在通过分析皮影的装饰语言与装饰艺术特征，结合装饰画的课堂教学，探索两者融合的可行性和途径。

二、静态皮影展示了平面装饰艺术之美

皮影艺术是对中国传统图案艺术的继承和发展，其中大量的纹饰和图案是历史上传统图案一脉相承的延续，也呈现出华丽中有简约、统一中富有变化的独特风貌。在皮影的造型中，无论是人物造型、动物造型还是场景造型都展现了平面装饰艺术的韵律之美。

（一）整体造型外简内繁，体现出简化与添加、写实与意向的结合

皮影造型处处透射出装饰之美，影人的外部轮廓非常简练，而内部镂刻却十分丰富、精湛，虚实相宜，且繁而不冗、简而不空，整个影人雕刻展现出简洁美观的轮廓造型。特别是在影人图案的设计上，根据人物身份而缀刻不同类别的图案，大胆吸收了庙宇壁画、木版年画以及民间剪纸中的花、鸟、云、鱼等各类纹样，此外短线、月牙纹、梅花点、圆点、锯齿纹等出现的频率也很高。无论是变化与统一、对比与调和，还是节奏与韵律，都体现了一种赏心悦目的装饰美和秩序美。影偶中点线面的各种对比、组织以表达物象的质感特征和角色的性格特征，形成了皮影独特的艺术语言。总之，不论是适合纹样、二方连续、四方连续，还是散点组合等，点、线、面的综合使用共同构成了皮影丰富多样的艺术美，在内容上表现出了极富韵律的画面装饰效果。

（二）人物造型夸张抽象

皮影人物的造型来源于生活，但不是生活的原本再现。皮影艺术可以说是一种象征艺术，民间皮影用巧妙的象征性语言丰富了戏剧表演，完善了人物形象，强调角色的特征，增强了艺术美感。"公正者雕以美貌，奸邪者刻以丑行"，皮影人物的造型均是受匠人自身社会经验、宗教信仰以及民风民俗、社会善恶、美丑观念等因素影响。如道士头上的树叶造型，寓意其百年修炼；《封神榜》中苏妲己头上的狐狸造型暗示其祸乱殷商的妖姬本性。这些意象的表现手法可谓是神来之笔。此外，考虑到影戏表演的需要，简化、夸张头茬与

影身的比例以及头茬中的五官比例，如有意夸大眼睛、瞳孔等部位，而鼻子、脸部轮廓只是用一条线概括。尤其在神怪、精灵的造型中，通常采用夸张、拟人的手法将其表现为人的身形，而头部设计为动物的形态，比如悟空、八戒、蚌精等造型。

（三）多视角的构图

作为平面构成艺术，皮影造型的特点首先表现为以平面轮廓为造型总特征，以"侧影"的夸张变形造成强烈的视觉张力，给人以拙朴之感和力度之美。因受影戏表演"以光映影"和"左右活动"的局限，影人造型具有典型的平面性特征和遮光透光的镂空特征，这就决定了它的表现内容不受三度空间的束缚。通过不同程度的侧面融合成一个新的造型，呈现出程式化的特点。在布景的造型中，会同时出现平视、仰视、俯视或侧视等不同的视角，这也是中国传统画中"散点透视"的独特体现。这种布局让整个表演场景的装饰意味极强，体现出皮影的构图装饰美。

（四）色彩对比强烈

色彩是皮影造型形式美的丰富与强调，其色彩规律主要是受民间"五行五色"的影响，其传统的五原色（红、黄、青、黑、白）的对比与协调，被充分地体现在皮影的色彩中。皮影色彩注重人物特性的表达和主观想象，也体现出一定的象征寓意。比如，关公红脸，英勇正直；包拯黑脸，铁面无私。在色彩方面表现得越加感性，作品反而越是自由、淳朴、率真，更具有艺术的感染力。

皮影的造型特点和色彩充分体现出东方艺术的平面有秩序的装饰风尚。其二维的平面镂空造型、造型的夸张与抽象、外简内繁的整体造型风格、线条的节奏韵律之美、图案的形式美感、对比强烈的色彩、独特的场景等特征是高校装饰画课堂教学的独特资源。

三、基于皮影艺术的装饰画课程

装饰画在学前教育专业美术课中有着举足轻重的作用，并贯穿在绘画和手工教学内容中。皮影艺术的装饰特征与装饰画的审美风格、形式美规律的追求一致，装饰画的平面化处理、造型手法、构图的分割呼应、艺术语言的凝练、图形的形式美的组织规律等在皮影艺术中均有体现，皮影艺术所呈现的装饰美特性与现代装饰画的天然联系，对于现代装饰画的发展和创新来说，是一种难得的可贵资源。皮影运用于装饰画教学内容主要体现在以下几个方面：装饰造型、装饰色彩、装饰表现手法和材料的创新、玩教具制作等。

（一）装饰线描中对皮影纹饰的提取与重构

装饰线描区别于一般的素描造型训练，是幼师美术造型训练的主要内容，也是黑白装饰画的基础课，旨在训练学生如何将自然形象变化为艺术形象的过程，即装饰造型的过程，学生需要掌握装饰造型的方法和创意思维。皮影中的图像使用多种形式的线条组合，通过长短、粗细、曲直、轻重、缓急的变化，在平面化的二维空间中塑造了有节奏感的生命，赋予了画面浓郁的装饰意味。教师在装饰线描和黑白装饰画教学实践过程中，分析、讨论皮影影人的造型特征，引导学生理解皮影中纹样的产生过程和思想以及艺术效果等，并转化为黑白装饰线描或皮影刮画。这对学生自我创造思维的开发很有帮助，并能收到较好的艺术效果，增强学生的自信心，还能感受古老的艺术表现力和深厚的文化积淀。

（二）动物对装饰造型的启示

装饰造型的途径包括写生、简化、添加、变形、夸张、重构等。值得强调的是，动物皮影造型中性格化的精灵鬼怪造型具有很强的艺术感染力。它们之所以受人青睐，在于它们栩栩如生、性格鲜明的角色特征，常见的有人面鱼、蚌精、蜈蚣精、老鼠精等。这些带有象形寓意且拟人、巧合、夸张的生动造型，具有对象最典型的特征，非常鲜明而又富有浪漫气息，是极富感染力的早期的民族本土的卡通、动漫造型典范，比如孙悟空、猪八戒、哪吒。神怪头茬中夸张、拟人造型手法的解读和运用，图案转换再设计，这些对装饰造型和卡通造型很有启迪性。事实上，在国内遭遇冷门的皮影艺术却被国外学者欣赏、赞叹，并将其元素应用于他们的作品创作中，如《功夫熊猫2》的片头。吸收与运用这些本土文化中的动漫资源，某种程度上能缓解当前青少年对西方动漫卡通的盲目崇拜和西方化视觉符号泛滥的现象。

（三）与图案融合——皮影图案的提取与再设计

在引导学生进行图案学习时，将精选的皮影图案引入课堂，并将这些图案作为学习与研究的对象，分析影身图案中的线条运用规律、形式美，促使学生更好更快地理解和运用，激发学生对美术的热爱。最常用的图案有皮影头茬图案、影身上的花边、团花造型等。这些图案缤纷的色彩、多样的构图、精致的镂空造型无一不成为现代装饰的创新源泉。引导学生对这些图案的重新设计和运用，加强对皮影纹饰的学习具有重要的现实意义和价值，现代社会和生活中的多种图案都对其有着借鉴或延伸作用。

（四）装饰色彩的对比运用

相对于院体画、文人绘画的作者以及现代专业画家而言，民间美术的创作是一种自娱自乐性的业余创作，他们的择色心理和大胆的变色由心而发，不受客观色彩的局限。皮影在色彩表现上随着朝代、地域的不同而各有特色，但都强调色彩装饰美。他们对客观世界独特的观察、思维方式，对现代装饰画具有很大的启示作用。这种没有外来因素约束的自由创作状态正是现代装饰画向往的。镂空所产生的白，间隔调和了鲜明的纯色，增强了艺术的感染力。在色彩练习时，有目的地引导学生多利用鲜艳美丽的色彩、夸张有趣的造型表现有创意的装饰画。

另外，皮影散点透视的形式章法启发着装饰画的艺术思维。总之，不论是对具体的物象作抽象化的表现，还是对抽象的物象作具体化的理想性的完美性描绘，皮影造型均是用主观的处理去营造所富含的理性意味，去表现装饰之美，学习皮影造型观念中的寓意和象征，运用发散的思维等，这些形式是装饰画特别值得借鉴的。

（五）绘画与手工结合——皮影装饰画的多种表现形式

剪纸、皮影同属民间美术的姊妹艺术，同为镂空的艺术，有着许多相似之处，具有实用价值与审美价值统一的特点。教学中可将其结合起来加以运用。剪纸、皮影、绘画相结合，体现出学前教育专业美术课程中三大部分即绘画、手工、欣赏内容的运用与衔接。

皮影影偶"外简内繁"，影偶纹样包括几何形抽象图案和具象图案，组织形式主要有单独纹样和连续纹样，格式多样。学前教育专业的装饰画表现形式和材料多样，注重绘画和手工的融合，还鼓励学生多种材料的综合运用。剪纸、泥塑、布拼贴等手工艺术是学前专业的重要实践项目，基于此，我们设计了剪纸拼贴皮影和皮影漏印版画、皮影刻线版画、黏土皮影、皮影玩教具等课程内容。比如剪贴皮影课中，首先，教师可引导学生观察纹样的分布规律和形式、内容，其次再对纹样进行提取和转化。再比如领口、袖口、裤边的二方连续纹样和服饰中的适合纹样，教师可以组织学生讨论适合的制作方式。本着课程整合和开放思维的理念，教师结合剪纸的教学，通过纹样的起稿、剪刻，将其剪成花边或团花，理解图案形式规律的同时又能感受折叠剪纸的艺术魅力，也使图案的制作过程变得更加容易。关于拼贴与组合，教师可指导学生根据备好的动物或人物皮影角色的外形，将剪好的花边和团花等组合拼贴到皮影的各部分模板上。手工剪刻出的皮影形象也延伸到版画教学中，而这种教学模式的实践，不但使剪纸和装饰图案得以便捷整合，更能帮助学生理解图案理论与装饰设计的关系，并且更具操作性和实用性。有了这样的基础，从而提高学生的造型能力和图案转化能力，在不断创新中将皮影图案渗透到美术课程中。

另外，在皮影玩教具的设计与制作课程中，可以将美术知识与其他领域资源很好地融会贯通起来，将皮影与美术以及皮影与语言、社会等戏剧教育充分融合，加强整合，实现综合课程的建构。皮影绘本剧的创编过程使得学生各领域的知识得到运用，整个过程需要团队的共同努力才能完成。

通过皮影校本课程的教学实施，我校皮影系列美术作品在参加 2017 年绵阳市全民终身学习周和艺术节展出时，吸引了许多市民和幼教机构的关注，他们还表示想要邀请皮影团队演出指导的愿望。

四、皮影图案与装饰画结合的意义

皮影是集民间美术、工艺雕刻、音乐、戏剧于一体的综合艺术。这一世界非物质文化遗产项目有着极高的研究价值，皮影人物刻画、头茬、造型、服饰、花纹等表现手法都是美术知识的精华。作为高校教师，有责任和义务在我们的课堂教学中，传承和弘扬我们优秀的民族民间美术文化，为我们的学生展示深厚的民族文化底蕴。学前专业美术课不仅要重视学生各自的技能水平，更要拓展其文化内涵。笔者在我校学前教育专业装饰画教学中，融合了皮影这一优秀民族民间美术资源，努力开发出我校特色校本课程——皮影装饰画，实现了将绘画与手工教学相融合的目标，也实现了美术与其他领域的融合，充分体现教学内容的系统性和关联性，在丰富美术课堂教学内容的同时，也有利于培养更为全面的学前教育专业人才，增强其职业综合能力。

参考文献：

［1］崔永平. 略论中国皮影戏艺术［J］. 文艺研究，1993（3）：55-65.

［2］闫子飞，朱琳. 皮影图案在现代设计中的创新应用［J］. 前沿，2014（Z9）：232-233.

［3］昃伟. 装饰画对中国民族民间美术造型与色彩的借鉴［J］. 艺术教育，2009（9）：122.

［4］魏力群. 民间皮影［M］. 北京：中国轻工业出版社，2006.

（原刊载于《美术教育研究》2018 年第 3 期）

"非遗"文化视野下的
四川扬琴发展现状及校园传承

张 强

（成都大学音乐与影视学院；四川省成都市，610000）

摘 要：四川扬琴作为四川曲艺重要的曲种之一，一直是中国曲艺界的一个焦点，尤其是近年来国家对非物质文化遗产的重视与保护，使得四川扬琴备受关注。扬琴艺术文化的发展与传承工作是至关重要的，而学校又是发展与传承非物质文化遗产的主要阵地之一。本文将从非遗文化背景下的四川扬琴、发展现状及校园传承这三个方面分别进行论述。

关键词：非遗文化；四川扬琴；发展现状；校园传承

在全球化日益增强的趋势下，传统文化受到了严重冲击，中国传统文化的保护与传承必须受到重视。非物质文化遗产是中国传统文化的重要组成部分，各类民间制作工艺、传统表演艺术等都是我国历史的见证和中国民族民间艺术文化传承的重要载体，它们蕴含着中华民族特有的思维方式、文化意识和精神价值，体现着中华民族强大的创造力和生命力。四川扬琴以其特有的巴蜀文化底蕴和独特的艺术体裁形式在中国说唱音乐中独树一帜，是中国文化的瑰宝，更是非物质文化遗产的重要组成部分。它作为一种"活态"文化，除了搜集整理、保护物质性的载体之外，其当下的发展状况和传承途径成为非物质文化遗产保护的主要内容之一。

作者简介：张强（1985—），女，江西萍乡人，硕士研究生，成都大学音乐与影视学院讲师。研究方向：器乐演奏与教学研究。

基金项目：2015年四川省教育厅人文社会科学重点研究基地——四川基层公共文化服务研究中心青年项目"非遗文化中的四川曲艺保护开发及校园传承研究"（项目编号：JY2015C01）。

一、非遗文化中的四川扬琴

非物质文化遗产，被我们称为民族记忆的背影，是世代传承、口传心授的流变文化遗产。随着2001年昆曲入选第一批联合国教科文组织的"人类口头和非物质文化遗产代表作"项目，"非物质文化遗产"这个名词开始走入人们的生活。紧接着第二年，我国原文化部等相关部门又组织启动了"中国民族民间文化保护工程"。2006年4月，《保护非物质文化遗产公约》被联合国教科文组织宣布正式生效。同年，原文化部颁布并实施了《国家级非物质文化遗产保护与管理暂行办法》。2011年6月起，正式施行《中华人民共和国非物质文化遗产法》。在众多项"非遗"文化中，音乐是我国多数地区"非遗"申报的重点项目，它与群众娱乐、民俗活动及传承教育有着紧密的关系，因此，音乐类"非遗"的研究也被越来越多的专家所重视。

四川地处我国西南，山脉河流较多，地形多变且地域宽广，从远古年代开始，淳朴聪慧的四川人就在漫长的历史长河中创造发展了光辉灿烂且具有鲜明特色的巴蜀文化，造就了四川文化积淀深厚的一方沃土，并成为我国非物质文化遗产的主要富集地之一。四川扬琴就是在这独特的地域与文化底蕴下诞生的，并逐渐形成了具有四川地区特色的四川扬琴曲调和艺术形式，它作为巴蜀地区独有的民间文化艺术，是我国四大扬琴流派之一，并在中国曲艺中独树一帜。

四川扬琴又称"四川琴书"，因以扬琴为主要伴奏乐器而得名，是一种以民间故事和传统曲目为题材的说唱艺术，常在堂会、茶馆等场所进行演唱、演奏，流行于四川的川东、川南、川西一带，演出形式为数人坐唱，各操一件乐器伴奏，扬琴居中，为主奏乐器，它特有的"咕噜音""浪竹""压竹音"色彩鲜明，不仅加强了旋律的轻快活跃感，也烘托了乐曲氛围，富有表现力。在扬琴左侧的则是三弦，右侧是板鼓，后面则是川胡和二胡，这种组合形式构成了四川扬琴音乐特有的音响色彩。在实际演奏中起到互相烘托填充的作用，扬琴以密集音列的花式演奏与胡琴简洁的旋律线条形成对比，加以板鼓节奏形式的铺垫，使得音乐在徐缓时优柔婉转、激烈时热气腾腾，这也充分体现出四川地区人民的生活节奏和情操特点。四川扬琴的音乐分为大调、越调、器乐牌子三类。其中，大调属于板腔体结构，是主要腔调，以一字为基础，分布有一字、慢一字、快一字、二流、三板、舵子、大腔等。演员分生、旦、净、丑等角色说唱。现在也有主角站唱、配角坐唱的形式。历史上先后出现过不少著名的扬琴演员，如李联升、杨竹轩、易德全、李德才、郭敬之、刘松柏、洪风慈等。其中，四川代表人物李德才先生善于吸收和运用前人和同辈的优点，并借鉴戏曲等姐妹艺术来丰富扬琴，使其唱腔自成一体，创造了四川扬琴特有的"德派"唱腔，它以声、腔、情、韵结合扬琴伴奏的急、徐、强、弱的和谐美来表达感情、刻画人物，并于1934年录制发行了享誉全国的扬琴独奏曲《将军令》。此曲作为四川扬琴旗帜性、标志性的经典曲目，代表着四川地区特有的地方文化和艺术特点。是非遗文化中值得研究的一首作品。四川扬琴的演奏风格很鲜明，强调音色的明亮清脆，也反映出巴蜀人民刚劲豪放、浓烈粗犷的性格特点。四川扬琴作为巴蜀文化的重要组成部分，在2006年8月被评为"四川省省级第一批非物质文化遗产代表作"，2008年进入中国第二批国家级非物质文化遗产名录。

二、四川扬琴的发展现状

四川扬琴与巴蜀地区现今流行的曲艺形式一样，都是清初外省移民入川以后，经过不同地区的文化、剧种融合交流而逐步形成的。目前关于四川扬琴的最早记载是见于清朝嘉庆甲子年（1804年）杨燮的《锦城竹枝词》，其中记载到"清唱扬琴赛出名"。1925年，成都慈惠堂招收盲童学习扬琴，培养出一批艺术上有成就的艺人，形成了独特风格，称为"堂派"，为四川扬琴的传承、发展和普及起到了积极的作用。1949年新中国成立后，在党的"百花齐放，推旧陈新"的文艺方针下，不仅整理了众多四川扬琴传统曲目，还创作了反映时代背景的新作品，并培养了一批优秀的青年演员，四川扬琴发展迅速。在1958年的全国曲艺会演中，四川扬琴大放光彩，并受到众多国家领导人的亲自接见和高度重视。四川扬琴的传统代表作《浔阳琵琶》《活捉三郎》《秋江》《船会》《贵妃醉酒》《拷红》等都被唱遍大江南北，家喻户晓。然而，盛行于当时大街小巷的四川扬琴，如今再次被提及时，当代人对这项传统的说唱艺术都不再熟悉，甚至是完全不了解，媒体关注度较低，在研人员也不多。近年来，就四川扬琴在国内的发展现状而言，国家非物质文化遗产传承老艺人徐述在光明日报上的谈话录中说道："扬琴是苦斗在坟墓边的艺术。"目前，四川省曲艺团只有5个专业的扬琴演员，如今固定演出的就2个团体，一个是蜀声琴社，另一个是原锦江曲艺团的一帮演员。排除可能停演的因素，每年大概演出70场，固定观众大概60人，且观众年龄趋于老龄化，演员报酬不多，甚至有时是贴钱坚持演出；随着各种现代艺术形式大量出现，传统的艺术普遍受到冲击，四川扬琴艺术面临重重困难，其现状是人才匮乏、作品匮乏；四川扬琴的老艺人大多逝世或年事已高；专业人员和业余爱好者都缺少展示平台；等等。

这些因素都直接影响着这门艺术的生存和发展。

随着 2010 年成都市大慈寺社区——首个四川扬琴传承基地的成功挂牌和前辈们对传统四川扬琴的总结与发扬，新一代的扬琴人通过老一辈艺术家的口传心授，悉心教导，在继承了传统扬琴的曲牌、音乐及自打自唱的方式上，不断摸索并借用了当今时代的新元素，运用了不同形式的唱法，涌现出一批新的扬琴曲目，如《门泊东吴万里船》《情怀》《长相思》等。其中《情怀》在2012 年第七届中国曲艺牡丹奖上捧回四川历史上首个牡丹奖节目奖。作为每两年举办一届的曲艺界的最高奖项——"牡丹奖"，四川扬琴也先后取得了"新人奖""表演奖"提名。中国曲艺家协会党组书记、著名相声表演艺术家姜昆对四川扬琴也做了中肯的评价与期望，他认为要找准定位、找到方法，贯彻"新曲艺""大曲艺"的观念，任重而道远，并表示只要有年轻人加入，就会有希望。

三、四川扬琴的校园传承

由上述可见，四川扬琴的保护与传承是至关重要的，而学校是发展与传承非物质文化遗产的主要阵地之一，是传承文明的殿堂。2006 年，教育部将每年的九月份定为"非遗传承月"，目的是普及非物质文化遗产在青少年当中的宣传教育。2008 年，原文化部（现为"文化和旅游部"）原副部长周和平表示，非物质文化遗产进教材、进课堂、进校园是非物质文化遗产保护可持续发展的根本举措。党的十八大以来，习近平总书记多次对传承中华优秀传统文化、加强文化教育事业保护做出重要批示。2014 年 12 月"非物质文化遗产校园传承研究"学术研讨会在京举行，来自全国各地的教育界专家、官员就此提出建议和意见，可见其重要性。教育在一定程度上是中国非遗文化传承的产物，又是民族文化传承的一个动因；而中华民族文化的传承是我国教育的目标之一，且又是服务于教育的。非遗文化及其传承与教育两者之间的关系，无疑是教育人类学探讨的重要论域之一。早在 2007 年 5 月的首届中国成都非物质文化遗产节期间，四川地区就陆续开展了"非遗文化进校园"活动，并选取当地具有代表性的非物质文化遗产项目，采取了学生们乐于接受的形式来进行宣传教育。四川扬琴就是其中的一项。如何将这项艺术文化在校园中得到更好的传承，笔者将从以下三个方面进行论述：

（一）四川扬琴进入校园的现状调查

本次调查主要选择在成都地区的一些中小学和高校展开。调查的内容主要涉及几个方面：第一，各学校为传承"非遗"文化所开展的工作；第二，在校师生对于四川扬琴的认识；第三，被调查人对于校园传承四川扬琴的一些建议。调查主要是以向在校教师和学生发放问卷的方式进行，并辅以个别座谈、重点走访及电话访问等。调查问卷共发放90份（中小学校50份，高等院校40份），收回有效问卷86份。在调查的学校当中，有将近23所学校在进行"非遗"文化校园传承的工作，并入选了"十二五"规划教育部重点课题"非物质文化遗产校园传承研究——民族音乐"四川省课题实验项目。其中，成华小学在除了常规的音乐课堂教学外，还把川剧、曲艺纳入了小学生的第二课堂和课余活动当中，引导孩子们学习。青羊区的万春小学、树德实验中学等也都开展了"非遗"文化进校园的活动，并让孩子们感受到了戏曲、曲艺的巨大魅力。在高校当中，电子科技大学、四川师范大学分别选择了川江号子、羌族民歌以及羌笛作为研究的课题。据电子科技大学该课题负责人何帆介绍，学校已经从各个学院选出对川江号子有兴趣的学生数名，通过传承人和专家对相关知识的教授，他们正在逐步了解并掌握这门古老的音乐。电子科技大学还准备将把川江号子纳入公共选修课并编制成教材。在当时，还是成都师范学院校长的刘存绪表示，"传承文化是高校的四大职能之一，我们成都师范学院音乐系一直在积极地思考和探索着，四川扬琴是国家级非物质文化遗产，传承创新这一古老文化艺术，不仅是传承人和文化部门的责任，也是成都师范学院作为高校传承文化义不容辞的责任担当。"成都师范学院于2014年7月2日与来自川、渝两地的国家级、省级"四川扬琴"传承人、专家及学者聚集成都进行交流研讨，"四川扬琴"传承培训基地当日在成都师范学院正式挂牌成立。基地的挂牌成立，使得四川扬琴的保护与传承正式走进了校园，让更多的在校大学生有机会接触到四川扬琴并感受其艺术魅力，从而愿意传承这个艺术形式，主动参与四川扬琴的保护传承工作，使这一古老的艺术形式散发新的活力。

（二）四川扬琴校园传承的措施

从上述调查的结果来看，在所调查的院校中，基本上都开展了"非遗文化进校园"的活动，有的开设了有与非物质文化遗产相关的课程，但对于四川扬琴的宣传与学习还远远不够。首先，我们可以通过对政府、社会来强化四川扬琴的宣传，使其进一步深入人心。其中，学校的报刊、海报和板报都是很好的阵地，定期开展民族民间文化艺术活动，逐步丰富学生的曲艺文化知识，不断提高学生的综合素质，并举办与"四川扬琴"有关的活动。如举办图片展、讲座，或组织以"爱上非物质文化遗产——四川扬琴"为主题的系列演出活动。其次，对学校而言，广泛搭建四川扬琴传承平台，争创办学特色。如引进相关师资力量，通过实地参观、建立非物质文化遗产基地，甚至将传承人邀请到课堂让学生现场拜师学艺等，并由此增加相关专业课程及第二课堂；或是招标图书馆资源建设，购藏相关非物质文化遗产内容的文本或影视资料，重点收藏四川扬琴等相关曲艺类的图书音像资料，支持、倡导对已有相关资源的利用，组织丰富多彩的活动来鼓励更多专业的师生参与到四川扬琴的保护传承中去。最后，对于学校的艺术团或音乐学院等相关的专业机构来说，可以在现有的艺术人才中选择适当的人选来进行四川扬琴的专业的组织与学习，比如说扬琴专业、二胡专业、民族打击乐等专业的学生在有一定的器乐演奏技能的基础上，普修或选修声乐，再进行四川扬琴的专业培训，并成立相关的社团。通过社团的演出与宣传，扩大四川扬琴在校园中的影响力，达到传承的目的。

（三）四川扬琴校园传承的思考

一方面，在当下整体物质化、市场化的经济时代下，特别是在我们西部地区，非物质文化遗产校园传承还面临着重重困境，尤其是对四川扬琴文化的保护方面。结合我们的实地调研，学校课程设置与相关活动开展还不够，专业教师甚少。虽然部分学校都有相关的课程，但其内容多是停留在对其具体形态的介绍上，对相关的文化传承以及如何保护等内容涉及较少。而且对于四川扬琴的宣传，多是在"文化遗产日"前后组织一些图片展或是演出等形式的简单宣传，而对于这些活动可能会产生的影响则少有关注。此外，相关社团甚少、影响较小，学校所藏相关资料不多且运用也不充分。另一方面，大多数师生对"非遗"文化的认识多是停留在比较浅显的层次上，尤其是对于四川扬琴这种技艺性的非物质文化遗产多半只停留在兴趣性的观赏上，很少会去进一步学习，也不会深入去了解，更不会对其进行研究。虽然师生都对"非遗"保护持积极态度，但是真正付诸行动的很少。就算有学生参加了相关团体，但也是一时兴趣，相比与其他的"非遗"文化项目来说，这也跟四川扬琴自身的局限有关，他们需要乐器的演奏训练与声乐唱腔等训练，因此学习时间比较长，对技术的要求也非常的高。这也是四川扬琴校园传承中所面临的一个实际问题。

我国有五千多年的悠久历史和辉煌文化，非物质文化遗产是劳动人民集体智慧的结晶，是中华文化的根和魂，也是我们宝贵的财富。我国是目前世界上拥有世界非物质文化遗产数量最多的国家，传承"非遗"文化对于整个民族都具有深远的意义。四川扬琴的保护与校园传承模式是传承非遗文化的一个很好的尝试。虽然有其自身的弊端，但只要能将其坚持并不断完善下去，四川扬琴的保护与传承工作即将会迎来骄人的成绩。

参考文献：

[1] 黄河, 刘艮. 传统扬琴艺术中的四川扬琴流派 [J]. 演艺设备与科技, 2005 (5): 56-57.

[2] 赖武. 四川扬琴: 听一回, 少一回 [J]. 中国西部, 2007 (Z5).

[3] 洪霞. 四川扬琴坐地传情谱新春 [J]. 四川戏剧, 2012 (1): 78.

[4] 杜佳. 新人吴瑕——青年四川扬琴演员吴瑕访谈 [J]. 曲艺, 2011 (2): 24-27.

[5] 陈昀. 从流行到"小众"——四川扬琴的历史回顾与现状调查: 以蜀声琴社为例 [J]. 四川戏剧, 2010 (4): 107-109.

[6] 彭科伟. 浅论四川曲艺的保护和传承 [J]. 中国音乐, 2013 (4): 194-196.

[7] 李高, 付秀录. 论非物质文化遗产校园传承的困境、意义及途径——以铜仁市非物质文化遗产校园传承为个案 [J]. 铜仁职业技术学院学报, 2014 (4): 6-13.

[8] 张强. 四川扬琴的历史溯源及传承思考 [J]. 芒种, 2015 (22): 143-144.

[9] 张强. 四川扬琴中扬琴的运用与演奏艺术 [J]. 大舞台, 2015 (11): 147-148.

（原文刊载于《艺海》2016 年第 6 期）

四川省基层文艺人才队伍建设研究

韦思铭

（成都大学美术与影视学院；四川省成都市，610106）

摘　要： 中国社会主义建设离不开广大劳动人民的艰苦奋斗，同样也离不开众多文艺人才的文化宣传与思想熏陶，然而就目前而言，由于条件较为艰苦，我国基层文艺人才相对匮乏，人才队伍的建设与培养较为困难，也正基于此，本文特以四川省为例，通过对基层文艺人才队伍建设现状分析，探究其存在的问题与缺陷，并从用人机制改革、强化人才培养、完善政策制度等多个角度出发，对未来四川基层文艺人才队伍建设予以改革完善。

关键词： 四川；基层文艺；人才队伍建设；改革完善

对于我国现代化建设而言，文艺宣传工作是推动我国文化进步、群众自我思想素质提高的重要方式与手段，尤其对于基层而言，一支具有高素质水平与创新型精神的文艺人才队伍不但有助于社会协调稳定、积极进取风气的形成，对于社会主义奉献精神培养与共产主义理想的实现也有着积极的帮助。自古以来四川巴蜀一直都是我国经济、政治、文化的重要大省，为此更应重视对于其基层文艺人才队伍的培养与建设。

一、四川基层文艺人才现状

四川地处我国西南部，地幅辽阔、人口众多，根据 2013 年中国人口普查结果显示，截至 2013 年年末，四川常住人口达到了 8 107.96 万人，居全国第四位，其中基层文艺从业人员大约占四川总人口的 1/4，在此情况下，如何加

作者简介： 韦思铭，成都大学美术与影视学院讲师，硕士。

基金项目： 四川省教育厅人文社会科学重点研究基地——四川基层公共文化服务研究中心项目资助科研项目"四川省城市基层文艺人才队伍建设研究"（项目编号：JY2015D05）。

快四川基层文艺人员建设已成为未来四川省文化建设与改革的重点所在。根据四川省"十三五"规划相关政策，未来五年内，要加大对基层文化的建设，要以广大基层人民群众为基础，以文化创新型人才培养为目标，重视民间艺术与文化实践相结合，培养出一批高素质与文化水平的专业文艺人才。然而就目前来看，四川省在其基层文艺人才队伍建设与人才专业结构设置方面仍存在很多问题与缺陷，下面就让我们对其予以系统研究。

二、四川基层文艺人才队伍建设存在的问题

（一）人才流通与管理机制缺陷

人才的流动与管理一直是事业单位人事管理的重点也是难点，就目前来看，四川省基层文艺人员在人员调动上存在"流动困难、管理混乱"的问题，原本某些剧组中不适合表演的人员可以通过人事调动分配到同系统其他事业单位中，各尽所长，但自从20世纪八九十年代事业单位纳入社保、收支自理后，原先可以自由调度的舞台演出人员只能固守在原先的事业单位或顺向流动，其不但阻碍了基层文艺剧组发展，还对剧组正常新生人才的引进与合理利用造成不利影响。另外，当前四川省事业单位实行"逢进必考"的招聘原则，多以公务员考试成绩为录用标准，然而艺术性人才由于其特殊性，在理论知识与考试方面处于不利地位，这进一步加大了四川省基层文艺人才引入困难的问题。

（二）基层文艺人才匮乏

基层属于事业单位一线工作部门，其工作任务较为烦琐，待遇也偏低，这也是导致文艺人才流失最为主要的原因。就整体文化水平来看，目前四川省基层文艺人才队伍普遍文化水平不高，长期以来缺乏专职编剧、编舞及艺术指导人员，乡村、山歌类剧团演员阵容良莠不齐，尤其在戏曲方面，由于审美意识的变化，人们对于经典的四川变脸等剧种关注度逐渐降低，年轻一代感兴趣并愿意继承与传承川剧表演的基层人员越来越少，这些非物质文化瑰宝濒临消散。另外，虽然近几年四川省在各乡镇建立了文化站，但真正有能力做到文化宣传组织与管理的人员并不多。

（三）缺乏复合型科学化管理

这几年乡镇农村年轻人外出务工的比较多，有文化的青年多选择去城里工作，大量精英人才的外流导致基层文艺人才队伍更为凋零，很多文艺社团与文化局的干部多为半路出家，文化基础普遍偏低，对于组织内部的具体管理工作难以展开有效的复合型科学化管理，严重影响了基层文化事业的发展。

三、未来四川基层文艺人才建设的改革与完善

要想提高四川省基层文艺人才建设，我们必须始终把握"科技与人才是第一生产力"的重要观点，要以文化艺术内涵为核心，实行优先人才培养与开发利用。

一方面，四川省相关部门应优化人才引进机制。人事制度改革是基层文艺人才改革的重要方法与手段，我们应加快四川省基层文化制度改革步伐，鼓励人才培养，前面我们就曾提及文化艺术人才具有特殊性，在对其进行人才引用与招聘时，可适当降低其学历及工作经验标准。

另一方面，当地政府还可以和高职高校教育联合起来，加大文化艺术专业人才培养，增加基层艺术人才后期储备。学校可以积极联系校外文艺工作部门，实行"校内学习、校外实践"的互动式教学体系，通过建立专门的基层人才联合培养委员会，专门根据当前市场与企业实际文艺人才需求，及时动态调整校内艺术人才的培养方向与培养目标，搭建"就业信息互通、校企资源共享、师生联动互助"的优质教学平台。另外，通过这种政府与高校间的相互合作，部分在基层文艺表演与实践学习的学生还可以提前与基层文艺事业单位签订合同，不但有效提高了文艺专业学生的就业率，还有效避免了基层文艺事业单位的人才流失、提高了四川省基层文艺人才的整体素质水平。

四、结语

综合全文论述我们不难看出，要想实现对基层文化艺术人才队伍的优化改革，打造四川省特色地域文化氛围，必须要在机制创新与改革的基础上，强化对文化艺术人才的综合培养与开发利用，要积极开展对文化与社会主义奉献精神的宣传，转变年轻人对基层工作不重视与逃避的认知态度，要学会利用系统内部培训机制，以优化复合型科学管理手段，提高基层文艺人员整体素质与能力，从根本上实现我国文化事业与经济同步稳定的改革优化与发展。

参考文献：

[1] 章安平，统筹城乡文化发展，建设社会主义和谐文化——成都市青羊区积极推进特色文化建设 [J]. 中国高教研究，2008（11）：11-12.

[2] 王涛生.成都试验区公共文化服务创新及其发展方向的政策思考

[J]. 大学教育科学，2012（5）：125-127.

　　[3] 陈薇. 丽水市农村文化建设的思考与对策 [J]. 科技资讯，2010（20）：215-217.

　　[4] 何新. 当代语境下中国新农村音乐文化发展模式与策略研究 [J]. 周口师范学院学报，2010，27（3）：151-153.

（原文刊载于《黄河之声》2017 年第 1 期）

我国社区钢琴教育发展现状概述

韦思铭

（成都大学美术与影视学院；四川省成都市，610106）

摘　要：随着我国改革开放与市场经济的快速发展，人们在满足自身生活物质条件的同时，对于精神文明的需求也在逐步提高，其中社区音乐教育作为城市居民精神文明建设的重要组成部分更应为人们所重视。为此，本文特选取"钢琴教育"这一特殊社区音乐教育形式为研究对象，通过对其现行的教育模式与成效的分析，探究我国社区钢琴教育现存的不足与缺陷，并在此基础上，对未来我国社区钢琴教育改革与完善提出相应的建议与意见，以期有所收获。

关键词：社区音乐教育；钢琴教学；实践改革

在世界音乐发展史中，虽然出现过数之不尽的乐器，但现代钢琴素来以其"清澈通透，气势宏大"的完美音色、优良全面的演奏性能与音乐表现能力占据着"乐器之王"的地位，对于社区音乐教育而言，高雅的钢琴教育是提高社区居民文化素质水平的最佳方式，如何运用好钢琴音乐特点强化社区音乐教育是未来我国精神文明建设的重点所在。

一、社区音乐与钢琴教育概述

所谓"社区音乐教育"，简单而言是指以区域社区为单位、以音乐教育为媒体所进行的思想文化感染与音乐艺术精神熏陶活动。社区音乐教育最早起源于西方，其目的在于通过对社区相关音乐教育资源的充分利用，去提高居民的自身素质、促进彼此间的沟通交流以及维护社区内部的团结稳定。就目前而

作者简介：韦思铭，成都大学美术与影视学院讲师，硕士。

基金项目：四川省教育厅人文社会科学重点研究基地——四川基层公共文化服务研究中心项目资助科研项目"四川省城市基层文艺人才队伍建设研究"（项目编号：JY2015D05）。

言，社区音乐教育在内容与形式上主要采用文化宣传、互动交流与主动教学等多种方式，其中"钢琴"教育不论是在音乐感染力还是文化艺术培养上都表现出了良好效果。与传统社区音乐教育相比，社区钢琴教育借鉴于西方高雅音乐教学方式，其既保留了传统钢琴思想文化与艺术感染特点，又充分结合了外在社区文化氛围与公共空间特点，在教育内容和形式上具有以下优势：

（1）受众广泛性。钢琴艺术音色饱满而极富变化，在艺术表达上具有很强的感染力，不论是年幼的孩童、忙碌的成人还是社区老人都愿意静下心来倾听钢琴音乐，尤其近几年随着钢琴演奏与中国民族特色的逐步融合，原先不太能接受西方钢琴曲目的居民也开始欣赏起钢琴音乐，而这为社区音乐教育与文化宣传提供了良好的群众基础。

（2）内容与载体形式多样性。社区钢琴音乐教育服务于社区居民，为此针对不同人群的需求特点，其在内容与主题选择上也较为多样。社区钢琴音乐教育相比学校教学没有固定的教学模型与考核标准，在内容选择上较为随意，再加上当前我国各类钢琴曲目创新，其艺术特征多样且富于变化，但始终都强调对于社区居民整体身心愉悦的满足，具有很强的音乐赏鉴性。

二、我国社区钢琴教育发展现状

我国社区音乐教育起步较晚，对于"钢琴乐曲"这一现代刚刚兴起的音乐传播媒介的应用仍处于初级阶段，就整体来看，我国社区钢琴音乐教育在内容与形式上较为单调，无法发挥出应有的外在影响力与教育意义，其具体表现为以下几个方面：

（一）社区钢琴音乐课程资源匮乏

目前我国对于社区钢琴音乐教育的重视不足，忽视了社区钢琴基础课程资源的开发，这导致其在社区钢琴音乐内容与乐曲类型的选择与设计上较为古板而单一，居民缺乏参与兴趣和积极性。

（二）社区钢琴音乐教育缺乏有效管理

我国社区钢琴教育缺乏有效的统一管理，各社区各自为战，缺少必要的交流沟通。尤其在钢琴音乐教育形式上，大多数社区仍停留于钢琴表演场地布置、现场接洽等工作之上，对于具体的钢琴表演内容、艺术主题、技术水平较为忽视。

（三）社区钢琴音乐教学缺乏互动性与专业性

我国社区钢琴音乐教育应以全社区居民为服务对象，为此，在钢琴曲目与教育方式选择上应尽可能满足各年龄段的实际音乐审美需求，然而就目前来看，大多数社区在钢琴音乐教育内容与教学课程设置上仍以社区退休职工、失业待业人群为主，单一的钢琴弹奏表演与教学或钢琴音乐舞会难以满足大多数人实际精神文化的需求。

三、未来社区钢琴教育发展的几点建议

为提高我国社区精神文明建设水平，我们必须重视对社区钢琴音乐教育资源的开发利用与模式创新，具体可从以下几个方面进行改革完善：

首先，我们加强社区钢琴音乐教育课程的组织管理工作。社区音乐教育属于公共事业教育体系的一部分，为此当地政府与教育部门应加强对社区音乐教育的重视与资金投入，强化政策引导与外在舆论宣传；同时，相关教育管理部门还应加强各社区与艺术团体彼此间的沟通交流，提高社区钢琴音乐教育课程资源的开发水平，针对不同社区人群特点，及时做好基层民意调研与意见反馈工作，以此更好地服务于社区居民。

其次，社区还应尝试进行创新型虚拟社区钢琴音乐课程资源的开发利用。随着信息时代的到来，我国在音乐课程教学内容与形式上应更为全面，社区可以充分利用当地网络资源建立自己的社区钢琴音乐教学网站与平台，通过对经典钢琴曲目表演视频与教学课程资料进行展示，吸引社区居民自主参与社区的钢琴音乐欣赏与学习中来。

最后，为更好地发挥社区钢琴音乐教育效果，我们还需因地制宜，根据不同的文化宣传需求，对社区钢琴音乐课程主题予以确立。当然，城市社区音乐课程资源较为广泛，要想实现整体统一的开发并不现实。为此，我们可以采用分类、分主题的方式，以地区区域文化为特点，进行社区钢琴音乐课程的开发与设计，如鼓励原创钢琴乐曲、组织对古典钢琴乐曲的鉴赏或进行以艺术宣传与思想教育为主题的钢琴舞会等，这将有助于实现我国中国社会主义精神文明、物质文明的文化宣传与优良思想品德的传承。

四、结语

综合全文论述，我们不难发现，要想实现社区未来优化发展，必须依赖于有效的社区音乐教育与思想文化培养，而钢琴音乐以其独特的音乐形式与悦耳的旋律正逐渐被中国人民所接受与重视。相信在未来，随着社区钢琴音乐形式与形式的逐渐丰富以及社区管理水平的日益提升，一定可以实现我国社区全面化发展，为我国精神文明建设提供助力。

参考文献：

[1] 林珊琳. 论音乐教育专业钢琴课的分级教学、分级考核和分级管理 [J]. 西安音乐学院学报，2012（2）：13-15.

[2] 马达，许冰. 国外社区音乐教育的实践及其启示 [J]. 交响—西安音乐学院学报，2008（6）：55-60.

[3] 金世余，马达. 社区音乐教育发展的时代背景和意义 [J]. 安庆师范学院学报（社会科学版），2008（9）：34-37.

（原文刊载于《北方音乐》2017 年第 4 期）

乐山市社区音乐课程的开发研究

周大平

（乐山师范学院音乐学院；四川省乐山市，614000）

摘　要： 随着我国教育事业的不断改革与完善，城市社区音乐教育已成为现代社区文化宣传与居民艺术能力培养的重要组成部分，然而就目前而言，我国社区音乐教育仍处于初级阶段。为此，本文特以乐山市社区音乐教育为例，通过对该市现行音乐课程设计与教育模式的分析，探究其存在的问题与缺陷，并在此基础上提出相应的课程开发与改革的对策措施，以期有所收获。

关键词： 社区音乐教育；乐山市；音乐课程；开发设计

一、社区音乐教育及课程设置

所谓"社区音乐教育"，简单来说，是指以区域社区为单位，通过对其相关教育资源的充分利用，以音乐教育为媒体所进行的思想文化感染与精神熏陶活动。社区音乐教育最早起源于西方，其目的在于提高居民的自身素质、促进彼此间的沟通交流、维护社区内部的团结稳定。就目前而言，社区音乐教育在内容与形式上主要采用文化宣传、互动交流与主动教学等多种方式，其中尤以"音乐课程"教学成效最为显著。

"社区音乐课程"概念的提出最早借鉴于学校课堂教育，其保留了传统学校学科教育特点，并以社区文化氛围与公共空间为背景，通过有组织、有意义的音乐教育与指导，促进社区人员身心健康发展。在广义上，社区音乐课程泛指所有能对社区人员在音乐方面产生教育影响意义的宣传、组织、活动。与传

作者简介： 周大平，乐山师范学院音乐学院讲师，硕士。

基金项目： 四川省教育厅人文社会科学重点研究基地——四川基层公共文化服务研究中心 2016 年度项目"基层艺术教育视野中乐山市社区音乐课程的开发研究"（项目编号：JY2016D02）。

统课程教育相比，社区音乐课程具有以下特点：

（1）受众的广泛性。社区音乐课程受众在年龄与学历上没有任何限制，其本质带有公益特性，只要愿意参与社区的音乐活动，就可以接受音乐课程的教育。

（2）内容与载体形式的多样性。社区音乐课程没有固定的教学模型与考核标准，其在内容上强调对于社区人群整体身心愉悦的满足，具有很强的音乐赏鉴性。

二、乐山市社区音乐课程教育的现状及其存在的问题

（一）乐山市社区音乐教育的现状

乐山市坐落于四川省西南部，地处大渡河、青衣江、岷江三江交汇处，北接眉山，东邻自贡，西连宜宾，自古以来就是四川蜀地重镇。2008年乐山市被评为国家历史名城、全国绿化模范城市、国家园林城市。乐山市下辖4个市区与峨边彝族、马边彝族两个自治县，共有233个乡镇、2 312个村、265个社区，常住人口约512万人。近几年，随着乐山市社区建设与管理不断强化，社区人民对于自身素质教育与精神文明建设的需求也逐步加大，就目前来看，乐山市在其社区教育与精神文明培养方面已取得一定成效。例如当地社区经常进行区域音乐文化节、专场音乐会、大型音乐舞会等日常演练与社区艺术团演出，这些社区音乐教育活动，不但为当地社区居民提供自我展示与休闲娱乐的平台，提高了社区居民自我的音乐审美情趣，还有助于社区整体文化风气的净化，帮助并引导社区居民养成良好的文明生活习惯，促进社区成员间和睦相处，确保社区整体和谐稳定发展。

（二）乐山市社区音乐课程教育存在的问题

虽然乐山市在其社区音乐教育上取得了一定的成效，但就整体来看，乐山市社区音乐教育在内容与形式上较为单调，仍以单纯的群体性文化活动为主，其外在影响力与辐射面积较小，无法发挥出应有的教育意义，尤其是在社区音乐课程教育方面还存在着很多问题。

（1）社区音乐课程资源匮乏。目前乐山市对于社区文化教育与管理仍处于初级阶段，忽视了社区音乐教育基础课程资源的开发工作，这导致其在社区音乐课程内容设计上较为古板而单一，居民缺乏参与兴趣和积极性。

（2）社区音乐课程教育缺乏有效管理。乐山市在其社区管理上缺乏有效的统一管理，社区间各自为战，缺少必要的交流沟通。尤其在管理形式上，大多数社区仍停留于音乐教学场地布置、现场接洽等工作之上，对于具体的音乐

课程教育内容较为忽视。

（3）社区音乐课程缺乏互动性与专业性。乐山市社区音乐课程教学所面对的对象应是全社区所有居民，为此，就要求在课程设置上应尽可能满足各年龄段与各类音乐审美需求。然而就目前来看，大多数社区在音乐课程设置上仍以社区中老年人、退休职工、失业待业人群为主，单一的音乐舞会或戏剧艺术表演与教学难以满足大多数人实际的精神文化需求。

三、乐山市社区音乐课程开发改革与完善

为提高乐山市社区精神文明建设，我们必须对其社区音乐课程的开发利用与创新予以充分重视，具体可从以下几个方面予以改革完善：

（1）创新型虚拟社区音乐课程资源开发。随着信息时代的到来，乐山市在其音乐课程教学内容与形式上应更为全面，社区可以充分利用当地网络资源，建立自己的社区音乐教学网站与平台，通过经典教学视频与课程资料的展示，吸引社区居民自主参与到社区音乐课程的学习。

（2）优化社区音乐课程组织管理。社区音乐教育属于公共事业教育体系的一部分，为此，当地政府与教育部门应加强对社区音乐教育的重视与资金的投入，强化政策引导与外在舆论宣传；同时，相关教育管理部门还应加强各社区与艺术团体彼此间的沟通交流，提高社区音乐课程的开发水平，针对不同的社区人群特点，及时做好基层民意调研与意见反馈工作，以此更好地服务于社区居民。

（3）因地制宜，明确社区音乐课程主题。城市社区音乐课程资源较为广泛，要想实现统一的开发并不现实，为此，我们可以采用分类、分主题的方式，以地区区域文化文特点，进行社区音乐课程的开发与设计。具体而言，乐山市各地社区首先应根据当地文化及社区居民整体审美特点，明确不同的音乐教学课程主题，如划分原创音乐、摇滚音乐、传统戏曲等不同音乐课程专栏，增设以中国社会主义精神文明、物质文明为主体的社区文化活动等，统筹兼顾，实现社区音乐课程多元化发展。

四、结语

综合全文论述我们不难发现，社区音乐课程教学对于乐山市城市精神文明建设与基层居民文化素质培养的重要意义。虽然目前乐山市在其音乐课程开发上还存在一定的问题与缺陷，但通过对创新型虚拟社区音乐课程的开发以及对相关课程教育的组织优化管理，一定能实现社区音乐课程开发的资源优化，发挥其应有的教育公平性与文化宣传效果。

参考文献：

[1] 李秀萍. 作为音乐学院一门课程的"社区音乐"——以布兰顿大学音乐学院开设的"社区音乐"课程为例 [J]. 黄钟（中不·武汉音乐学院学报），2010（3）：165-171.

[2] 谭春. 社区音乐在木土音乐传承中的作用 [J]. 民族音乐，2012（3）：25-26.

[3] 颜雄心. 提高社区居民音乐素养的理性审视 [J]. 成人教育，2012，32（4）：96-97.

（原文刊载于《北方音乐》2017年第3期）

高职院校服务于城市社区文化建设的路径研究

——基于成都"校社合作"多案例实证分析

韩天爽

（四川城市职业学院；四川省成都市，610000）

摘　要：我国城市社区当前治理现状和水平与党中央提出的"和谐有序、绿色文明、创新包容、共建共享"的基层管理目标存在着文化层次与建设需求之间的矛盾。高职院校作为城市社区地域属性中的集合份子，社会服务和文化传承两大使命要求其在区域文化建设中贡献出更多的力量。本文以四川成都多所高校开展的"校社合作"为研究蓝本，旨在通过研究高职院校与社区两个主体之间的合作案例，探索地方高校更好地服务于区域社会建设和发展的路径及方法，促进两者发展得更好。

关键词：校社合作；城市社区文化建设；路径

一、引言

城市社区是社会治理的基本单元。我国城市化推进较晚，在 2000 年前后国家出台了《民政部关于在全国推进城市社区建设的意见》，之后教育部也推动浙江等发达地区带头创建了几批全国社区教育实验区，在提升居民素质和社区管理方面发挥了积极作用。但由于全国各地区城镇化进度差异较大，以成都

作者简介：韩天爽（1978—），女，蒙古族，吉林伊通人，四川城市职业学院教务部部长，副教授，硕士。研究方向：艺术设计、教育教学管理。

基金项目：四川省教育厅人文社会科学重点研究基地——四川基层公共文化服务研究中心 2018 年度重点课题"政府主导下的'校社合作'城市社区文化建设实证研究"（项目批准号：JY2018A02）。

为例，作为城市化进程中重构而成的人类生活共同体的城市社区，当前治理现状和水平与党中央提出的"和谐有序、绿色文明、创新包容、共建共享"的管理目标存在着文化层次与建设需求之间的矛盾。

2017年，《中共中央 国务院关于加强和改进新形势下高校思想政治工作的意见》中进一步明确了高校五大职能中的"社会服务、文化传承创新"两大重要使命。高职院校作为类型教育，除了为经济社会发展提供人才培养这一最根本任务之外，服务区域的特点也更为鲜明。作为城市社区地域属性中的集合份子，通过直接参与地方文化建设、产业发展项目等发挥更大的社会服务功能，是新时代社会事业发展对高职院校提出的新要求。

高职院校如何利用其文化输出功能为城市社区文化建设助力，促进城市确立"文化自信""更好构筑中国精神"是摆在我们面前的现实课题。下面将结合省会城市成都所辖的一些"校社合作"实例，对这一问题加以探讨。

二、前提和保障

（一）现状调查

社区方面。在对成都11个辖区中的成华区猛追湾祥和里社区、龙潭街道华泰社区、和成社区社区，龙泉驿区民乐社区、十陵社区以及天府新区安公社区等全市10余个社区及其上级主管街道办事处为期2年的跟踪调查发现，基层街道、社区对于实现党的十九大报告提出的建设"文明和谐美丽"的国家环境，"加强社区治理体系建设"以及落实《四川省城乡社区服务体系建设"十三五"规划》的精神抱有极高的工作热情和干劲，经过努力，促进了当今成都市"城市有变化、市民有感受"的面貌。但笔者在调研过程中发现以下两个最为突出和关键的共性问题：

1. 硬环境建设偏"硬"

硬环境指硬件改造、基础设施完善方面。从办公环境看，街道和居委会办事处工作条件改善不少，更为便民；从公共条件方面看，院落整治、房屋改建、休闲健身设施、阅读室建设、垃圾站处理等显而易见的环境改观上普遍效果明显。但整体来说属地特征表达不足，甚至在文化宣传栏布置上都有很大的趋同性，欠缺特色。

2. 软环境建设偏"软"

这里将社区建设中的软环境归为两个方面：一是社区居委会工作人员普遍管理素质的"软"，整体文化水平不高、专业性结构未建立是主要因素；二是透过居民文化娱乐形式、待人接物礼节、生活审美情趣等展现出来的思想觉悟和精神风貌的"软"。列举一例：在对多家社区周边商铺调查发现，休闲茶楼的存在数量是仅次于饭店的第二位，这与抽样拆迁安置后的城市社区青壮年居民调查结果显示出的"很大一部分以出租房屋为主要收入来源，在个人技能和文化层次提升上没有自主意愿，主要生活方式为喝茶打牌"的结果高度吻合。

高职院校方面。高职院校当前普遍推进了工学结合、校企合作的人才培养模式，加强了社会服务能力建设。以成都市区内分部的 64 所（含一校多校区）高职院校来看：合作主体上，一般高职的合作伙伴以中小型企业、行业居多，国、省两级示范类高职院校在承接政府和大型企业项目上有一定能力，但相比研究型、应用型的本科院校、重点大学来说差距巨大；合作形式上，除极少数如成都航空职业技术学院与龙泉驿区万源路社区建立了 6 年以上的志愿者团队服务、成都纺织高等专科与蜀都区安靖镇蜀绣社区基地等建立了 4 年以上的技术传承合作等长期合作之外，绝大多数校企合作以实习实训、师资共建、课程开发等以高职院校为主导的形式占绝大多数，企业多以被动姿态出现。近两年，四川城市职业学院与龙泉驿区十陵社区、成华区和成社区，以及四川艺术职业学院与温江区东宫寺社区在文化共建、创新创业能力培养方面开启了"校社合作"实践探索，初步成效较好。

调查结果综合显示：城市社区居民在"农转非""农转商"的过程中逐渐适应新的城市身份，但在承担社区建设任务时却表现出了力不从心，良好的社区文化尚未形成。我国著名社会学家吴文藻认为"社区文化就是人们生存的物质条件与精神条件的有机结合"。成都市的城市社区文化建设需要高知的社会组织、机构围绕成都"国家中心城市"的发展方向和历史传承，带来社会观、城市观、经济观、历史观的文化构筑；与此同时，高职院校需要在"校社合作"上开辟道路，从服务周边基层居民思想和文化生活开始，提高服务能力和实效，进而提高对区域经济和社会发展的贡献度。也就是说，社区文化建设既涵盖物质层面，更缺少不了精神文明建设，四川省在"十三五"时期，随着"两化"互动、"三化"联动、统筹城乡进程加快，社区作为省会城市中的派出组织，要达到国家、省市对城市发展的要求，文化建设势在必行。

（二）前提保障

1. 政策层面

2016 年《教育部等九部门关于进一步推进社区教育发展的意见》中说"各省、市（地）可依托职业院校等设立社区教育指导机构，统筹指导本区域社区教育工作的开展"；2017 年 6 月中央发布了《中共中央、国务院关于加强和完善城乡社区治理的意见》后，民政部办公厅也印发了《2018年中央财政支持社会组织参与社会服务项目实施方案》。这些政策的出台，都为"校社合作"文化共建指明了方向。

2. 操作层面

社区需要：①找出问题；②提出需求；③开出项目；④列好指标。

高职院校需要：①从顶层设计做好服务体系构建，以保障服务的完整性；②设立专门对接社区的服务机构，以保障服务的针对性；③制定出文化社区建设的服务流程，以保障服务的规范性。

当然，要保证具体项目的有效开展和不同社区文化的特色打造，在问题查摆的阶段，可以是双方共商的结果。因为文化的含义包罗可被传承的"传统习俗、生活方式、文学艺术、行为规范、思维方式、价值观念"等意识形态，高校需要用具体的项目推进文化建设，使其最终外化为居民生活品位的提高，需要针对不同社区的特点进行具体分析和设计。

三、途径与方法

利用"高校社区共育"模式更大发挥高校在教育资源、活动组织等方面的优势，为社区工作特别是党团、文化建设提供更科学合理的策划和组织开展，解决社区服务主体单一、社区活动的形式和内容缺乏吸引力等问题；同时，将学生志愿者活动、学生专业实践活动与社区基础文化活动相结合，既让学生得到实践锻炼，又解决了社区服务、宣传、活动组织等工作中存在的人力资源匮乏这一问题，将做好社区党团、文化建设工作与高校服务社会的职责紧密联系在一起。高校利用其综合性、长效性、专业性等特点以及自身的教育资源优势为基础社区文化建设出谋出力；同时，社区服务活动为在校师生提供了丰富的社会实践机会，既能实践锻炼又能回馈社会，双方形成互助互利的共赢模式。下面基于现状分析之后针对"校社合作"下的城市社区文化共建提出一些思考导图：

（一）途径

1. 教育牵线

按照"成都市城乡社区可持续总体营造行动"精神，校社双方可按属地区格，以就近合作的原则搭建战略合作平台，高校可利用自身教育优势，针对当前社区文化建设显现的导向不明、格调偏低、同质化严重等现状，结合党的十九大对学习型社区建设的要求，从社区智力建设方面入手，以人才补给、文化输入为两个切入点。对于像祥和里社区这种建设基础较好的对象，可以考虑联合设立社区教育指导机构，尝试推行居民文化素养系统提升工程；对大多数文化建设脉络未清的社区，可以尝试校社结对共建学习团队，逐级开展文化、素质提升计划。

2. 活动搭台

文化活动是最好的合作载体，也是激发居民参与度的良好渠道。"校社合作"双方在通过对一定时期内的合作项目进行梳理，统筹思考，共建共享，以多种途径和形式共同建设具有文化特色的群众性活动来推动社区整体文化可持续营造。作为项目策划方，高校在文化建设项目上具有天然优势，不论是党课党员培训、知识技能培训、文化生活体验还是幼儿学前教育、养老健康养生等方面都具备优质的师资培训资源及丰富的活动执行经验。系统的活动策划、按部就班地推行计划方案，不仅能保持合作的长效，更能保证及时"还治于民"，保证合作的透明度，吸取更多的客观评价。

3. 资源共享

高校和社区都具有开放性，城市社区文化建设合作的最根本基础是将"单位文化资源"转变为"社会共享文化资源"。其一，共享人才资源。高校自 2014 年推进国家新型高校智库建设推进计划之初，即明确了其"五大功能"中"发挥学科门类齐全的优势，围绕重大现实问题，开展多学科的综合研究，提出具有针对性和操作性的政策建议。"其二，共享场地和设备资源。一方面，高职院校的教学场地、实验实训室、运动场馆等对社区开放，促进形式多样的社区教育和活动，有力地促进社区居民文体科教等活动；另一方面，城市社区的场地、公共广场、居民活动项目等向高职院校开放，为高校师生提供了向社会延引的实践场所，是促使高校社会为社会治理建言献智的良好渠道。双方通过资源的开放共享，在合作中共同提高和发展，共促和谐社会建设。

4. 借智引智

社区文化建设属于服务群众的社会公益性事业，单靠政府的单一投入不能完全解决资金缺口问题。要积极想办法、找途径，多元拓宽社区文化建设的投资渠道，用好国家鼓励政府购买服务的政策，努力探索市场化运作模式，鼓励和引导社会力量参与，积极创造校社合作的经济基础。

（二）方法

1. 普及式文化建设

针对全社区人的普及式文化建设要从分层开始。第一类人，即社区工作人员。高职院校可针对其财务、文秘、宣传岗位人员进行岗位技术技能培训，提高其服务能力和信息化水平，推进社区信息化工程；第二类人，即社区赋闲青壮年，通过电商、手工艺、现代化技术技能等培训提高其就业创业能力；第三类人，即相对较为弱势的群体，如老年人、幼童等，通过益智、康养等相关科普知识的讲座等，推动社区科普益民工程、社区居家养老工程建设等，增加特殊群体融入社会的机会和意愿。

2. 特色式文化标签

社区文化地标对一个社区来说是凝练了其过去与未来的文化符号，也是展现其特色性的显性标识。针对成都市这座历史文脉较深厚、现代化发展又较快的城市来说，各个行政区都有其不同的历史背景和发展理念，可据此校社共谋特色文化打造渠道。比如，青羊区草堂路社区可结合"诗圣"文化与成都职业技术学院共同设计自己的文化体系，天府新区和韵社区可以与四川文化产业职业学院就天府国际基金小镇文化打造地标特色，郫都区安靖社区可以与成都纺织高等专科学校就蜀绣技艺传承和产品开发进行深度合作。总之，地文地貌与传统、现代文化相结合的共建形式是对城市社区文化味道最具有底蕴的打造。

（三）落脚点

1. 环境文化方面

（1）环境改造

当前，我国城市社区的"城市"身份未完全展现出来，很大程度上在于环境的同一性，环境改造缺乏"艺术"元素。欧美国家对于艺术社区的专门打造已具有较长历史，甚至将艺术融于整个社区建筑群打造等。韩国、新加坡等国家的城市社区建设更多地保留了民族性的痕迹。比如新加坡甘榜格南社区、韩国釜山的甘川文化村，都是大力挖掘当地历史、人文并结合当代建筑设计语言将其融入当地人、文、地、产、景几个方面的展现。高职院校在新型城市社区的改造过程中的参与或承办改造项目，可从其特有的文化视角，综合更多功能性和艺术性元素，将艺术美感与行政功能更好结合，使社区呈现更多的城市基因。

（2）标识体系

自国家民政部 2012 年 4 月 7 日公布了"中国社区"标识后，全国逐渐开始大范围推广应用。但笔者在调研的 10 余个社区中，只有 2 个社区将其用在了 VI 系统中，由此可见标识体系的概念在绝大多数社区管理者头脑中还未形成。成都市辖区内的高职院校基本都有艺术类专业，可利用这一优势为社区进行专属的 VI 系统的设计包装。形象文化具有地标性，同时具有名片效应，具有个性特征色彩和形象识别系统，既是差异化发展的城市元素，更是社区特色文化的外化展现，能够凝练社区文化内涵，增强居民社区的认同感和归属感。

2. 行为文化方面

（1）社区党建

社区与学校共建党建园地，坚持政治思想工作的领先地位，主要针对社区内的党员及党员积极分子开展，随后再扩大到普通群众。通过系列活动开展普遍的政治宣传，武装群众思想和头脑。

（2）社区文化活动

通过对社区内的未成年人、中青年人、老年人分年龄、分文化水平社区与学校共同开展针对性的青少年艺术培养活动、科普知识讲座、文艺展演等形式多样的文化活动，活跃居民文化生活。

（3）社区信息化建设

利用高校的信息化资源和技术，在社区内开展信息化培训及相关资源共享，改善当前本社区信息化手段不足的现状。

（4）社区居家康养辅导

专门针对社区内的老年人开展康养讲座、护理康养体验等活动，帮助社区居民建立老有所养的和谐环境。

（5）社区心理咨询

高校协助解决社区居民家庭纠纷、邻里不睦背后的心理问题，进行心理健康普查，定期接诊心理咨询。

（6）社区就业培训

针对社区拆迁改造安置后的居民中的部分无业人群，利用高校技能型人才培养的特长，对其进行茶艺、绣艺、广告技术、自营餐饮、旅馆店面管理等就业、创业基本技术培训。"家有千金不如一技傍身"，社区青壮年的技能素质提高必然会带动其精神风貌的提升，这也是文化建设很重要的一个环节。

3. 制度文化方面

社区与学校共建工作管理机构，成立社区、学校共建工作委员会，统筹高校和社区文化资源。委员会共同制订双方合作规划、建立相关制度、进行活动组织策划及对外宣传推广等，从实践中研究规律，共同进行社区文化建设的制度建设，对社区和学校的价值进行高效整合。只有日益规范的制度和流程作保障，"校社合作"才能进入良性的循环，并形成长效的运行机制。

四、措施与手段

"校社合作"下的城市社区文化建设是高校和社区发展到现阶段共同开发的新工程，还需要在实践中不断探索，为保证良好的推进，需要一些顶层设计和辅助手段。

（一）整体统筹，把握重点

合作之初，社区与高校必须要将共建工作纳入工作规划之中。合理统筹共有资源，设计长期、稳定、可操作性的共建内容，对共建周期内的合作成果进行先期预判。同时，要从重点突破，不能面面俱到，要抓实效。

（二）长效运行，机制保障

在合作的过程中，校社双方要不断总结经验和不足，共同将合作向规范化和流程化建设才能保证合作的长效性。另外，需要有一定的经费来源和保障，以保证各项计划的有序推进。

（三）加强学习，广泛宣传

利用互联网、宣传栏、活动本身等信息传播渠道有计划、有目的地向全体社区居民宣传，扩大合作成果的影响力，争取打造出"亮点工程"和建设名片；通过社区的居民逐步文明、和谐的氛围，进行潜移默化的精神风貌展现。

通过社校合作，将高校的"文化"资源引入社区，提高居民的整体素质和生活品质，提供丰富、健康、颐养精神的文化产品，同时也提高了高校作为社区属地份子的建设参与度，增强了社区和高校的地缘意识和公共服务意识，为建成民主文明和谐美丽的现代城市社区共同贡献力量。

参考文献：

[1] 赵娜.创新社会治理与社区文化建设——基于"清河实验"项目的一些思考 [J].民俗研究，2017（1）：139.

[2] 陈乃林.进一步推进社区教育发展 为基本形成学习型社会夯实基础 [J].职教论坛，2016（21）：76.

[3] 汤文隽，陶迎春.城市社区文化建设的基本原则和措施 [J].赤峰学院学报（汉文哲学社会科学版），2016，37（4）：117.

[4] 杨淑珺.路径如何选择：社区教育融入社区治理的发展分析——基于杭州多案例研究 [J].职教论坛，2017（33）：56.

[5] 杜君英.依托社区学习共同体推进社区治理的路径研究 [J].职教论坛，2016（24）：69.

[6] 解红晖，金忠.社会主义核心价值观引领城市社区文化建设的路径探微 [J].湖南社会科学，2016（3）：35.

（原文刊载于《职教论坛》2018年第9期）

第三部分
文化艺术教育与传承

传统文化的时尚表达

——非物质文化遗产蜀绣在四川传媒学院的传播与传承个案研究

唐春梅

（四川传媒学院；四川省成都市，610000）

摘　要： 在现代化浪潮席卷全球的背景下，科学技术的迅猛发展严重挤压了蜀绣的生存空间，作为非物质文化遗产的蜀绣也面临着生存的种种困惑，现状不容乐观。如何传播和传承蜀绣技艺成为不可回避的话题。本文旨在以蜀绣为例，结合四川传媒学院在蜀绣的传播与传承方面的实际做法，探讨更时尚、更易于被年轻人接受的蜀绣传播和传承之路。

关键词： 蜀绣；时尚表达；传承

一、传统文化的时尚表达的界定及形式

毫无疑问，谈及任何传统文化的传承，首先是对该文化的传播，只有让大众知晓了这种传统文化的存在，人们才会去关注它，进而主动传承。因此，要做到传承，必须要实现有效的大范围传播。任何方式的传播都离不开传播媒介和传播的手段。因此，笔者在探讨对蜀绣这种传统文化的传播和传承的过程中，提出了传统文化的时尚化表达这个概念。所谓传统文化的时尚化表达指的是依托现代化的传播媒介和传播手段，有效传播传统文化，换言之就是给传统文化穿上一件时尚的外衣，从而让受众更易于接受传统文化，进而让大众能够积极参与传统文化的传承。

作者简介： 唐春梅（1982—），女，四川广安人，硕士，四川传媒学院外国语部讲师。主要研究方向：翻译、英美文化及英语教学。

基金项目： 四川省教育厅人文社会科学重点研究基地——四川基层公共文化服务研究中心 2015 年度科研项目（项目编号 JY2015D03）。

在《资本主义文化矛盾》一书中，丹尼尔·贝尔指出："目前居'统治'地位的是视觉观念，声音和景象，尤其是后者组织了美学，统率了观众。在一个大众社会里，这几乎是不可避免的。……当代文化正在变成一种视觉文化，而不是一种印刷文化，这是千真万确的事实。"正如丹尼尔·贝尔所言，蜀绣这种对"非遗"的传播和传承绝不能局限于传统的出版业，比如出版蜀绣技艺的书籍、蜀绣绣品的图册等，而是应该充分利用各种新型媒体进行传播。结合蜀绣的传播及传承，现在，我校在蜀绣的传播及传承方面充分结合了学校的专业特色和优势，采取了歌曲、专题片、电影、电视、戏剧及文化表演等一系列时尚化的方式。正是利用了这种时尚化的传播方式，才让我校更多的学生认识了蜀绣，进而去积极地把蜀绣融入相关的创作当中，向更多的人传播蜀绣文化。

二、传统文化时尚化表达的必要性与重要性

（一）传统文化的脆弱与势微

非物质文化遗产的保护势在必行已经成为世界各国的共识。非物质文化遗产承载着一个国家、一个民族共有的文化记忆，而这些记忆随着时间的推移很容易被忽视和忘却。较之有形遗产而言，非物质文化遗产更脆弱和不可再生，非物质文化遗产的保护与传承任重道远。随着全球化进程的日益加快，人们的生活方式和思想观念发生了巨大改变，许多传统文化赖以生存的土壤渐渐不复存在，蜀绣也不例外。因此，要让更多人尤其是让主导未来世界的年轻人去认识蜀绣并认可蜀绣，进而积极主动地去传承蜀绣，必须采取年轻人所喜闻乐见的传播方式和传承方式。

（二）现代传媒改变了人们的生活和娱乐方式

非物质文化遗产的传播和传承工作面临着种种困难，主要原因在于随着信息世界化和经济全球化，使得地球正变得越来越"小"，各国之间的联系越来越密切，相互依赖程度也越来越高，这给非物质文化遗产的保护和传承带来了许多的困扰和挑战。但信息化也为非物质文化遗产的保护和传承带来了新的机遇。要有效地保护和传承"非遗"文化，我们就只能因势利导，充分利用新的传播方式和媒介，让传统文化搭上信息化这班快速列车。基于这个理念，笔者提出了传统文化的时尚化表达这个理念，这也充分说明了传统文化时尚化表达的必要性。因为非物质文化遗产传播和传承的核心在于人尤其是在于年轻人，那么把年轻人接收信息和娱乐的方式纳入考虑的范畴是非常必要的，也正是如此，才需要把传统的非物质文化遗产用时尚的表达方式加以传播和传承。

（三）对传播对象进行深度了解

传播的最终目的是要让传播的信息和传播方式被受众所认可和接受，那么就需要对传播对象的思想观念、社会特点、文化素质、接受方式以及兴趣爱好等进行研究。传播内容主要是围绕非物质文化遗产——蜀绣展开，这是不可改变的。那么，为了最大化宣传效果，我们能做的就是改变传播方式，这也是后续的研究中所要谈及的。而现在我们主要是探讨对传播对象的分析。无疑，类似蜀绣这种非物质文化遗产之所以面临发展的困境，主要在于随着时代的变化，作为社会主流的年轻人离传统文化渐行渐远，而蜀绣的传播和传承的主要对象正是这一群作为主流的年轻人。因此，有必要对作为主要宣传对象的年轻人加以分析。首先，年轻人作为传播受众有一个共同的特征，他们所选择的传播媒介必须新颖，符合他们对时尚的追求。其次，正如梅尔文·德弗勒在《大众传播通论》中所说的"受众选择媒介的动机是迎合一种已经养成的接触媒介的习惯等。"那么，年轻人对传播媒介的选择必定是他们所喜欢的时尚、新颖的传播方式。也只有传播的内容和方式跟年轻人的动机和需求相匹配，才能真正调动年轻人的积极性，让年轻人积极参与对传统文化的保护，让青年人了解蜀绣、喜欢蜀绣、传承蜀绣文化。也只有通过把日益"边缘化"的传统文化用时尚的方式重新包装，才能更好地传播和传承日益"边缘化"的传统文化，也才能让蜀绣重新大放异彩。

三、传统文化时尚化表达的具体举措——以蜀绣在四川传媒学院的传播和传承为例

（一）音乐

笔者作为四川传媒学院任教的老师，曾经在课后做过关于蜀绣的非正式调查。笔者曾经问过来自外省的同学蜀绣是什么以及他们对于蜀绣的了解。但许多同学都回答说不知道蜀绣为何物。因此，在课堂上笔者给同学播放了2015年羊年春晚上歌手李宇春演唱的中国风歌曲《蜀绣》。该节目首次采用现代全息技术，据说是羊年春晚造价最高的节目。现代全息技术的采用，在万众瞩目的春晚舞台上生动地展示了传统蜀绣，全国观众乃至全球的观众都感受到了蜀绣的美轮美奂，春晚的舞台转变成了宣传和弘扬蜀绣文化的阵地。同学看完了视频后都称赞蜀绣原来如此有魅力，而且都纷纷学唱《蜀绣》这首歌。许多同学还主动参观了位于安靖镇的蜀绣博物馆和蜀绣公园，并去到位于安靖镇的蜀绣传承地——七彩绣坊参观；学时装设计的同学还去七彩绣坊体验了蜀绣这种古老而充满魅力的技艺。正是借助于音乐这个最被年轻人喜闻乐见的传播方

式，才让我校的同学开始关注蜀绣并传承蜀绣。

（二）纪录短片——镜头中的蜀绣

毫无疑问，任何非物质文化遗产传承的主角和核心都离不开人。基于该理念，在促进蜀绣这种非物质文化遗产在我校的传承方面，学校积极鼓励同学们充分利用自己的专业并和学校特色相结合，鼓励更多的同学走到蜀绣传承的第一线——蜀绣绣坊，让学生利用手中的镜头记录下蜀绣绣娘们的生活和工作的状态。同学拍摄的蜀绣纪录片有对蜀绣历史和起源的介绍，有对蜀绣技艺和针法的阐述，还有对蜀绣名品的赏析以及对蜀绣绣娘生活和工作的记录。蜀绣纪录片在教室以及学校电视台进行展播，更多的同学通过电视画面去了解蜀绣、熟悉蜀绣，进而去积极主动地参与对蜀绣这种非物质文化遗产的传播和传承。尤其是我校同学拍摄的关于蜀绣绣娘的纪录片，从蜀绣绣娘们的角度去探讨蜀绣未来的发展，并关注蜀绣绣娘们的生活及其工作的状态。整个纪录片充满了人文情怀。通过对蜀绣绣娘的关注，让之前高高在上的蜀绣更接地气，离我们每个人似乎更近了。我校同学拍摄的部分以蜀绣为主题的纪录片已送去参加纪录片节，希望能有所收获。

（三）舞台成就蜀绣传播及传承的另一阵地——《丝路锦绣》

由我校教师和学生共同创作的剧目《丝路锦绣》已经被选入四川省创新项目。该剧结合了四川当地的传统技艺蜀锦和蜀绣，把观众带回到了太和年间的繁华锦绣城，该剧在传播蜀锦、蜀绣等传统非物质文化遗产的同时，也体现了"一带一路"的时代精神。该剧于 2015 年 6 月 25 日进行首次公演，取得了很好的反响。公演前，该剧也在我校大型演播厅进行了多场演出，主要观众乃我校不同年级和不同专业的同学，演出结束后，也赢得了同学们的交口称赞。该剧也是我校表演系为响应国务院所提倡的大学生创新创业项目，进行产学结合交出的一份满意答卷。总之，《丝路锦绣》剧目的演出，是对非物质文化遗产进行传播和传承的一次新的尝试，让大众看到了传播和传承非物质文化遗产的另一种可能。

（四）服装设计——蜀绣成就新时尚

蜀绣乃起源于古蜀国的民间刺绣。三国时期，蜀地纺织业兴盛，成都因此被誉为"锦官城"；到唐代，百姓富庶，因此蜀绣服饰开始在庶民的日常生活中普及，丝绸之路的贸易需求更是让蜀绣名扬海外；到了宋代，蜀绣产品主要分为艺术类价值极高的欣赏性画绣和服装饰品等实用性绣品；到了清代，蜀绣在沿用传统技法的基础上还吸取了苏绣和顾绣等的长处，得以进一步发展和完善。从蜀绣的发展历程可以看出，任何传统技艺的发展都离不开消费的推动和促进。正如濮安国在《传统手工艺在新时代的发展》中指出："任何传统手工艺的开发都是为了满足今天消费者或使用者的需要。"因此，我校服装设计和表演专业的学生把蜀绣技艺和专业相结合，在日常的学习过程中，将蜀绣元素融入服饰设计中，让蜀绣的文化价值通过精美的服饰这一载体更加生动直观地展现出来。把蜀绣元素融入服饰设计之中，不仅仅传承了蜀绣这种手工艺，也承载了蜀绣文化，同时也提升了服饰的审美和艺术等深层价值。让蜀绣得以活态化传承，而不是成为书本或博物馆等"死板"的存在；同时，把蜀绣融入服饰设计之中，也让蜀绣成就了服饰设计中的一种新时尚。

（五）摄影——蜀绣传播和传承的另一媒介

摄影是用视觉元素定格物质内容的主要方式。在传播和传承蜀绣时，摄影成了传播和传承蜀绣的另一个重要媒介。相对于文字的出版物而言，摄影更加直观，更具备视觉的冲击力。我校摄影系的同学用手中的镜头拍下了许多关于蜀绣的图片并在校内进行主题展览；同时，处在这个自媒体的时代，很多同学还把拍摄的蜀绣图片通过微博、微信朋友圈等方式传播出去。通过这种个人化的行为让蜀绣得以向更多的人传播，从而促进了蜀绣这种非物质文化的交流，达到了保护和传承的目的。笔者认为，在这个大众疏离阅读的时代，选择用摄影或是更直观的图片来传播和传承蜀绣，是可取可行的方法。

四、结论

在年轻人与传统文化渐行渐远的年代，通过时尚的包装，让传统文化更接近年轻人的审美和兴趣需求，是传播和传承传统文化的一条可行之路。蜀绣作为非物质文化遗产，我校学生利用所学的专业知识，结合自己的专业特色和学校所提供的平台，在蜀绣的时尚化传播和传承方面走在了前列，做出了新的尝试。将蜀绣元素融汇在各种的时尚事物之中，比如以蜀绣为主题的音乐、注重人文关怀反映蜀绣绣娘生活的纪录片、相关的舞台剧、融入了蜀绣元素的时装设计以及以蜀绣为主题的摄影大赛等，实现对蜀绣这种传统文化的立体传播和宣传，最大化宣传效果，为蜀绣技艺的传承打下基础。

参考文献：

[1] 丹尼尔·贝尔. 资本主义文化矛盾 [M]. 赵一凡，等译. 北京：生活·读书·新知三联书店，1989.

[2] 梅尔文·德弗勒，等. 大众传播通论 [M]. 北京：华夏出版社，1989.

[3] 濮安国. 传统手工艺在新时代的发展 [J]. 上海工艺美术, 1994 (4): 157-158.

[4] 乔洪, 乔熠, 等. 蜀绣技艺融入服饰设计的思考 [J]. 丝绸, 2015 (2): 46.

（本文刊载于《青春岁月》2016 年 6 月刊）

蜀绣的对外传播策略研究

王 晓

（四川传媒学院；四川省成都市，610000）

摘 要： 蜀绣是中国传统文化的瑰宝，拥有悠久的历史和绚烂的成就。但在当今社会的发展中却面临重大的挑战。本文依托学院的学科优势，探索行之有效的蜀绣在高校传承的新模式和对外传播的方法，引入涵化理论，将蜀绣的对外传播过程分为制作拍摄和本土化传播两个过程，并详细阐述这两个过程中涵化所起的作用。通过分析，提出蜀绣在国际传播中行之有效的方法。

关键词： 蜀绣；涵化理论；文化传承；对外传播

蜀绣作为中国乃至世界丝绸文化中的精品和瑰宝，具有极高的历史和文化价值。2006 年，蜀绣被列为第一批国家级非物质文化遗产，具有极高的传承和传播价值。但是与蜀绣自身价值与中国经济整体发展水平相比，蜀绣的发展速度远远落后；与中国其他名绣，如苏绣、湘绣等相比，发展情况也不容乐观。

随着劳动力成本和原材料成本的上升，市场消费趋势发生了转变，直接影响到了蜀绣的传承与发展。在市场经济的大背景下，蜀绣的市场竞争形势也愈发严峻。目前，成都市蜀绣产业目前年产值仅 2 000 余万元，从业人员只有800 余人。蜀绣无论是横向还是纵向的发展都严重滞后。

长期以来，学术界对蜀绣的研究主要集中在其历史文化、艺术、技艺及其产业政策等理论层面的探讨。蜀绣在高校的传承研究则很少，而关于蜀绣的对外传播方面的研究则基本上是一片空白。如何使蜀绣为更多人所认识，如何使蜀绣的影响力超越西南地区并走向国际，如何使蜀绣在全球化背景中焕发出新

作者简介： 王晓，四川传媒学院讲师，硕士。

基金项目： 四川省教育厅人文社会科学重点研究基地——四川基层公共文化服务研究中心 2015 年度科研项目（项目编号：JY2015D03）。

的生机，等等。这些问题几乎无人关注。

将传播学理论引入对蜀绣的推广中，可以使更多人认识了解蜀绣，并将蜀绣文化置于世界范围中进行讨论，并运用新媒体工具来推广蜀绣，对于蜀绣复兴具有积极意义。促进蜀绣依托高校进行有效传承，并通过英语这种媒介走出国门，可以促进蜀绣在新的传播环境中进一步发展。把非物质文化遗产蜀绣的校园传承研究和学院的特色专业相结合，并依托学院国际部学生的专业和语言的双重优势，力图找到适合蜀绣的特色校园传承之路和对外传播方法。

一、蜀绣研究的现状

蜀绣距今已有近 3000 年的历史。西汉文学家扬雄在《绣补》一诗中最早提到"蜀绣"；晋代常璩在《华阳国志·蜀志》中，将蜀绣和蜀中其他的物产并称为"蜀中之宝"；清代道光时期，蜀绣已形成专业生产，成都市内发展有很多绣花铺，既绣又卖。由于地理位置和文化影响力，国内外学者关于刺绣的研究成果主要集中在对苏绣和湘绣的研究上。在对蜀绣的研究中，较为权威的有《中国蜀绣》以及蜀绣大师郝淑萍的蜀绣图集。这些文献的研究重点主要集中在蜀绣的历史渊源、原料、针法、纹样及布局、艺术品图案等领域，而其他方面关于蜀绣的书籍、论文、音像制品都十分缺乏。

段德强（2012）在《手工技艺类非物质文化遗产保护与开发研究——以蜀锦为例》一文中，用 SWOT 方法分析了蜀锦当下的现状。针对蜀锦的优势与劣势、机遇与挑战提出了一些关于保护和开发的建议和措施。

在蜀绣与传播学结合方面，王雪梅和谭丹（2014）在《新媒介下蜀绣"关系传播"探析——以蜀绣作为国礼承载关系为例》中，从新媒介"关系传播"的理论角度出发，论述了蜀绣进行"关系传播"的必要性。

自蜀绣列入国家非物质文化遗产以来，如何传承、保护和发展蜀绣引起了广泛的关注，但对于蜀绣的校园传承方面的研究则主要是关于蜀绣如何通过职业教育来加以保护和传承，如四川新华职业学校就开设了蜀绣专业，进行了这方面的尝试。

二、涵化理论与蜀绣研究推广

涵化主要是指向异文化学习和调整的发展过程，即在人类学中，不管人们愿意不愿意，只要发生文化接触，其社会文化就会发生变化。在传播学中，涵化理论（Cultivation Theory）又称"培养理论""教养理论""涵化假设""涵化分析"等，由美国宾夕法尼亚大学教授格伯纳（Gerbner）于 1969 年提出，其理论假设为:"那些花费了很多时间生活在电视世界中的人,更可能以电视镜头所呈现的形象、价值观、描述、思想体系来看待现实世界(RealWorld)。"由此可见,电视媒介正在潜移默化地影响着人们的社会认知模式。电影具有较长的观看价值,寓教于乐;电视的传播范围广,传播速度快。这都是对蜀绣的传播发展十分有利的条件。而互联网的传播方式更具综合性。首先它将信息传播系统相互融合,呈现出文字、声音、影像交融的多媒体形态,同时还把个人媒体、小众媒体、大众媒体融为一体。互联网的传播者和受众可以进行互动,个人获取和传播信息更为方便,跨越国境的穿透性强。从上述理论论述中,我们不难发现,在利用媒体工具推广蜀绣的过程中,面临着两次涵化的过程。

首先,电影、电视和互联网都是舶来品,其拍摄手法和传播手段无一不是西方文化的体现,在对蜀绣的研究、拍摄、传播中都会在传统的蜀绣文化中融入西方文化色彩。这必然在蜀绣的传播过程中烙印下深深的痕迹,特别是借由传媒类学校学生创作的作品。大学生是拍摄、传播技术的初学者,他们的年龄与阅历都处在中国传统文化与西方文化的冲击、碰撞、融合中。文化间的涵化明显反映在他们的作品中,再通过他们的作品对蜀绣文化本身和蜀绣文化所呈现出的传播形态产生影响。有人认为,西方文化对传统文化的涵化过程可能会对传统文化产生毁灭性的影响。这种担忧有一定道理,但并非必然,需要我们进行合理有效的处理和引导。蜀绣文化需要用贴合现代流行文化的方式去吸引受众,才有可能达到有效的传播和传承。

其次,利用新媒体工具可以使地理位置遥远、文化差异巨大、对于蜀绣文化毫无了解的外国受众接触到蜀绣文化,进而对他们产生涵化影响。要使得蜀绣真正走出国门为外国人所了解、所接受,关键在于接触。只有让外国人有机会接触到蜀绣文化,才有可能使蜀绣迈出国际传播的第一步。而电视、电影无疑是可行的传播途径。随着互联网等新媒体的兴起,大众传播拥有了互动性和参与性,这极大改变了传统电视影响的单向性和整体性。在蜀绣文化的对外传播过程中,互联网是主要平台。蜀绣文化的传播者可以将影像、文本、音频等资料通过互联网向世界进行展示,使更多人认识蜀绣、热爱蜀绣。同时,观众认知的主动性在整个涵化过程中都对传播效果有着显著的作用,观众可以时时发问沟通,是传播者了解受众心理,从而调整传播策略,使蜀绣文化更有针对性,更具吸引力。

三、蜀绣文化对外传播发展的建议

蜀绣文化作为中华传统文化的一部分,如何才能更好地传承和传播是一个值得探讨的问题。在制定传播策略前，需认识到蜀绣的对外传播过程经历了两次涵化：第一次是西方文化对传统蜀绣文化的涵化；第二次是蜀绣文化对西方受众的涵化。在此基础上我们可以从以上两个方面，提出四点建议。

第一，提高传播者的文化自觉意识在传播蜀绣的视频音频资料制作过程中，既要吸收西方文化的精华，又要认识到传统文化的宝贵。互联网受众主要是青少年，最清楚他们兴趣喜好的是同年龄层次的青少年。所以蜀绣文化的天然传播者应该是传播类院校的学生。他们一方面掌握着拍摄的技巧，另一方面控制着传播的内容，他们推进着蜀绣文化涵化的过程。但在此过程中，需要把握好度。过度引入西方文化，将西方文化置于传统文化之上，甚至为了迎合西方文化而扭曲传统文化，都是本末倒置的行为。所以，提高传播者的素质，使传播院校的学生这一传播主体深入系统地了解蜀绣文化、提高自身的文化自觉性至关重要。

第二，加强国际文化传播人才的培养。传播本身就是一门科学研究，在大学教育中，不止要有精通拍摄技术和蜀绣传统文化的人，还应该要有能够了解传统文化、了解传播规律、了解对象国文化的人。作为传播蜀绣文化的中介和桥梁，本身应具备民族性和国际性。要实现文化多元化就离不开语言这个重要的媒介，也离不开译介。这不仅可以让世界人民了解蜀绣，也是蜀绣走出去不可或缺的重要步骤，同时也是对文化多样性的尊重。在对西方受众的涵化过程中，首先需要建立蜀绣文化产业。随着经济的全球化和新媒体的崛起与发展，文化制品呈现商品化趋势，国际文化交流日益产业化。在国内大力弘扬传统文化文化、使蜀绣文化在国内文化市场中占有一席之地的同时，还应坚持发展外向型的民族文化产业。发展蜀绣文化产业不仅有利于弘扬民族文化，更重要的是可以为蜀绣的传承与发展提供坚实可靠的经济支撑，有效缓解蜀绣技艺从业人数少、产值低的窘境。

第二，积极利用新媒体工具，建立传播蜀绣文化的精品网站。网站的内容、形式都应该因时应势，采取多种传播形式和传播手段，内容丰富，页面精美，互动流畅。在受众方面，网站应分为两种：一种是针对海外华人和留学生。在这一类网站上，以中文作为主要传播语言，将蜀绣作为中华传统文化的纽带，连接海外华人和留学生与祖国的血缘亲情；另一种是针对世界各国的外国人。在这一类网站上，应以英文为通用语言，各国母语作为主要传播语言，重在介绍蜀绣文化的历史文化渊源，以大量的图片视频资料，使初次接触蜀绣的外国人逐渐去理解蜀绣文化、热爱蜀绣文化，进而对中国传统文化产生兴趣。

除此以外，还应加强与东亚国家的文化交流合作。中国与日本、韩国、朝鲜等国家在历史上同属于汉字文化圈，彼此间文化背景、文化认同程度高，审美情趣相似，更容易理解蜀绣文化蕴涵的历史与文化。在东亚的经济交流的基础上，加强文化交流与合作，巩固文化之间的共性，形成合力，共同推广蜀绣文化。

运用新媒体工具传播蜀绣文化，可以使外国民众认识蜀绣并了解蜀绣，对于蜀绣所蕴含的中国传统文化有更深入的认识和了解，有助于蜀绣的传承，更有助于中国文化的传播。对非物质文化遗产蜀绣的对外传播策略的研究，包括蜀绣的校园文化传承及其英译研究成果，也可以推而广之用于中国其他刺绣和文化的传播与传承。

在全球化不断推进的当代社会，麦克卢汉所提及的"地球村"概念已经深入人心。在这个日趋"狭小"的世界中，文化的多元化已经岌岌可危。蜀绣作为濒危的中国传统文化，应该得到有效的保护。而最行之有效的方法，就是不断推动蜀绣文化的传播，使更多人能够了解蜀绣、热爱蜀绣。

参考文献：

[1] 朱华. 蜀绣文化探讨 [J]. 四川丝绸，2008 (4)：44-47.

[2] 关世杰. 国际传播学 [M]. 北京：北京大学出版社，2004.

[3] 简宁斯·布莱恩特. 媒体效果理论及研究前沿 [M]. 石义斌，彭彪，译. 北京：华夏出版社，2009.

（本文刊载于《都市家教》2016 年 7 月刊）

四川巴蜀龙舞文化的传承与发展研究

杨 一

（成都理工大学；四川省成都市，610000）

摘 要：文化是一个民族永恒的灵魂，能有效反映出民族的特质和历史风貌，是人民智慧的结晶。在我国四川巴蜀地带，因为其具有独特的地方风情，从而孕育出了优秀的龙舞文化，并形成了一种与众不同的地方文化的表达方式。然而随着经济的不断发展，以及社会现代化发展步伐的不断迈进，竞争压力的加大使得当地人民忽视了对于地方文化的传承与表达，越来越多的人淡化了对龙舞文化的印象，就当前现状来看，四川巴蜀地区的龙舞文化传承与发展面临着重大挑战。为此，文章采用文献法通过具体分析龙舞文化发展的现状，结合传统文化的继承与发展，运用发展的眼光看待问题，并提出了相关建议，希望能找出一条适合当地文化发展的新路径，以此推动龙舞文化再创辉煌。

关键词：四川巴蜀；龙舞文化；传承发展

龙舞作为一种独特的文化活动，自问世以来就受到广大人民的喜爱，它广泛扎根于民间，历代相传，长久不衰，展示了其独特的魅力。四川巴蜀的龙舞文化作为当地文化的一个分支，是当地文化的艺术瑰宝，发展历史久远，体现了西南地区独特的人文精神价值。在当前的发展形势下，对待龙舞文化，我们不能以片面遮蔽整体，不能以现在否定过去。为了更好地传承这一优秀文化，旨在从各个角度着手，分析四川巴蜀龙舞文化的现状，针对阻碍文化发展的因素，找出解决措施，取长补短，以此促进龙舞文化的发展。

作者简介：杨一（1983—），女，羌族，成都理工大学讲师，硕士。主要从事社会公共文化服务管理研究。

基金项目：四川省教育厅人文社会科学重点研究基地——四川基层公共文化服务研究中心 2015 年度科研项目（项目编号：JY2015C02）。

一、四川巴蜀龙舞文化

龙舞俗称耍龙灯，是一种中国民族传统民俗文化活动，早在汉代就有记载。当时出现的原因是为了祈雨，渐渐地龙舞就发展成为人们表达良好愿望、祈求人寿年丰必有的形式。龙舞之日以旌旗锣鼓为导，龙身用竹子扎成圆龙状，相互连接，每隔五六尺就有一人撑杆，在龙头前方有一人持竖球杆作为引导，前后左右摆动游走。随着时间的流逝和社会的进步，政治、经济等因素强烈影响着龙舞文化运动的历史蜕变。传统龙舞从最初的祭祀到祈求消灾纳福、万事顺利，再演化为娱乐，由单项龙舞发展为多项目龙灯盛会。千百年来，龙舞活动已成为华夏民族的精神纽带。龙代表了中华民族的精神，它是中国民族文化的一个重要组成部分。全国龙舞有上百种，其中四川巴蜀由于其独特的地理位置以及绵长的巴蜀文化，构成了独具特色的龙舞表达。例如黄龙溪镇，因其独具特色的火龙灯舞而成为著名的"火龙之乡"；达州龙舞广为人知等构成了四川独特的巴蜀龙舞文化。

二、推动四川巴蜀龙舞文化发展的重要性

四川巴蜀龙舞文化作为中华民族地方文化中的瑰宝，具有独特的文化内涵，推动这一独特文化的发展，对于弘扬优秀文化等多方面具有巨大的意义。

（一）体现当地文化价值

龙舞艺术无论是在工艺制作、舞蹈表演还是在打击器乐上都独具艺术性，且有较高的观赏价值，观众在无形之中感受龙舞的文化内涵；四川巴蜀龙舞文化的发展吸收了巴蜀地区独特的地方韵味，具有丰富的文化底蕴，推动当地文化的发展对于体现巴蜀的文化价值具有重要作用。

（二）丰富人们的精神生活

龙舞作为一种重要的体育文化活动，在表演过程中可以帮助人民强身健体，提高自身身体素质，这一文化活动的存在极大地扩展了人们的业余活动。由此看来，广泛的开展这一文化活动对于提高国民的身体素质水平、丰富人们精神生活具有重要作用。

（三）传承精神文化，构建和谐社会

龙舞文化活动作为一种表演艺术形式，在表演过程中强调整个团队之间的相互协作配合，只有每一个参与者都全神贯注、齐心协力才可以将龙舞表演完美呈现。在这一过程中，团队合作的精神无形之间被人们接受，代代相传，使得优秀文化得以传承，经久不衰。同时这种团队合作、团结互助的观念对于构

建和谐社会也有功不可没的作用，所以说要积极推动四川巴蜀龙舞文化的继承与发展。

（四）具有高度的教化意义

龙舞这一独特的文化运动不仅有很明显的娱乐性、健身性，更具有民族教育意义。广泛开展龙舞运动的学习，不仅有助于提高全民的身体素质，还可以增加国民对民族传统文化的了解，激发民族自豪感、自强感和自信心。同时，龙舞运动也是热爱生活、团结协作、拥有进取精神的一种深化教育。

三、四川龙舞文化发展的现状

四川龙舞文化具有独特的内涵以及丰富的价值，然而受到文化多元性趋势、市场经济等诸多因素的影响，近年来发展步履维艰。本文综合多种不同声音，对巴蜀龙舞文化进行系统分析，得出以下原因：

（一）文化的多元性发展阻碍龙舞文化的传播

在过去由于四川巴蜀独特的地理位置，交通发展落后，消息闭塞，人们在闲暇时光只能开展当地自发的代表着当地特色的休闲体育运动，在这种单一文化的氛围影响下，龙舞成为人民丰富业余生活的主要内容。随着改革开放政策的实施，极大地改善了人民的生活水平，交通的快速发展以及媒体资源的介入使得多元化的文化快速取代并丰富了当地的单一文化，人们逐渐吸收并融入多元文化的氛围中，闲暇时光人们更多的是喜欢看电视、打麻将等休闲娱乐，很少有人会再次拾起龙舞这一项运动。长此以往，龙舞的意识逐渐淡化，更甚者完全放弃了龙舞这项运动，这就阻碍了龙舞文化的传承与发展。

（二）市场经济条件下龙舞专业人士甚少

伴随着市场经济观念的影响，越来越多的人被"金本位"的观念束缚，加之竞争压力的加大，人们把更多的时间用于工作，希望获得更多的金钱，导致闲暇时间逐渐缩短，喜欢龙舞并且会龙舞的人越来越少，这种龙舞文化的发展断层现象加剧了四川巴蜀龙舞文化的传承与发展难度。

（三）缺乏龙舞经费的供给

过去的人们生活在一个宗族中，大家是一个整体，所以业余活动的进行有宗族的经费供给。在当今社会，人们都是独立的个体，龙舞运动的开展需要一定的经济投入，这就需要相关部门的支持与管理。然而在四川巴蜀，并没有一个社会机构或政府部门解决这一问题，文化的发展与经济政治脱节，这就阻碍了龙舞文化的发展传承。

（四）相关部门忽视龙舞文化的发展

继承和发扬传统文化需要政府和人民的共同努力，然而在该地区，政府相关部门的职责并没有较好的履行。由于各地都有龙舞活动的存在，使得该地区忽视了龙舞文化的发展。在当前社会发展趋势下，要想推进四川巴蜀龙舞文化的发展，必须找出一条与众不同的适合自己的发展道路，一味地模仿只会导致政策的失败。所以相关部门要反思自己，正确分析龙舞文化发展的重要作用，不断探索，推动当地文化的发展与传承。

四、四川巴蜀龙舞文化的传承与发展路径

（一）清晰认识龙舞文化的内涵

要想传承和发展龙舞文化，我们首先要科学地认识龙舞文化运动，科学地阐释龙是什么。龙并不存在于自然界中，它是远古人们人为的创造，基于对图腾的信仰和崇拜。在中国，龙是中华民族的象征，龙的精神就是民族精神，它凝聚着中华民族发展的力量。什么叫龙舞，还有竞技龙舞运动是什么，等等，这些都是龙舞文化的内容。只有将这些问题用现代语言科学地表述出来，人们才能对它加以认识，才会更好地推进未来的龙舞文化的发展。所以这也是推进文化发展的第一步，只有清晰认识这一内涵才可以推动龙舞文化更好地发展。

（二）开发四川巴蜀龙舞文化艺术形态发展圈

文化多元化的发展趋势下，制约了龙舞运动的开展，然而我们不应该单一的排斥文化多元化，更多的是要学会利用文化多元化趋势。可以开发四川巴蜀龙舞文化艺术形态发展圈，并利用文化多元发展下的媒体资源如电视、网络等，让更多的人知道巴蜀龙舞文化的存在，使其了解巴蜀龙舞文化，推进龙舞文化的传承与发展。

（三）促进四川巴蜀龙舞文化的多元性发展

随着经济的发展，在多元文化的形态下，巴蜀龙舞文化的形态表现形式也不应一成不变。在龙舞文化的传播过程中，要积极展示其健身娱乐的内涵，同时发挥其团队协作的精神，拓展巴蜀龙舞文化的多元发展。例如推动龙舞的竞技化是龙舞运动发展的一大趋势，因为要保证这一文化活动的长时间不衰，单单依靠在节日中的表演是不够的，通过国家层面的不同程度、不同风格的比赛，在这一辐射过程中宣传四川龙舞的文化内涵，使更多的人认识这一独特的地方文化，促进其更好地继承与发展。同时还要发挥这一文化的具体内涵，在弘扬这一文化活动过程中，它表达的精神既可以促进社会的和谐稳定发展又可以加强团队间的合作意识，它还是一种文化交流的桥梁，在人际交往中推动巴蜀龙舞文化的传播。

（四）建立相关组织或机构保障当地龙舞文化的发展

四川当地要想促进龙舞文化的继承和发展，首先必须延续龙舞这一文化活

动的开展，当地要建立相关部门、相关机构通过各种渠道筹措资金保证龙舞活动的顺利开展，同时培养更多的专业人才，使龙舞朝着文化产业性发展。例如举办龙舞的器械展览、龙舞运动服装展等，还可以尝试与著名体育服装的品牌合作，利用名牌效应加以推广，使用文化产业表达四川龙舞文化的独特内涵，既可以保证龙舞文化传播的资金供给，又可以达到继承与发展的效果。

（五）增加当地旅游文化的内容，宣传龙舞文化

四川巴蜀地区旅游资源丰富且有独特的地方风韵，随着旅游产业的迅速发展，要利用好四川地区旅游业这一优势，鼓励当地部门在旅游地区内部举办龙舞节日，以龙舞活动带动龙舞文化的宣传，以"龙"兴市。还可以直接将其作为一种独特的旅游资源加以开发，配合各种材料制作的龙具等手工作品去开发独特的龙舞文化体验、民间龙舞文化艺术场景观赏、龙舞文化展示馆等特色旅游项目，激发旅游者的旅游兴趣，通过旅游者加以宣传当地文化，运用发展的现代化眼光去推动四川龙舞文化的继承与发展。

五、小结

总而言之，继承和发展中国传统文化是我们每一个人义不容辞的责任，四川巴蜀龙舞文化作为一种地方文化同样需要当地人民的共同努力。纵观四川巴蜀龙舞文化，发展历史久远，代表了四川独具一格的地方韵味，尽管龙舞运动遍布中国各地，但都不尽相同，各有所长。在四川巴蜀的龙舞文化发展过程中，我们既要积极吸收其他地区文化发展的优秀部分，又要避免发展过程中的不足，避免重蹈它的覆辙，当地的相关部门和管理机构要充分认识当前的发展现状，同时又要把握住历史的发展机遇，努力进取，开拓创新。认真研究龙舞文化发展的不足之处，不被过去的辉煌所束缚，也不受当前的艰难发展所制约，努力运用发展的眼光看待龙舞文化的传承与发展，例如适当利用多元化的文化发展趋势，利用当地旅游的优势产业以及竞争意识等，弘扬当地的文化内涵，积极开发与众不同的特色文化，促进四川巴蜀龙舞文化的继承与发展。

参考文献：

[1] 刘昊，王定宣，刘中强. 麒麟舞研究 [J]. 体育文化导刊，2015（6）：49-51，60.

[2] 刘泽梅. 原生态"类体育"国家级非物质文化遗产的保护与传承研究——以四川泸州雨坛彩龙为例 [D]. 昆明：云南师范大学，2015.

［3］杨冠强.民族传统体育文化的整合及多元生态路径研究［J］.体育文化导刊，2016（5）：80-82，91.

［4］方征.少数民族传统体育文化多样性保护的人类学解读［J］.体育文化导刊，2016（5）：83-86.

［5］段晓娟.重庆地区北泉板凳龙舞研究［D］.重庆：重庆大学，2012.

［6］庞洁.论重庆铜梁龙舞的文化传承与审美特征［D］.重庆：重庆大学，2015.

［7］饶平.中国民族传统体育文化生态研究［D］.长沙：湖南师范大学，2015.

［8］谭广鑫，罗国旺.论少数民族传统体育遗产保护路径［J］.体育文化导刊，2016（5）：87-89.

（原文刊载于《时代教育》2016 年第 12 期）

文化生态视野下的本土音乐艺术实践

——以西南科技大学羌族音乐文化艺术实践为例

刘 芬

（西南科技大学文学与艺术学院；四川省绵阳市，621100）

摘 要： 本土音乐是地方性的民族音乐，是民族精神、风土人情、审美情趣的集中体现。西南科技大学近十年来在文化生态的视野下，以田野调查为基础，在独具特色的北川羌族自治县的文化生态圈内，将北川羌族民间艺术团设为本土音乐艺术实践教学基地，以"艺术实践"课程为载体，开展文化生态式的羌族音乐文化艺术实践，不仅走出了属于自己的本土音乐艺术实践之路，还在促进本土音乐的保护与传承方面起到了积极作用。

关键词： 文化生态；本土音乐；羌族音乐文化

"本土音乐"中的"本土"在《辞源》中意为"本乡、本地"；在《现代汉语词典》释为："乡土；原来生长地"。为此，似乎可以将"本土音乐"推意为"本地音乐"等。但如此简单的定义，就使其失去了自身所蕴含的深厚文化内涵和丰富的艺术形式。于是，结合文化生态理论，笔者认为对于"本土音乐"的理解和认识，应该将之放于其所生存和发展的生态环境和文化语境中，只有对其自身的内在秩序和规律进行研究和分析，才能让本土音乐在保持自身多样性的同时，拥有文化生态平衡，与周围的人事、环境和谐共存。

一、本土音乐在高校的教学与实践现状分析

本土音乐是各个地区的民族民间音乐，作为非物质文化形式，对于它的传

作者简介： 刘芬（1978—），女，硕士研究生，四川绵阳人，西南科技大学文学与艺术学院副教授。研究方向：民族音乐学 。

基金项目： 四川省教育厅人文社会科学重点研究基地——四川基层公共文化服务研究中心 2016 年度科研项目（项目编号：JY2015D01）。

承只能靠一代代的活体传承，即"人"的传承。高校在读生拥有广泛的传播途径，他们可以通过自己传播、人际传播以及各自专业领域传播等多种方式发挥其特有的传承优势；而高校拥有的教学资源、人文环境和科研水平等，也为本土音乐的传承和发展提供了重要的文化平台。

从原国家教委于1989年在《全国学校艺术教育总体规划》中对民间艺术教育做出明确规定，到《保护非物质文化遗产公约》于2003年10月在联合国教科文组织第32届大会上通过，音乐、舞蹈等民间文化遗产已经逐渐引起了社会的注意，各高校也在引入优秀的传统音乐文化和本土音乐方面进行了积极的实践。根据笔者对前期研究成果的梳理和分析，主要成果包括两个方面：其一，教学实践。具体内容有开设民族音乐文化的精品课程；邀请民间艺术家走进高校，现场授课；带学生走出课堂，进行田野调查；开展艺术实践周，将本土音乐文化纳入节目排练中；举行艺术实践专题汇报；等等。其中，颇具典型意义的有云南艺术学院及音乐学院面向该院全体学生开设的云南民族音乐课程，是本土音乐文化作为一种教学资源如何走进学校教育的一种积极尝试。长江师范学院通过收集整理并编辑出版乌江流域民族民间音乐教程，对本土音乐纳入课堂教学，使之常规化、日常化做出了有益尝试。其二，理论研究。如探讨将地方高校音乐教育引入本土音乐教育的意义；本土音乐作为独立课程的理论构想；本土音乐教育与全球文化生态平衡等。其中，周楷模于2002年在提出自然生态危机和文化生态观念的基础上向人们介绍了文化生态学的基本观念与文明选择，并强烈呼吁本土音乐教育要与文化生态平衡发展，他指出"切实的对策就是要坚定不移地、科学全面地发展并振兴本土文化。而发展的第一步是传承，传承就是教育。学校规范教育是国家的文化传承主流机制，它对本土文化的传承起着决定性的主导作用。"这一理论构想，给本土音乐进入高校提供了跨学科的研究方法，并激发教学实践者以理论和实践相结合的方式，科学、合理地将本土音乐教育运用到各自的教学与艺术实践中。

在肯定以上成果的同时，笔者也发现本土音乐的教学与艺术实践往往是碎片式的，缺乏延续性。究其重要原因之一，便是本土音乐有自身的文化语境，不能脱离滋养它的文化生态圈。而将本土音乐放在文化生态的大环境中对其进行研究和实践，较之孤立的、片段式的研究和实践具有更加深远的意义。以下便是笔者近年来在依托本土特色文化资源以及在文学生态的理论支持下，将本土音乐进行艺术实践的具体措施，希望能对教师和学者的研究起到抛砖引玉的作用。

二、文化生态滋养中的本土音乐

西南科技大学文学与艺术学院音乐系创立至今已整整十年时间。由于该校的音乐学和音乐表演专业不同于音乐院校的同名专业，更不是高师音乐教育专业，因此，根据办学定位和地理优势，设置符合自身特色的办学模式，把音乐学、音乐表演专业的学科建设与地方文化、经济的发展相结合，走出一条依托本土音乐的特色教学实践模式，是该校专业生存和发展的重要举措。西南科技大学位于四川省绵阳市，该市自公元前201年汉高祖设置涪县以来，已有2 200多年的建城史，其历史悠久，本土音乐种类丰富多样，除了川剧、木莲戏、川北民歌外，少数民族歌舞也是独具特色。其中北川羌族与平武白马藏族是境内最具民族风貌的两支少数民族，在强烈的地域性、历史性特色中，特定的自然地理环境与人文历史社会的时空交融及汇合，使它们体现出各自独特的品位和气质。根据学校所处的地理位置，笔者先后对平武白马藏族乡、四川民营川剧团典范——"川青苑"以及新北川羌族民间艺术团进行田野调查和对比研究，最后决定以北川县城为文化生态圈，以北川羌族民间艺术团为本土音乐艺术实践教学基地，以艺术实践课程为载体，开展文化生态式的羌族音乐文化艺术实践。

所谓的文化生态理论，其实质是指文化与环境（包括技术、资源和劳动）之间存在一种动态的、富有创造力的关系。羌族音乐文化离不开北川的人文、地理资源，离不开北川羌族人民的人力资源，更离不开震后北川的整体规划、布局所形成的新风貌，它们相互依托，不可分割。因此进行本土音乐的艺术实践在北川县城的文化生态圈中进行，可以给学生提供全方位的羌族风土人情体验，而将北川羌族民间艺术团设为教学实践基地，能为学生提供羌族音乐文化艺术实践的全部内容。一方面，"5·12"特大地震后，在全国人民的关注下，北川在不到两年的时间里获得重生。新建的北川县城融羌族风情、大禹文化和现代气息于一体，不仅是国家4A级旅游景区，更是一片充满着生命力的沃土。新县城的艺术中心、文化中心、以地域民族风情为主题的特色商业街"巴拉恰"以及采用实物、雕塑、全息画面等技术展示羌族民俗的博物馆，是羌族风土人情的立体式展示。另一方面，作为我国唯一的羌族自治县，没有文字，语言近乎消亡，音乐文化成为北川羌族人民寻找文化归属感和民族认同感的主要载体。震后第一时间组建的北川羌族民间艺术团，以保护和传承羌族传统文化为己任，是整个羌族地区唯一以非物质文化遗产保护为己任的团队。该队现在拥有团员93人左右，其中国家级非物质文化遗产传承人一人，省市级非物质文化遗产传承人 19 人，拥有羌族多声部民歌、羌笛、口弦、羌绣、羊皮鼓舞等国家级非物质文化遗产名目。组团以来，该团承担了北川县文化接待、慰问演出、民俗展演、剧目打造等工作，活动场次达 2 200 次以上，并多次赴国内外进行羌族文化交流和展演，羌族民间艺术团已经成为北川的文化名片。

三、西南科技大学对羌族音乐文化的艺术实践

西南科技大学对于羌族音乐文化的艺术实践主要始于感性认识和理性积累，并力求在演出和创作中得到升华，具体内容如下：第一，身临其境，感受羌情。由于北川羌族自治县是震后异地重建，不仅地理位置优越，交通便利，在尽量保留羌族建筑风格和民俗习惯的同时，还具备了整体布局的合理性和科学性。如文化中心是县城主轴线，碉楼、坡顶、木架梁等羌族传统建筑元素经过重构组合，成为建筑内外空间组织的主题，并强调了与新功能、新技术及新传统的完美结合；艺术中心建筑外形简洁完整，成为抗震纪念馆的良好背景，外墙材料采用白色和米色石材，隐喻羌族的白石崇拜等。让学生置身于这样一个由现代技术支撑又充满羌族风情的环境中，无疑是对羌族文化生态的全方位感受，这些丰富的感性认识，是促动他们参与演出和创作的原动力。而且，仅半个小时的车程，对于位于城市的高校来说，是十分难得的便利条件。因此，定期组织学生到北川感受羌族风情，成为艺术实践的第一个环节。第二，了解非遗，传承羌乐。羌笛演奏及制作技艺是第一批列入国家级非物质文化遗产名录的民间艺术品，由于它的制作工艺复杂，演奏技巧难度大，一直以来都面临传承人稀缺的局面，目前北川仅有 2 人精通羌笛的演奏。年仅 29 岁的北川羌族民间艺术团演员黄景何是羌笛的省级非遗传承人，他自幼学习羌笛的吹奏，并会唢呐等乐器的吹奏，虽然收入甚微，但却一直深深地热爱着他的事业。每当学生对他在吹奏羌笛时不断鼓起又瘪下去的面颊倍感兴趣时，他都会不厌其烦地向学生讲解羌笛的吹奏方法——"鼓腮换气法"以及羌笛的结构及其独特的艺术魅力，并鼓励学生们学习这种古老而又独特的乐器，将它永远地传承下去。口弦也是羌族独具特色的民间乐器之一，由于演奏时将弦片放在上下嘴唇之间，用右手有节奏地拉动线绳，并变换舌头的位置，运用口型的大小和口中气流强弱的变化，从而奏出优美的曲调而得名。艺术团演员李翠萍是口弦的"非遗"传承人，也是学生最感兴趣的团员之一。还有羌族多声部民歌、羌族羊皮鼓舞等"非遗"项目，都引起了学生极大的兴趣，相信不久的将来，这些乐器的演奏队伍中就会有学生的身影。第三，参与排练，体验羌音。北川羌

族民间艺术团演出活动频繁，可以给学生提供丰富的艺术实践机会。该团除每天上午 9 点至 11 点为固定的排练时间外，在"巴拉恰"广场还有丰富的常态民俗文化展演（每天上午 11 点至 12 点）以及羌族情景歌舞《禹羌部落》的演出。加之北川县委将艺术中心的文化艺术学校划归该团排练和办公使用，专门的排练场所和规范的琴房、宿舍，解决了学生进行艺术实践食宿方面的必备条件。经过多次调研以及和该团领导的商谈，西南科技大学文学与艺术学院已与北川羌族民间艺术团签订了合同，建立了长期的合作关系，并在北川艺术中心建立教学实践基地。此后，该校的学生每学期都将在北川艺术中心进行为期两周的全日制艺术实践。其间，学生还可以以一个演员的身份参与该团的日常排练和演出，在舞台和广场上体验羌族歌舞音乐的无穷魅力。第四，以演促创，羌风远扬。随着对羌族风情和歌舞艺术日益频繁的体验及参与，师生们怀揣着对羌族音乐的热爱，全身心地投入到羌族音乐文化的艺术实践之中。2013年，西南科技大学爱攀萨克斯管重奏团的《羌山音画》专场音乐会在省内多所高校巡演，获得了良好的社会效应。委托绵阳市本土作曲家——国家二级作曲倪朝辉先生创作的萨克斯管、钢琴五重奏《羌寨素描》，运用当代作曲技法与羌族元素相融的手法写成，作品中充满了对羌山、羌寨美景的描绘以及神秘的祭祀和畅饮咂酒欢乐场景的再现，是对羌族音乐的萨克斯风演绎；该乐团还将黄万品教授创作的合唱作品《羌族锅庄舞曲》改编为萨克斯管重奏乐，让听众在熟悉的旋律中体会管乐的魅力。2014 年，西南科技大学舞蹈团参加第七届四川省大学生艺术节获得一等奖的大型群舞《醉羌》，其音乐方面集羌族民歌特色旋律、羌笛、肩铃音色于一身；编排方面生动再现了热情奔放的羌族人民畅饮咂酒、引吭高歌、欢快起舞等场景；动作方面则是在长期研究羌族舞蹈元素的基础上，重点体现羌族肩、胯等部位的动作为特色，是融合了羌族音乐舞蹈元素的原创舞蹈。这些作品是对委托创作和改编富有地域性和民族特色的音乐作品的积极尝试，达到以演促创、以创助演的目的，使演出特色鲜明，个性彰显。

四、结语

通过两年多以北川文化与环境的合理利用为基础的本土音乐艺术实践，西南科技大学师生对羌族音乐文化从了解、接受到积极参与，收获颇丰。北川羌族民间艺术团也在和该校的多次接触中感受到了与高校合作的诸多益处，并准备以更大的力度与之合作，争取在双方互赢的前提下取得更大的发展。在2014 年 4 月 25 日召开的教育部产教融合发展战略国际论坛上，教育部副部长鲁昕提出的四点希望中指出，"学校要坚持产教融合、校企合作发展路径……主动加强与地方行业、企业合作，努力培养生产服务一线，适应产业转型升级的应用技术人才和适应文化建设、社会建设以及公共服务发展新需要的复合型、应用型人才……"笔者认为，西南科技大学与北川羌族民间艺术团的合作，已经迈出了教产融合的具有开创性的一步。相信通过长期的合作，西南科技大学不仅能在艺术实践中对羌族音乐文化进行更好的传承和发展，对于提高音乐、艺术等专业的社会影响力和知名度都会起到积极作用。同时，北川羌族民间艺术团也可以利用西南科技大学专业的编创团队、强大的科研力量以及先进的信息技术等手段来提高演员的专业素质，提升团队整体形象，在传承和发扬本土民族优秀文化传统的同时，走出一条属于自己的"星光大道"！

参考文献：

［1］申波. 云南本土民歌资源的文化守望与教学耕耘——"民歌进课堂"的一次有益尝试 ［J］. 中国音乐，2010（3）：248-250.

［2］周永红. 立足本土音乐文化完善高师音乐专业艺术实践教学——以长江师范学院乌江流域音乐文化艺术实践教学为例 ［J］. 大家，2010（16）：47-48.

［3］周凯模. 本土音乐教育与全球文化生态平衡 ［J］. 星海音乐学院学报，2003（1）：80-83.

［4］罗伯特·F. 墨菲. 文化与社会人类学引论 ［M］. 王卓君，吕迺基，译. 北京：商务印书馆，2009.

（原文刊载于《西南科技大学学报》2017年第5期）

雅安荥经国家级非物质文化遗产的
保护与传承

陆小路

（雅安职业技术学院；四川省雅安市，625000）

摘　要：四川省雅安市荥经县的荥经黑砂是国家级非物质文化遗产之一，理应得到保护与传承，但实际情况并非如此。对雅安市荥经县的学校进行深入调查，运用问卷调查法、访谈法与教师和学生进行沟通、交流，得知许多艺术院校的教师和学生对民间艺术认识较为浅显，且一些学校课程的设置偏向于美术，忽视了对民间艺术的学习。因此，文章最后提出对雅安市荥经县国家级非物质文化遗产保护与传承的途径及模式，以期为雅安市荥经县国家级非物质文化遗产保护与传承贡献一分力量。

关键词：雅安荥经；非物质文化遗产；保护与传承

一、前言

雅安市荥经县的荥经黑砂传统制作工艺，在 2008 年被国务院正式列入第二批国家级非物质文化遗产名录。在荥经非物质文化遗产的保护与传承中，将课堂教学与非物质文化遗产的保护与传承巧妙地结合起来，使其在保护与传承的过程中形成独特的办学特色，向世界展示自身的文化表现力。在现代艺术中融入传统的民间文化艺术，可使传统的民间文化艺术在新时期有新的文化知识内涵，使非物质文化遗产的保护与传承，在新时代的发展中体现出更大的价值。对非物质文化遗产尤其是传统的民间艺术以及它们独特的制作工艺的保护要从基础做起，在学生的学习内容中融入非物质文化遗产的保护与传承内容。

作者简介：陆小路（1982— ），雅安职业技术学院讲师，硕士研究生。

基金项目：四川省教育厅人文社会科学重点研究基地——四川基层公共文化服务研究中心 2017 年度科研项目（项目编号：JY2017C03）。

同时，雅安荥经国家级非物质文化遗产的保护与传承不只需要当今社会为此做出改变，其自身也不能墨守成规，也同样需要做出一些适应社会发展的变化。

中央美术学院的杨先让先生在1986年首先组建了民间美术系，他将民间美术纳入了我国高等教育的知识体系，从此民间美术系就将考察我国的民间美术作为自身的教学方式之一。之后，中央美术学院原民间美术室为了适应国际和国内的社会发展形势，发挥大学在文化遗产的传承和创新方面的作用，正式建立了"非物质文化遗产研究中心"，从而将民间美术作为人类文化遗产列入大学艺术教育，填补了我国学院派教育中长期忽视民间文化艺术的传统认知教育的空白。

二、雅安荥经非物质文化遗产在美术教育专业的传承历史与现状

传统民间文化艺术是艺术教育事业的重点之一，在当今学校教育教学中，依旧存在着对传统民间艺术的传承难题，需要对民间艺术的传承做出相应的改变，对非物质文化遗产的保护要从基础做起。

对于雅安荥经传统民间艺术的传承，没有得到学校教育的重视。美术教育依旧是以传统的美术为基础，对于国画、油画、版画和雕塑等比较大范围的艺术教学，以及对于素描、色彩和设计的学习都是相对单一的。艺术教师是由传统的艺术教学培养出来的，讲授的重点偏重于对艺术的使用，对于传统的民间艺术和民间艺术的审美是比较浅显的。而且，一些教师在学院派的影响下，对民间艺术不屑一顾，没有予以相应的尊重，以至于不想深入学习民间艺术。所以，在这类教师的影响下，学院的学生对于民间艺术没有足够的兴趣，从而导致民间艺术的传承被隔断。

民间艺术的传承方式比较单一，只是依靠简单的课程教学且课时相对较少，这也导致学生对于民间艺术的学习水平只保持在浅层的认识阶段，并没有深入到艺术层面。一些艺术类院校的艺术课程内容是比较全面的，但是对于民间艺术的教学却只是简单地"刷课时"。教学方法单一，且采用传统的教学方式，导致学生对民间艺术的了解只停留在浅显的认识层面。我国许多民间艺术是与实际操作互相联系的，大量的民间艺术都与技术操作有关，在教学过程中，教师如果对传统民间工艺没有足够深入的认识，就不能在艺术层面深刻认识传统文化。许多高校对于民间艺术课程还是采取照本宣科的传统教学方式，引导学生针对性地欣赏艺术品，忽略了对民间艺术的制作方法和工艺流程的介绍，没有给学生实践的机会，不利于学生艺术技能的提高。即使有教学实践活动，也只是一些简单的日常活动，例如剪纸，不能与当地的民间艺术相结合，

导致当地民间艺术与教学实际没有密切的联系。

三、雅安荥经非物质文化遗产在美术教育专业传承途径的改革

在现代美术专业中，将雅安荥经传统民间艺术转变为院校美术专业的必修课，并且结合工艺课程，在工艺课程中向学生展示和传授本地传统的民间艺术。将民间艺术的传承与高校美术的工艺课程相结合，不仅解决了目前民间艺术的传承和研究问题，也给高校学生的课程学习增加了乐趣，还解决了课程单一的局限。传统的民间艺术背后有着非物质文化的技术和文化艺术，雅安荥经传统民间艺术也是如此，传统的非物质文化与工艺流程结合产生的工艺课程作为高校艺术专业学生的课程是非常适合的，有利于培养非物质文化工作者和技术人才，也对工艺流程有着一定的积极作用。

（一）打破课程教学，丰富传承途径

民间美术在教育方面的传承不能仅停留于单一的课堂教学，还要通过各种渠道进行传播。可以鼓励学生创办一些民间美术艺术展，这种活动可以是学生相互交流的平台，让学生通过实践更好地体会民间艺术文化的精髓，可以在学校的博物馆、美术馆、图书馆等场所增加一些有关民间传统文化方面的资料，方便学生更深层次地研究和探讨民间传统文化艺术。学生对于非物质文化的教育不要止于接触水平，还应通过一些创造性和经常性的活动对资源进行利用。一些美术馆和博物馆可以为学生提供丰富的艺术体验机会。

学生可以通过观看一些民间艺术活动来学习"非遗"文化，相关院校可以举办文化节，为民间艺术增添一个展示的平台，保证学生在平台上互相交流，营造学习气氛，在艺术展的份额中增加民间艺术的比例。

（二）将民间美术元素与其他专业课程知识结合起来教学

文化是一个民族的血脉，是人民的精神家园。但许多优秀的民间美术文化以及各种非物质文化遗产正在悄悄消失，许多民间技艺的传承更是后继无人，形势不容乐观。所以，我们应该注入新鲜的血液，把传统文化融入思想道德教育、文化知识教育和社会实践教育的各个环节，把民间美术文化贯穿于职业教育、高等教育各个领域，鼓励各学校开设传统文化学科，在有关的专业学科课程中加入优秀的传统文化，提高学生学习传统文化的热情，增强学生对传统文化的保护意识。

但是，在注入新鲜血液的同时，也要保证传统文化自身的特色，尊重其差异性、多样性、做到和而不同；要取其精华，弃其糟粕；既要避免文化的单一性，也要避免其在传承中被同化。

要大力弘扬中华优秀传统文化，推动职业院校开展传承与创新传统文化的活动，共同保护中华民族文化的多样性，促进传统文化的传承和创新，推动民间传统文化艺术的大繁荣。

四、民间传统手工艺的传承模式

改革传统技艺的传承是延续民族文化的重要手段，高职院校艺术设计类专业的学生动手能力强，相关院校可以通过"非遗进校园"系列课程建设，分批次聘请传承人进课堂教学，运用教师和传承人的分段教学方式，对民间艺术的技艺进行当堂展示；也可以采用开放式课堂，举办一些专题讲座，使非物质文化与教学展示互相结合，对非物质文化遗产进行活态传承，进而保护非物质文化遗产，逐步研究非物质文化遗产的发展方式和发展方向。

美术资源和工艺智库、拓展职业教育优势资源研究以民间原生态文化信息的抢救、集聚、整理和研究为基础，以传统美术为资源，将之转化为艺术学院教学课程中的艺术知识资源库，进而可将非物质文化遗产使用到其他艺术课程中。充分发挥地缘优势，让传统与当代结合、本土与全球结合，形成职业学院办学特色，提升学院艺术职业教育的竞争力。

在学院教学与应用实践中融入雅安荥经地区非物质文化遗产传承技艺，这样，学生可以在此基础上进行创新，既习得了传统技艺，又融合了所学知识，还能获得人才市场的认可。相关政策也要更加完善，加大对学校的支持力度，以保证非物质文化遗产在高校内获得更好的传承和发展。

五、结语

非物质文化遗产对于人类来说是一笔至关重要的财富，要及时地将它传承下去，这对以后的发展和历史的传承都是有积极作用的，正所谓对文化负责，就是对社会和历史负责。利用现有的对非物质文化遗产的认识，对非物质文化遗产进行传承，让人们在传承过程中认识非物质文化遗产的重要性和有效性。对非物质文化遗产的投入越多，得到的物质效益就越高，这样，在发展的过程中，每一个个体在非物质文化遗产的传承中才能发挥自身的优势，促进非物质文化遗产的教育传承。对非物质文化遗产的传承，除了以教育的方式传承外，还要加强对教育以外的传承方式的研究，重视对非物质文化遗产的传承过程中的文化传承和价值传承。

参考文献:

［1］周兰. 荥经县非物质文化遗产保护问题与对策［J］. 海峡科技与产业，2017（8）：109-104.

［2］王艺霖，杨明达. 民族灵魂，现代精神——荥经砂器艺术的传承与发展［J］. 美术教育研究，2016（12）：18-19.

［3］杨桃，白晨，廖露. 国家级非物质文化遗产—荥经黑砂设计的传承与创新［J］. 中国科技博览，2014（26）：273.

（原文刊载于《美术文献》2018年第3期）

第四部分
文化产业与经济发展

文化扶贫对贫困地区产业发展的
支撑作用研究

封 伟

（四川交通职业技术学院；四川省成都市，611130）

摘 要：本文在梳理已有关于文化扶贫和新农村建设的研究成果的基础上，总结贫困地区新农村建设中文化扶贫取得的成就及突出问题，分析贫困地区新农村建设中文化扶贫难以深入的原因，提出可供参考的完善新农村建设中有关文化扶贫的建议和对策。

关键词：文化扶贫；贫困地区；产业发展；建议和对策

一、绪论

（一）问题的提出

文化是一个国家、民族或区域经济发展中最为根本和长远的历史底蕴，也是一个民族或区域在特定的历史时期、人文风情、风俗习俗、文艺思想和价值理念等方面长期积淀而形成的社会发展产物。过去我国专家或学者都非常专注于以经济建设为中心，对于文化的关注相对较少。随着社会经济水平和人们的生活质量日益提高，文化对于社会经济发展和民生工程改造极具深刻的影响力和宏博的内涵。我国经济社会发展进入到当前的形态，其文化的重要性也更是日益凸显，已进一步上升为社会经济发展的核心要素。文化如水，润物无声，社会经济发展的各个行业、各个门类都需要自觉地融入"文化+"。因此我国的社会经济领域也就慢慢引入了"文化+"的名词，"文化+"则是在相关事业

作者简介：封伟，四川交通职业技术学院经济管理系教授，高级经济师。主要研究方向：经济管理。

基金项目：四川省教育厅人文社会科学重点研究基地——四川基层公共文化服务研究中心 2017 年度科研项目（项目编号：JY2017B02）。

和产业经济中注入了文化的新元素，将在我们的社会经济中呈现出千姿百态、绚丽多样的文化新形态。文化将像水一样，能够渗透我们生活的各个细胞。文化产业也会成为我国经济的重要支撑，并正在向支柱性产业进发。但当前许多领域的文化消费缺口还很大，主要还是因为当前的社会经济各个领域对供给侧"文化+"重视不够，由于我国市场经济发展时间短、市场化与法制化程度也不高，忽视人文价值所致。这一方面容易造成中国传统文化遗产的失落，另一方面也会因为没有核心内容而导致文化走不出去。因此，我们需要对这些民族文化遗产通过产业化运营的方式加以保护和开发，让中国优秀的文化产品走出去，而文化先行才是一场文明沟通、灵魂交会的大工程。

2017年党的十九大报告中已明确指出，要坚持中国特色社会主义文化发展道路，激发全民族文化创新创造活力，建设社会主义文化强国；要深入挖掘中华优秀传统文化蕴含的思想观念、人文精神、道德规范，结合时代要求继承创新，让中华文化展现出永久魅力和时代风采。特别是在2018年3月的两会上，乡村振兴、扶贫以及医疗队伍建设等民生议题成为各界关注的重点。随着扶贫工作的不断深入和不断变化着的农村贫困新形势，对贫困产生的原因的认识也不断深化，由起初的将贫困归结为恶劣的自然条件转移到扶贫对象自身的文化素质、发展能力上。贫困，绝不仅是一种自然现象，亦不单是一种经济问题，更主要的是一种社会文化现象；它不仅与自然环境、自然生态有关，而且与人文环境或人文生态有着更为密切的关系，贫困文化是导致贫困的根源所在。因此，相应的我国的扶贫战略也由扶持贫困地区向扶持贫困人口转变，由"输血"到"造血"再到"扶人"的转变。正如贫困地区农村干部所说的"没有文化富不了，有了文化穷不长"，多年来农村工作的实践证明，民众文化素质、技术能力和思想道德水平关系到民众能否摆脱贫困，关系到新农村建设的进展能否顺利，也关系到全面建设小康社会的宏伟目标能否达成。要彻底摆脱农村的贫困状况必须从贫困的主体"人"入手，扶贫先扶"智"，"治贫"必先"治愚"，消除农村贫困文化，走文化扶贫之路则是消除贫困工作的一个关键点。

（二）本文研究的理论意义和应用价值

1. 本文研究的理论意义

本文研究的理论意义在于：贫困地区的农村扶贫工作是一个复杂而动态的管理过程，随着当前我国贫困地区的扶贫实践逐渐深入，针对贫困问题的新情况也在不断出现，扶贫理论更需要与时俱进，不断充实发展。为此，贫困地区的文化扶贫工作旨在能通过运用文化力量和文化渠道帮助贫困地区的人民实现脱贫致富，这才是根本性扶贫。另外，建设社会主义新农村理论与文化扶贫相关理论相结合，对我国反贫困理论探讨也是一个非常有益的补充，有利于能进一步丰富贫困理论的研究成果，也可以为相关部门制定扶贫政策提供一定的参考性意见。

2. 本文研究的应用价值

本文研究的应用价值在于：文化扶贫有助于缩小贫困地区的城乡差距，尽量实现社会公平。贫困现象的存在也会影响社会的稳定与和谐，而文化扶贫往往能用最少的钱，获取最大的效果，大力发展农村的文化事业，提高民众的思想文化素质和科学技术水平促进农村经济发展，从根本上改善民众生活，减缓贫困，进而缩小城乡差距，达到共同富裕。文化扶贫为新农村建设扫清障碍、奠定基础，为农村发展提供精神动力和智力支持。农村发展的关键在民众，贫困地区民众接受新事物的能力差，参与市场竞争能力和应变能力缺乏，各项扶贫政策难以得到真正贯彻落实，文化扶贫重视对贫困地区人的文化塑造，针对性的提高民众的经济知识、管理知识和自身的综合发展能力，促进农业的现代化，实现脱贫致富，是新农村建设不容忽视的"软力量"和"无形推手"。

（三）本文研究的现状

文化是一个国家、民族的灵魂，在产业经济的发展中具有重要的推动和引领作用，是产业发展的内在质量保证，有利于促进贫困地区特色文化产业的顺利发展。文化在产业发展中具有引领作用，是产业发展的灵魂，是展示区域经济核心竞争力的重要因素。文化因素致贫也逐渐引起了国内学者的关注，而关于对文化扶贫的研究通常都是从对"贫困文化"和"文化贫困"的论述开始的。中国农村贫困问题的学者辛秋水（2010）经过长达数年的文化扶贫理论和实践探索，最先认识到内在的制约农村社会发展的症结和根源就是区域内民主、科学、进步文化的贫困。通过调查对比发现贫困户和生活富裕家庭的差别在于户主是否有文化，人的素质差别、价值观念及其生活方式决定着人们是否贫困的命运，扭转贫困面貌需从智力、信息、观念、文化方面花大力气、下大功夫。学者吴理财（2001）则辩证地认为贫困文化在某种程度上更有利于维护社会秩序和安定，只有当它的价值、信仰、规范与社会产生对立冲突时，才可能会发挥出反文化的消极功能。

笔者大致综合分析所搜集的文献资料，在研究文化扶贫时，大家都很容易把"文化贫困"和"贫困文化"两个词汇混为一谈，"文化贫困"中的"文化"几乎可以等同于"知识"一词,"文化贫困"也可以进一步地从知识层面上进行理解与认识,它主要反映的应该是人们的智力状态。而"贫困文化"则基于文化形态层面,反映的是人们所拥有的一种安于贫困的价值观念,"贫困文化"中的文化范畴则更容易能超过"知识"的范畴,它则更为广泛地涵盖了许多内容。本文认为,"文化贫困"与"贫困文化"虽不能完全等同,但因对文化扶贫的内涵界定不构成影响且区分有一定的难度,所以没有对其做出更严格意义上的区分。

综观现有文化扶贫的研究文献,多数学者针对贫困文化的内涵、表现形式和如何实施都进行了概括和总结,这对本文研究也奠定了一定的基础。然而,对何为文化扶贫却没有一个直接的定义,只是借助"贫困文化"和"文化贫困"的间接表达,对文化扶贫的内容、达到什么样的目标,在研究上也还是有所欠缺,不够完整。此外,文化扶贫的主体并不是单一的,社会组织和民众自身的主人翁作用同样不容小觑,而已有文献更没有在这方面详细阐述。

(四) 本文研究的视角、方法及研究路径

1. 本文研究的视角

本文研究的视角是以文化扶贫对贫困地区产业发展的支撑作用为载体,深度挖掘贫困地区的特色文化资源,使文化扶贫与贫困地区的产业发展有机融合对接和协同发展。

文化扶贫政策是推动我国贫困地区经济发展的重要措施,也是实现社会公平和全面小康以及社会和谐发展的重要途径。回顾过去,我国的农村扶贫方式是在贫富差距日渐加剧的情况下,为了消除不平等所带来的社会隐患而采取的行动。虽然我们在贫困地区的扶贫工作上也取得了一些成绩,但并没有彻底改变山区贫困贫穷落后的面貌。用这种开仓赈灾的方式进行社会救济,结果只能是资源被消耗、生态被破坏,民众依然难以富裕起来。因为从输血到造血的这种开发式扶贫,还是存在着许多难以考虑到的实际问题,扶贫效果如何、应如何优化都会缺少深入探索和细致研究。近些年,我国农村文化扶贫方式虽然也在不断发生转变,国家也越来越重视文化对经济发展的作用,已逐渐从"输血—造血"过渡至"文化扶贫",这是我国不断探索物质扶贫方式而产生出来的结果。因此,全面推进文化扶贫,加强文化扶贫力度,以先进文化代替贫困文化不仅是扶贫的根本之路,也是促进农村产业化的必由之路。

本文旨在能进一步试图在全面建成小康社会的视野下,从贫困山区文化扶贫的角度去研究分析当前我国农村文化扶贫在贫困地区产业发展中的重要支撑作用，然后再从文化扶贫对贫困地区区域经济的实际影响进行剖析，试图能够提出一些具有建设性和积极性的探索性建议。

2. 本文研究的方法

本本文共包括三个方面的研究，拟通过三个阶段来完成。

（1）第一阶段为准备阶段，是本文研究的基础部分，包括文献综述、访谈和比较分析法，为整个研究奠定理论基础。

①文献综述法：主要通过文献检索，搜集相关资料，对已有的研究成果进行分析和借鉴，为本文研究提供整体思路和理论准备。

②访谈法：组织相关成员对贫困地区进行深入的实地考察和调研，全面掌握第一手资料，结合地方上的政策资料对产业发展和传承文化进行理论探讨，了解贫困地区文化传播的实际情况，然后有针对性地开展课题研究。

③比较分析法：通过采集历史性统计数据对扶贫效果进行监测，以期对其发展脉络有一个详细地了解，得出一些现实启示和教训，阐明文化扶贫的必要性，为文化扶贫的实施提供借鉴。

（2）第二阶段为研究阶段，是本文研究的核心部分，包括三项实体效应分析研究，即分别对文化扶贫和产业发展的内涵、特点以及文化传承意义进行分析；在系统研究产业发展的基础上，探讨文化扶贫和产业发展的融合对接与协同发展的机制；揭示文化传承的基本规律，为在产业化发展过程中更好地传承特色文化提供借鉴。

（3）第三阶段为讨论部分，是本文研究的结论部分，对研究结果进行归纳总结和理论意义上的提升，同时针对文化扶贫和产业发展规律做现实思考，探寻文化扶贫对贫困地区产业发展的支撑作用与协同发展机制。

3. 本文研究的路径

本文主要是遵循"提出问题—分析问题—解决问题"的思维层次和"课题立意—理论构建—分微观、中观和宏观三个层面进行贫困地区的产业发展的支撑内涵及可行性分析——路径选择"的逻辑思路，尽力将理论探讨与支撑机制分析相结合、文献查阅与实地调研相结合，以及针对文化扶贫对贫困地区产业发展的支撑作用的技术路线进行研究，进而分析其文化扶贫对贫困地区产业发展的支撑机制。

具体研究的技术路线如图 1 所示：

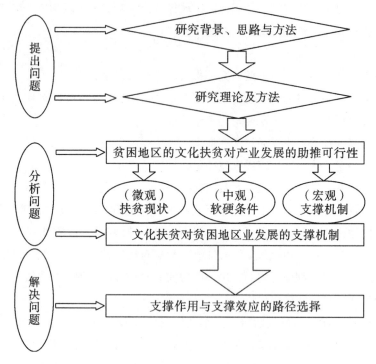

图 1　具体研究的技术路线图

（五）本文研究的目的与创新点

1. 本文研究的目的

（1）梳理目前我国已有关于文化扶贫和新农村建设的研究成果，通过对贫困地区文化扶贫的核心概念的界定以及对本文的理论基础和贫困地区新农村建设与文化的逻辑统一性进行全面分析与观察，为今后的深入研究奠定基础。

（2）通过历史资料分析对文化扶贫在我国的产业发展的作用，总结在贫困地区新农村建设中文化扶贫所取得的成就和突出问题分析，通过案例、调研所掌握的情况针对贫困地区新农村建设中文化扶贫难以深入的原因进行分析，提出几条可供参考的完善新农村建设中的文化扶贫建议及对策，力图为我国农村消除贫困的理论和实践做出有益贡献。

2. 本文研究的创新点

（1）研究方法上的创新。本文主要以归纳分析与比较分析相结合的方法；同时，也稍微涉及其他一些方法，如实证分析、宏观到微观分析等。

（2）研究内容上的创新。本文通过对贫困地区文化扶贫模式的研究，来阐述农村文化扶贫在产业发展中的重要支撑作用。

（3）研究框架的创新。本文主要以四川巴中地区的个案为支撑点，以文化扶贫为逻辑主线，以点带面，层层剖析，以求得主观层面上较为恒定的指导要素。

（六）课题研究的理论基础

文化是一个民族或区域在特定的历史时期、人文风情、风俗习俗、文艺思想和价值理念等方面长期积淀而形成的社会发展产物。与文化扶贫相关联的理论相对较多，本文在此重点分析了文化生产力理论、文化产业竞争力理论以及文化可持续发展理论。

1. 文化生产力理论

马克思主义曾指出没有生产力的生产是不存在的。人类用思维和技术借助生产工具和生产资料进行生产活动。文化产业的生产是国民经济的一部分，所以文化也属于社会生产力。人类总是在一定的社会生产力水平基础上发展的。文化生产虽历史悠久，但文化生产力的形成和发展是与不同的历史阶段相适应的。文化生产力理论表明文化是一种生产，而且是一种大规模的社会生产，它具有流通、交换、消费等社会生产中最基本的方面。文化生产力作为社会生产力的一部分，现代文化生产随着信息时代的来临已成为现代化大生产的一部分，特别是有许多影音、出版、娱乐等产业都已先后发展成为当今的产业集团，成为产业经济结构的重要组成部分，甚至成为一个国家或区域的支柱产业。另外，文化艺术作为精神方面的生产力同样存在着其独有的生产方式，有着其具体的形成过程和生产者创造能力的要求，但同样也要受到生产条件等制约。因此，文化生产力就是以人类社会的各种观念思想、意识、艺术文化等精神形态为基础，结合现代生产力转变为推动人类发展的物质生产力。那么，文化生产力的具体作用主要表现为以下几个方面：

（1）文化生产力作为现代生产力的产物，不仅能为社会带来物质财富，也能促进人们的精神发展。伴随着现代生产力在文化思想中的应用水平不断提高，文化生产力在很大程度上与现代生产力水平的发展呈正比例关系。在接受现代生产力作用后，文化生产力也能不断地增强社会组织的凝聚力，进而促进现代生产力的更新和发展。例如现在很多企业都逐渐重视企业文化的建设与发展，即通过企业文化的指导和影响来推动企业员工工作效率的提升；反之，企业员工对企业文化的认可也是提高自身劳动效率的前提。两者相互作用，共同发展。

（2）随着人们对物质生活的需求越来越高，文化作为独立的产业，其在市场竞争中也逐步取得了许多优势。人们的生活已经由单纯的物质需求转变为深刻的精神需求，因此以具体物质为代表的产业生产必然转化为以满足人们精神需求为目标的非物质产业，文化产业就是非物质产业的典型代表。以人类文化为核心的文化产业日益成为推动国民经济增长的重要部分。文化这一非物质因素也通过文化产业逐渐转变成社会的直接生产力，为产业经济发展做出贡献的同时，也满足了人们对精神生活追求的渴望。

（3）文化生产力理论伴随着可持续发展观已经推行到了社会的各个侧面、各个领域和各个环节，但许多国家想要实现社会效益、经济效益与环境效益的协调发展却是社会必须面临的重要课题。发展文化生产力要求必须贯彻可持续发展观的有效措施。文化生产力具有导向性、前瞻性、能动性，能有效协调人们的物质需求和精神需求，使人们拥有健康、持久的精神生活。文化生产力作为反映社会实践的有效艺术形式，陪伴人类走过漫长的历史。如今通过现代生产力转变为创造价值的产业，不仅能满足人们对经济增长的需求，同时是完成文化传承的重要方式。因此，文化生产力势必在知识经济占主导地位的今天去引导社会和谐发展。

因此，分析文化生产力理论，为本文的研究内容提供了一个解题的思路。以人类文化为核心的文化产业日益成为推动国民经济增长的重要部分，要想攻破贫困地区产业经济的快速发展，让人们拥有健康、持久的精神生活，就必须得合理、有效地运用文化的促进力和助推力，这实际就是一种社会生产力。

2. 文化产业竞争力理论

文化产业是指以文化为核心发展的企业产品和服务，这些产品和服务就成为社会竞争的最终检验结论。伴随社会行业或企业间竞争的日益加剧，文化产业作为增加市场占有率、为其带来利益的产业，逐渐成为中观层次产业竞争力的代表。文化产业不仅是企业竞争优势与企业产品的有效结合，同时也是构成社会有机竞争力的重要部分。文化产业作为社会文化的延伸结果，具备竞争的基础优势；同时文化产业对区域文化的传承和发展也有着极大的推动作用。因此，不管是行业市场还是企业市场，文化产业都具有较强的竞争力。文化产业竞争力理论由此而生。文化产业竞争力理论有如下观点：

（1）文化产业竞争力是以社会文化或区域文化为核心，通过现代科技将其转变为产品和服务，最终能为其经济发展做出贡献。

（2）作为竞争实力的一种，文化产业竞争力必须具备基础的生存能力和较好的发展潜力。

（3）文化产业的繁荣发展势必造成文化产业竞争力的增长，这是文化产业竞争力的正方向；反之，文化产业的衰退落后势必造成义化产业竞争力的降低，这是文化产业竞争力的负方向。由此可见，在实际运用中，文化产业竞争力是可衡量的或可预期的。

（4）文化产业竞争力的价值不仅体现在它能为社会贡献经济利益，也蕴含着它能带给社会许多非物化价值。文化产业竞争力的物质价值指标主要表现为文化产业带来的价值贡献、文化产业对劳动力素质的提升、文化产业的投资回报率等。而通过文化产业形式转变为创造价值的能力则是文化产业竞争力的非物化价值。当然文化产业竞争力所带给社会的文化传承和文化传播等价值则是当今社会无法具体衡量的。

（5）对文化产业竞争力的价值评价则必须着眼于文化产业运行系统，具体来说主要有三个评价层次：①文化产业系统运作能力；②文化产业系统因素间的配合能力；③文化产业的发展潜力。

（6）文化产业竞争力由于具备物质价值和非物化价值，因此可以用硬性竞争力和软性竞争力归类文化产业竞争力的各项因子。自然因素和人为因素分别以线性和非线性形态存在于文化产业竞争力中。

（7）文化产业竞争力的终极目标是提高其综合竞争力，因此，文化产业竞争力的创造价值是提高行业地位的重要因素，因此比一般产业更具发展潜力和竞争优势。文化产业的繁荣不仅需要具备优秀的文化基础，同时要能适应现代科技，为现代人所接受。在此基础上产生的文化产业竞争力才能切实为其综合竞争力的提高做出贡献。

总而言之，本文从文化产业竞争力理论中发现，产业之间存在着相互竞争力。文化产业竞争力的价值不仅体现在它能为社会贡献经济利益，也蕴含着它能带给社会许多非物化价值，这就为本文的研究提供了一个很好的分析思路。

3. 文化可持续发展理论

可持续发展理论当今备受各行业、各领域的推崇。文化可持续发展理论要求在社会经济发展的同时，一定要关注对自然环境和生态环境的保护；同时可持续发展观的协调性要求也使人们日益重视经济发展的质量和日常生活质量。为了更好地实现经济与环境的协调发展，必须不断提升劳动者素质，为社会发展、经济进步与文化前行奠定坚实的基础。可持续发展是保障人类后代永久发展的根本前提，需要当代人不断优化发展环境，尤其要注重对文化环境的优化。当代人不仅应根据本地实际情况制定适宜的经济发展战略，同时还应关注环境保护与文化传承。伴随部分地区生态环境的破坏，我们需要更多地重视单纯经济价值观给社会带来的不良影响，构建生态环境、文化环境与经济共同持续发展的价值理论。因此，对于文化产业而言，可持续观念的应用也是确保文化产业持续健康发展的前提。

文化产业是指以文化资源为生产对象的新型产业。伴随国民经济的发展，文化产业成为社会发展的新宠。目前，文化产业作为技术含量较高的产业一般也能获得较高的投资回报。文化产业与其他产业相似，越来越依靠科技的发展。随着文化产业的自主创新，同时更多的实用知识注入了文化产品，逐渐形成了以科技技术为平台的文化创意产业。文化创意产业不仅具备传统文化产业的文化传导功能，同时利用现代科技技术为文化知识的推广也同样提供了更能让人们接受的方式。新文化智能资源是文化创意产业的重要内容，也是生态文化建设的新目标。生态文化创意是创意人利用先进的科技结合传统文化制造出文化传播的新产物。

然而，伴随经济水平的提高，科技呈现着日新月异的变化，很多国家的资源和环境受到了掠夺和破坏，很多国家以经济发展为中心，却忽略了人文的发展和环境的保护，长此以往，必然将人类推向毁灭。由此可见，建立生态文明为基础的社会是区域产业经济发展的客观基础。尤其对于不可再生资源而言，若是被当代社会发展破坏，人类后代便再无可用资源。可持续发展观念强调"协调共存"，不仅是人与自然的和谐发展，更要求人与人、人与社会的和谐发展。因此，实现经济发展、社会人类发展与环境发展的和谐共存是可持续发展对社会提出的重要课题。可持续发展具备以下特点：

（1）普遍性。科技、经济、社会的迅猛发展和经济水平的日益提高，各个区域都显现着不同程度的环境问题，自然资源遭受到严重破坏。可持续发展战略是改善自然资源压力、建立社会经济与自然资源和谐发展的有效方法，它能有效地解决人口增长与环境保护、经济发展与社会效益的协调统一。

（2）地域性。人类发展经历了不同的文化历史，只有因地制宜、因时制宜地实施可持续发展战略，保证经济发展的同时维护自然环境，才能确保资源的长期利用。

（3）可持续性。社会发展离不开各项资源，有的资源具有不可再生性，人类发展势必陷入极大的危机。科技发展为人类带来快捷高效的生活方式的同时，也为人类的环境带来了高污染和高破坏。不能只顾当代人的发展需求，还必须以未来人类发展需求为基础，寻求人类的永久发展。因此，可持续发展战略正是基于该观点提出了具体建议，即人类的经济社会发展必须以维护后代可用资源为前提，在保障满足当代人需求的基础上创造发展价值。必须采取措施切实保护生态环境，实现经济效益、社会效益和环境效益的高效统一，确保资源的可持续性。

可持续发展观是指导人们生活各方面的重要理念，对文化发展而言，深入落实和贯彻可持续发展观非常重要。建设可持续发展的、健康的生态文化，才能使人类与时俱进，才能符合人类发展的绿色道路。文化发展要重视产业结构的建设，以人们日益增长的精神文化需求为核心，创造有利于满足当前人们利益需求和未来社会发展的文化形态。

总而言之，本文从可持续发展理论中发现，生态文化是满足符合可持续发展观的文化形态。作为文化的生存方式，人不能否认自然价值的存在。根据现有的自然资源去创造文化价值，且在这个过程中不去破坏未来的自然资源，这是现阶段我们面临的生态文化建设课题。如今有太多国家和地区过于单一地注重经济的发展，忽略了人类社会生存生产环境，带来了生态的极大破坏，打破了自然和人类的和谐共存。伴随可持续发展观在各行业的深入贯彻，生态文化的建设也势在必行，需要人们渐趋进取。可持续发展理论为文化扶贫的课题研究提供了很好的研究思路。

二、文化扶贫与产业发展的基本概述

文化不仅是一个地区或区域民族内涵的基本体现，更是衡量一个国家或社会是否具有发展潜力和动力的依据，也是一个国家或区域的灵魂和活力之源。因此，要在促进新农村经济建设与文化建设中找到一个合理的平衡点，在经济扶贫的基础上进一步推行文化扶贫，使得新农村文化得到和谐发展，并成为当前我国理论界和实务界备受关注的研究课题。

（一）"文化"词汇的理解

"文化"有一个非常宽泛的概念。据史料记载，"文化"一词最早出自《易经》："观乎天文，以察时变；观乎人文，以化成天下。""文化"即由"人文化成"演变而来，含有文治教化之意。所谓"文"，《说文解字》注曰："文，错画也，象交文。"即一种象形的东西。所谓"化"，《说文解字》曰："教，行也，从人从匕"，而"匕"者，"变也，从倒人"。"文"和"化"连在一起，《周易》："文化何来，有人化文""文化何用，有文化人"，意思是人创造了文化，文化反过来又要"化"人。提高人、塑造人、培养人是文化的功能和作用。所以，中国古时的"文化"意为"文治和教化"，属于人类创造的精神文化。

当前的"文化"词汇大致可从四个方面进行理解：

（1）狭义的"文化"，也称为人文文化。它是专著人类的精神创造及其成果，即指意识形态所创造的精神财富，包括宗教信仰、道德情操、学术思想、文学艺术、科学技术、各种制度等。它排除人类社会历史生活中关于物质创造活动及其结果的部分，专注于精神创造活动及其结果，主要是心态文化，所以，又称为小文化。

（2）广义的"文化"，也叫大文化。它是指各种政治、经济、语言、习惯、风俗、器物等精神的和物质的综合体，即指人类在社会历史实践中所创造的物质财富和精神财富的总和。

（3）运用文字的能力及具有的书本知识。譬如"毕业学校""文化程度"等。

（4）考古学用语。它主要是指同一历史时期的不依分布地点为转移的遗迹、遗物的综合体。同样的工具、用具以及同样的制造技术等，是同一种文化的特征。如仰韶文化（中国新石器时代的一种彩陶文化，它是汉族远祖先民的文化遗存综合体，出土的文物有着统一的文化特征）、龙山文化等。

总之，文化可以说就是一种社会现象，是人们长期创造形成的产物；同时又是一种历史现象，是社会历史的积淀物。确切地说，文化指的是一个国家或民族的历史、地理、风土人情、传统习俗、生活方式、文学艺术、行为规范、思维方式、价值观念等。

（二）贫困地区文化的内涵

1. 贫困地区的划分

贫困作为一个复杂的社会难题，一直伴随着人类社会的存在和发展，它不仅仅折射出一个地区或家庭的经济状况，同时也内存着深刻的历史与文化内涵。单从经济学角度来看，贫困就是由于个体的经济或资源收益低于其达到最低生活保障需求或可忍受的最低生活标准的一种经济状况。为此，国家也依据一定的标准划定出了国家级贫困县的范围。国家级贫困县，又称国家扶贫工作重点县，是国家为帮助贫困地区设立的一种标准。国家对重点县的数量主要是采用"631指数法"测定，即贫困人口（占全国比例）占60%的权重（其中绝对贫困人口与低收入人口各占80%与20%比例）；民众人均纯收入较低的县数（占全国比例）占30%的权重；人均GDP低的县数以及人均财政收入低的县数占10%的权重。其中：人均低收入以1 300元为标准，老区、少数民族边疆地区以1 500元为标准；人均GDP以2 700元为标准；人均财政收入以120元为标准。目前共有592个国家贫困县（包括县级行政单位区、旗、县级市）。665个国家级贫困县分布于全中国21个省级行政区内，以云南省为最，其后为陕西省与贵州省以及后续的甘肃省等。全国665个国家级贫困县主要分布于河北、山西、内蒙古、吉林、黑龙江、安徽、江西、湖北、湖南、广西、海南、陕西、甘肃、青海、宁夏、新疆、西藏、重庆、贵州、云南、四川等区域。其中，四川又主要分布于平昌县、通江县、南江县、叙永县、古蔺县、朝天区、旺苍县、苍溪县、马边县、嘉陵区、南部县、仪陇县、阆中市、屏山县、广安区、宣汉县、万源市、小金县、黑水县、壤塘县、甘孜县、德格县、石渠县、色达县、理塘县、木里县、盐源县、普格县、布拖县、金阳县、昭觉县、喜德县、越西县、甘洛县、美姑县、雷波县等地区。国家级贫困县主要集中在中西部地区，且大多集中于革命老区、少数民族地区以及边疆地区（通常合称为"老少边穷"）。因此，因范畴太大，为把握本文研究的深度，笔者主要依托四川省东部革命老区的经济贫困和文化贫困来着手进行相关研究。

2. 贫困地区文化的含义

要研究文化扶贫，就必须研究贫困地区的文化内涵。经济全球化的浪潮波及了世界的每一个区域，也给区域文化带来了新的资讯和挑战，其中贫困地区的文化建设也受到了极大的影响。贫困地区的文化主要有广义和狭义两种。

（1）广义的贫困地区文化主要是指在特定区域范围内，以地域为研究对象的物质文化和精神文化的总和，是社会经济和政治生活等在特定区域内的综合反映，它涵盖了民众的价值取向、思维模式、民族艺术、风俗习惯、社会生活特点、文化的表现形式及功能机制等。

（2）狭义的贫困地区文化主要是指在贫困地区的民众所拥有的文化水平、思想观念以及在历史长河中经过沉淀下来的传统的思维模式、对人对事的态度、认知方式、价值观念的体现、人生追求、情感发展的状态及生活方式等心理思维方式的组成结构，在潜移默化的影响下所形成的地域民众式的思维方式。因此，贫困地区文化表达的是民众的内心世界、人格特征以及文明程度。

3. 贫困文化的表现形式

从某个角度看，贫困文化就是传统的一种小农文化。贫困文化是民众在长期的生活环境中因某种社会的、习俗的或心理的因素促成的一种社会积淀，是贫困者对贫困的一种适应或自我维护。它会使长期生活在这个环境中的人形成一种消极的价值取向和一成不变的思维定式，并与"目光短浅""空虚无聊""听天由命""自暴自弃"相联系，是个人、家庭和社会贫困的根源。比较集中的有以下几种表现形式：

（1）生活方式与婚育观念陈旧落后。贫困地区的民众在经济困窘情况下，他们一般都只考虑满足温饱，无暇顾及饮食结构合理性。如中部和西部一些贫困乡村，村民饮食结构非常单调，冬春季节基本没有蔬菜，居住地往往缺乏起码的卫生条件，营养不良，疾病缠身，精神萎靡，人口比例较大。同时，受封建传统观念和落后生产、生活方式影响，多子多福、无后不孝的陈旧观念在一些村民心中根深蒂固。生育过多，一方面造成家庭人口增多，消费支出上升；另一方面也会加重家长生理、精神负担，沉重的家务劳动把他们压得喘不过气来，没有更多精力投入生产活动。

（2）受教育程度低。中国民众传统的耕读为本、崇文尚贤的人生态度在生存压力下逐步消解，受小农意识、急功近利等意识影响，新的读书无用论在乡村暗自流行，科学技术游离于乡村的生产生活之外。因而，若能通过文化扶贫就能进一步加强对贫困群体中子女的教育和培养，用现代科学知识丰富他们的精神生活，使他们掌握摆脱贫困的知识和技能，坚定贫困地区民众的锐意进取、改变命运的信心和决心，将有效阻止贫困文化的代际传递，破坏贫困文化复制贫困的怪象。

（3）价值观品味、层次较低。当前我国贫困地区文化贫困的一个显著特征就是贫困价值观充斥在民众的生活之中。具体主要表现为：消极无为、听天由命的人生观；安贫乐道、得过且过的幸福观；小农本位、重农轻商的生产观；懒散怠惰、好逸恶劳的劳动观；血缘伦理、重义轻利的道德观；不求更好、只求温饱的消费观；老守田园、安土重乡的乡土观；多子多福、香火旺盛的生育观；等等。

（4）务实敬业、艰苦奋斗精神消失。中国传统的农耕信仰和农耕生产孕育着贫困地区民众的敬业精神和创业意识。中国传统民众不仅把农业生产看作是谋生手段，而且看成神圣职业，荣誉的象征。但随着传统信仰被否定及商品经济发展，民众这种敬业精神正逐步消失，代之而起的是一股奢侈豪华、铺张浪费之风。

（三）文化贫困的基本概念及时代表征

所谓文化贫困，是指贫困地区的民众由于长期处于贫困状态中，逐渐形成一套固化的价值观念、生活方式、行为规范，具体表现为自卑、无助、缺乏安全、不求上进、固守旧有的生活方式、视野狭窄等。由于我国地域辽阔，历史与文化传统存在多样性。因此，不同区域的文化贫困呈现出一定的差异性，但从根本看，文化贫困还是具有落后的价值理念与消极的人生哲学等共通性。具体表象主要有以下几个方面：

1. 思想观念滞后

在贫困地区，民众在温饱问题解决之前，一般都很难顾及自身的饮食结构是否合理，更谈不上养生乃至更高层次的精神需求。加之长期受传统观念影响，无后不孝、重男轻女等观念在民众思想中根深蒂固。以至生育过多，家庭规模扩大，消费支出上升，家庭劳动强度加大，成员精神负担加重，投入生产活动的精力减少。同时，由于我国开启经济现代化的时间较晚，生产力水平与欧美国家相比差距较大，再加上受小农传统思想的影响，民众在生产过程中往往不会考究经济成本与机会成本，继续延续着原有的生产生活方式。这样，恶性循环成为常态，越种地越穷，越穷则思想越落后，思想越落后则越害怕风险挑战，迫不得已最后还是选择了种地。这种观念上的落后，就会直接导致他们经济上的贫困。

2. 受教育程度低

随着社会主义市场经济的纵深推进，各种社会矛盾也日益凸显，中国民众崇文尚贤的优良传统逐步开始消解，读书无用论在乡村尤其是贫困地区普遍流行。国家尽管强制推行了九年义务教育，但由于种种原因，贫困地区儿童辍学率很高。即使完成了九年义务教育，至多他们也只是获得了最基本的知识教育，他们不会仔细考究用现代科学知识和理念去武装他们的头脑，真正去想办法获得能让他们摆脱贫困的知识与技能，再就是能用坚定的锐意进取、改变命运的信心和决心去提升他们的思想与意境，当然，贫困地区的教育质量还需要另论。而要彻底走出贫困，就需要有效地隔离贫困文化的代际传递，解构贫困文化复制贫困的功能。

3. 价值观念消极

贫困地区由于受到文化贫困的影响，贫困价值理念盛行，主要表现是：听天由命的人生观、得过且过的幸福观、小农本位的生产观、好逸恶劳的劳动观、重义轻利的道德观、只求温饱的消费观、安土重乡的乡土观、多子多福的生育观等。这种贫困价值观充斥于社会生活，逐渐消解了民众敬业、创业和节约等精神。

（四）贫困文化的基本概念及认知

国家针对贫困地区的文化扶贫，实际上就是一项针对贫困地区文化水平落后、精神文明建设迟缓的现状而采取的一项文化普及活动，它在贫困落后地区传播和注入有活力的现代文化科技知识，使得该地区社会群体的文化水平和思想意识发生变化，从而更好地适应生产力发展的要求，促进地域内的产业经济发展。文化扶贫旨在想在贫困地区建立一个积极向上、健康生动的文化，从而提升并改善贫困地区民众的生活水平以及丰富农村文化生活的质量。本文主要想从以下几个方面来确立贫困地区的文化扶贫方向：

（1）加强公共文化建设。在进行地区资金平衡时，尽量使文化资源适当向贫困地区倾斜，从而使贫困地区的文化基础设施得以逐渐完善。

（2）丰富精神文化生活。发展贫困地区文化、开展丰富多彩的群众文化实践活动，提供更多、更好的文化产品。

（3）加大文化服务活动的力度。发动社会力量推动贫困地区文化建设，引领社会各方力量能共同参与贫困地区的文化建设之，主动开展"卫生、科技、文化下乡"的相关活动。

（4）加强文化建设的人才管理。对建立贫困地区文化建设的管理人员进行培养，对文化方针进行认真贯彻，充分发挥政府作用，加大投入强度。

文化扶贫的整体目标就是在贫困落后地区采取一定的措施，以此来改变当地人们落后的思想观念，同时传播现代社会的主流价值观和科技知识，以彻底改变地区文化环境，加快地区经济建设。它主要包括以下几点内容：①振奋地区民族精神；②提高地区文化知识水平；③改变地区精神观念；④丰富地区文化生活；⑤改善地区人民生活环境。

（五）文化扶贫的基本特征

文化扶贫就是要以文化为武器，以文化缺失地区为主要阵地，通过建设文化学习设施、开展文化活动以及普及科学技术思想等去促进贫困地区脱贫致富。文化扶贫不同于一般的扶贫工作，它具有鲜明的时代特征。

1. 文化扶贫具有强烈的政治性

文化扶贫是国家的有意识行为，从某种程度上来说，它是一种政府执政行为或者政府救济行为。社会主义注重社会的公平和人民文化素质、思想境界的提升，但是社会现实却呈现出一种不公平化现象，落后地区文化水平低下，经济发展程度较低，大大地有违社会主义的基本原则。因此国家进行文化扶贫战略，其实是为了保证社会主义的公平，促使人们共同发展，因而它是政府的一项执政手段。

2. 文化扶贫属于社会主义核心价值观范畴

文化扶贫是我国针对国家实际情况而制定的一项长期战略，从文化扶贫的内容及形式、目的上我们可以看出，整个文化扶贫就是社会主义的一种内在要求。文化扶贫主要是推广社会主义的先进知识和文化，并将科技技术普及进贫困地区，其主要是由国家地区文化建设部门和政府相关部门进行组织开展，在文化扶贫过程中人们受到社会主义伦理道德以及主流价值观的规范，其所构建的文化和普及的知识都存在于社会主义体制之内。

3. 文化扶贫属于文化形态

文化扶贫主要是通过知识和精神的传递来实现的，它不同于一般的经济扶贫，它针对的是人们自身的思想，而并非外在物质。它使用一切可能的文化道具来熏陶人们，是文化形态中的一个元素，与社会文化相统一。

4. 文化扶贫具有普遍性和公平性

文化扶贫是国家的一项战略行为，为实现社会主义的公平原则。它针对国内所有文化落后地区和人民，在理论上它是一种普遍的、公平的社会分配制度；同时它也对所有接受文化扶贫的人一视同仁，平等对待，它使用同样的文化道具载体对所有人都传播同样的文化，具有社会普遍性和公平性。

（六）文化扶贫与物质扶贫的关系

1. 物质扶贫

政府对国家级贫困县的划定标准主要还是以当地人的年均纯收入作为划分依据。早在 2015 年 10 月，党的十八届五中全会就曾提出关于全面建成小康社会的新的目标要求："我国现行标准下农村贫困人口实现脱贫，贫困县全部摘帽，解决区域性整体贫困。"国家为扶持贫困地区，国务院扶贫开发领导小组办公室曾经进行过三次资格认定，动态性地按当时当地的人年均纯收入认定了一批国家级贫困县；并从 2014 年起，将每年的 10 月 17 日设立为"扶贫日"，2014 年 10 月 17 日是我国第一个扶贫日。全国扶贫系统要组织动员各有关方面，按照依法合规、节俭务实、注重实效的原则，精心组织开展全国"扶贫日"活动，使之成为在国内外有较高知名度、较大影响力和较强公信力的公益活动。据初步测算，重点县覆盖的贫困人口（625 元/月）占全国的 54%，低收入人口（865 元/月）占 57%。国家开展的这一系列扶贫活动，都是国家从经济扶持的角度对贫困地区所进行的物质扶贫。

2. 文化扶贫

文化贫困往往显现出了贫困阶层的一种生活方式，是这一阶层人群普遍存在的习惯、风俗、心态和价值理念等非物质形式，它也是根植于贫困经济但又能反作用于经济贫困的一种文化。文化扶贫就必须是通过教育科学文化的注入来提升贫困地区民众的职业素养、文化品质和生产技能，以及塑造新形象、树立新风尚，最终脱贫致富。

也就是说，文化扶贫属于一种精神扶贫。文化扶贫中所指的"文化"是一个"大文化"的概念，包含了思想道德、教育科技和文化事业等。因此，文化扶贫的内容也是多方面的，主要体现在三个方面：一是文化、观念和思想道德教育方面；二是科学技术和知识教育方面；三是文化资源的挖掘和开发方面。这三个方面的内容在实质上突出了文化扶贫的两个重点：一是人。无论是文化观念、思想道德教育还是科学技术知识教育，其作用对象都是人。只有把握这个重点和关键，才能使外在的物质资金转化为内在的脱贫致富的生产力和发展力。二是文化与经济的结合。文化同样可以与贫困地区的经济发展有机结合起来，更好地服务和推动贫困地区产业经济的迅速发展。

本文将在后面的内容中针对具体的文化扶贫内容进行深入细致地剖析。总之，我们要明白一个道理：经济贫困与文化贫困是相互影响、相互制约的。

3. 文化扶贫与物质扶贫的依存关系

文化扶贫与物质扶贫是相对应的。文化致贫是物质致贫的根源，而物质致贫是文化致贫的必然。无论是物质贫困，还是精神贫困，都看似是因经济问题致贫，实际上它背后却隐藏着更为深远的文化根源。我们在进行物质扶贫的同时，还必须通过加强文化传播、丰富文化生活、加强文化教育和精神文明建设等方式，引导贫困地区人民正确的生活方式、行为方式和价值观，从而提高贫困地区人民整体文化水平的过程。文化扶贫是物质扶贫的延伸和发展，必须把物质扶贫和文化扶贫结合起来，才能实现精准扶贫。

贫困地区的贫困人口，因经济贫困而容易导致文化贫困，又因文化贫困而加剧其经济贫困，以致出现恶性循环的现象：

（1）生活于贫困境况中的人们，由于从小就受到贫困文化的熏陶，他们容易缺少积极进取或向上的驱动力；

（2）低成就动机导致的社会流动，受教育的机会少，层次较低，这使他们在就业上的竞争力变得更加薄弱；

（3）低教育水平和较弱的竞争力也容易导致他们只能进入低收入职业；

（4）低收入职业或较低的社会地位也容易使他们变得更为贫困。

所以，文化扶贫就是要打破这种恶性循环，改造贫困文化，改变民众的思想观念，使形成的文化力反作用于当地经济发展，实现脱贫致富。

（七）文化扶贫与产业经济发展的依存关系

发展产业经济是文化扶贫的基础，而文化扶贫是发展产业经济的延伸。两者相互依存，相互促进。

1. 两者都蕴含着契合社会的强劲动力

它们在树立农村良好风尚和改善民众生活质量的目标方面具有一致性。发展产业经济能催使人们想方设法提升自己的文化内涵和素质水准，迫使自己尽早适应经济社会，契合文化潮流；而文化扶贫则需通过提升自己的职业素养和文化品质来发展经济，增收致富，缩小城乡差别，逐步提高生活水准。

2. 两者都渗透着人本观念的价值取向

它们在塑造人的价值取向方面是一致的，都渗透着激励和发挥人的主动性和创造性，以依靠人、发展人和满足人为建设之根本。发展产业经济是为了满足贫困地区民众的切身利益，而文化扶贫则是为了提高人的素质与能力，满足民众越来越丰富的文化需求。

3. 两者都彰显着共同富裕的精神理念

它们在最终脱贫致富的根本目的方面是一致的。贫困地区的产业经济发展的根本目的就是通过大力发展产业经济让老区人民安居乐业、生活宽裕、和谐民主，进而推进丰富的文化生活、和谐的民俗民风、清爽的乡村风貌等精神文明建设，最终实现共同富裕。而文化扶贫的根本目的则是要通过教育科学文化的注入来提升贫困地区民众的生产技能，塑造新形象、树立新风尚，最终脱贫致富。

4. 两者都隐含着程度不同的文化内涵

它们都有着程度不同的文化建设之内涵。贫困地区的产业经济发展是一项侧重于物质文明建设的系统工程，其外延更为宏观，涉及的面更为宽广，它也内含着文化建设之内容；而文化扶贫则属于典型的精神文明建设范畴，外延相对微观，主要是针对文化层面的，它的目标已嵌入到产业经济发展的目标之中。

因此，贫困地区一般都远离了附近的中心城区，因长期处于物质贫困状态而渐渐沉淀着一些左右这些地区民众的思想与素质的文化特征。因此在发展产业经济进行物质脱贫的同时，须对贫困地区的民众长期存续的固化他们思想的那些风俗习惯、消费心态、心理定式以及价值理念进行理论架构，再用文化传播、科技教育及精神文明建设引领他们重塑正确的人生观、世界观和价值观，从而提升贫困地区民众整体的文化水平和职业素养，进而促进贫困地区产业经济的迅速发展。只有把文化扶贫与贫困地区的产业经济发展进行契合思考，才有可能找准贫困地区民众脱贫致富的切入点。

三、贫困地区文化扶贫作用机理形成的 SWOT 分析

因为四川东部巴中地区属于国家典型的贫困区域，笔者为了使本文研究有一定的深度，就以四川东部巴中贫困地区的文化扶贫情况为依托，进行了大量的实地调研，并详细整理所收集到的四川东部贫困地区文化发展的课题资料，进而依据四川东部的巴中贫困地区文化扶贫事业发展情况进行相应的优势、劣势、机遇和威胁分析，即 SWOT 分析，以此进一步归结出文化扶贫对贫困地区产业发展的作用研究。

（一）四川贫困地区文化扶贫的优势分析

自然与历史早就筑就了四川东部巴中贫困地区的红色与绿色两种基本色调，它也将自然与人文相融相连。绿色是生命的颜色，红色是精神的旗帜，容

易让民众在绿色中休闲、度假、养生，在红色中追忆、感恩、升华；同时，既能够让人们循着红军走过的路、翻过的山去追忆那段浴血奋战的岁月，感受巴中儿女坚强不屈的精神，又能够在文化扶贫发展过程中进一步促进地域产业经济的快速发展。

1. 拥有独厚的地形与气候优势

（1）地形优势

四川东部巴中贫困地区地处川东北大巴山脉米仓山南麓的边远山区，下辖1区3县，其中的南江县、通江县、平昌县三县就归属于国家典型的贫困县域。该地区地域辽阔，有12 325平方千米，海拔最高为2 507米，最低为208米，其中耕地面积达258.8万亩（1亩＝0.000 667平方千米，下同）。地跨四川与陕西两省的交界处，境内地势北高南低，巴中的自然风貌整体呈现出山河相间、耕田阡陌、风景名胜、星罗棋布的景象；地域广阔，东邻达州，南接南充，西抵广元，北接陕西汉中。大巴山延绵数百里，山势雄奇，云海茫茫，生态繁茂，人杰地灵，历史文化底蕴深厚，区域的绿色资源主要是以奇峰峡谷、溶洞和原始生态为主基调，原始森林，遮天蔽日，其峡谷、瀑布、山花、野果、奇珍、异兽映衬着巴中地区的灵山耸翠，风光独具，其石窟胜迹名冠巴蜀，桃园仙境、诺水风光使人流连忘返，市场开发潜力巨大，譬如其中南江县的光雾山、通江县的诺水河和大坝森林公园、巴州阴灵山、南阳森林公园等更是绿色生态的厚重之笔。特别是这些绿色资源中所蕴含的巴中红色文化更是独具特色，巴中素有"红军之乡"的美称，是全国30条红色旅游精品线路之"川陕苏区、红岩精神"的重要组成部分，曾被誉为中国的第二大"苏区"，这就是巴中贫困地区发展红色文化的根本潜力所在，为贫困地区的产业经济打下坚实的基础，也是巴中新型化城镇建设的必然之路。

（2）气候优势

巴中地区属于亚热带季风气候，境内年平均气温为16.9摄氏度，1月份平均气温为5.2摄氏度，8月份平均气温为27.3摄氏度，年平均降雨量为1 150毫米。巴中气候的主要特征是：春早、夏热、秋凉、冬暖；四季分明，冷热同季，光照同步；无霜期长，光照适宜，雨量充沛，气候温和，适宜于农、林、牧、渔业的发展；但秋季多雨，冬季多雾，霜、雪较少，降水时空分布差异较大，时常也会伴有夏伏旱、秋淫雨及风、雹等灾害性天气。

2. 拥有丰厚的资源优势

（1）森林资源：巴中地区森林资源丰富，林地面积达649.7万亩，占林业用地面积861.5万亩的75.4%；地区的森林覆盖率达52.7%；活立木蓄积

2 061 万立方米。有森林植物 100 科、293 属、821 种；有野生动物 199 种，其中兽类 56 种、鸟类 129 种、爬行类 14 种。建有省级森林公园 3 个，即四川省南阳森林公园、四川省佛头山森林公园、四川省光雾山森林公园；省级自然保护区 1 个，即四川省南江大小兰沟自然保护区。巴中地区的森林资源彰显出了整个区域经济发展的独特优势。

（2）动物资源：巴中地区由于森林资源丰富，其间野生动物种类也相对较多，达 275 种，其中兽类 51 种、鸟类 123 种、爬行类 14 种、两栖类 11 种、鱼类 76 种。属国家重点濒危、珍稀的野生动物如梅花鹿、金钱豹、黑熊、麝、猕猴、锦鸡、长尾雉、大鲵等约 20 种；属省重点保护的野生动物如赤狐、青鼬、豹猫、野猪、小麂等约 25 种。在这些动物资源中，蛇类对中医药品产业的开发也极具重要影响。

（3）植物资源：巴中地区的木本植物共分 91 科、233 属和 600 余种。特别是南江光雾山的原始森林保存完好，被专家称为"四川盆地北缘山地重要生物基因库"。南江境内的巴山水青冈被英国剑桥大学皇家物种协会鉴定为世界稀有树种，列为世界保护树种，是生产各类人造板和家具的上等优质木材。巴中地区的植物资源开发和利用对生物产业的开发极具研究价值。

（4）农副产品：由于巴中地区的农副土特产品丰富，其土特产品如银耳、香菇、核桃、板栗、银杏、生漆、杜仲、黄檗、厚朴等畅销 36 个国家和地区，特别是通江县的陈河乡被誉为"中国银耳之乡"。另外，这个地区的蕨菜、山露菜等野菜产品现已批量出口于日本、新加坡等国。巴中地区的农副土特产品的开发和利用对绿色产业的开发奠定了坚实的物质基础。

（5）矿产资源：巴中地处四川盆地北缘，米仓山南麓，地质成矿条件好，矿产资源丰富。已发现矿种 50 种，矿产地 500 余处，其中大型 25 处、中型 52 处。已探明储量的矿产 22 种，矿产地 34 处，其中大型 2 处、中型 6 处，霞石居全国前 5 名、属全省第 1 名。主要矿物有铁矿、花岗石、大理石、白云石、石灰石、霞矿以及石墨、石膏、绿豆岩、钾长石、透辉透闪石、萤石、滑石、蛭石、硫铁矿、磷矿、膨润土和金、银、铜、铅、锌、钴、镍、钨、铀等矿产。尤以花岗石、霞石、石灰石、白云石、铁矿等有很大的开发前景和优势。

（6）水利资源：巴中水利资源极其丰富，总量为 79.65 亿立方米，有大小河流 1 100 多条，水能蕴量为 81.24 万千瓦，可开发量为 41.7 万千瓦，已开发量仅为 4.535 6 万千瓦。目前已建成大小水库 409 处，其中，中型水库 3 处、小一型水库 30 处、小（2）型水库 376 处。山平塘 23 980 口，微水工程 12.75 万处，治理水土流失 2 070.26 平方千米，蓄引提水能力 42 515 立方米，有效灌溉面积达 102.13 万亩。巴中地区的水利资源的开发和利用大大拓宽了巴中绿色产业特别是旅游业的开发路径。

3. 拥有浓郁的历史民俗文化资源优势

四川东部巴中的贫困地区历史文化悠久，是一个"红色文化+绿色文化+古色文化"比较集中的区域，这个区域的农业发展具有悠久的历史，因而具有丰富的农村文化。四川巴中地区的民俗文化体现着悠久灿烂的历史文明，很早就流传而盛行着薅草锣鼓、薅秧歌、龙舞灯和巴山歌、巴渝舞等民间活动，巴中还有皮影、巴渝舞、婚俗、丧葬等风情民俗。整个巴中市的非物质文化遗产含有 16 个大类、169 个子项、1 014 个单项，公布传承人 187 名。特别是四川省巴中市于 2006 年申报的《巴山背二歌》，成功入选了第一批国家级非物质文化遗产的民间音乐项目类别。这些悠久的民俗文化极大地衬托出巴中地区的文化底蕴和历史渊源，展示给公众的不仅是当地人民勤劳致富奔小康的时代气息，更是巴中底蕴深厚的历史文化。远的可追溯到像谜一般的"巴人文化"、典故层出不穷的"三国文化"、入乡随俗的"佛教文化"，近的可领略英勇壮烈的"红军文化"，奋发向上、顽强不屈、敢打敢拼的现代文化。

（1）巴人文化：相传在夏代晚期就有巴人迁至巴中一带。古代巴人在大巴山一带刀耕火种，创造出"巴人文化"。在现在的巴州南龛坡、南江断渠、通江县的栾巴寺、千佛崖及巴山米仓栈道的古雕石塔等至今都还遗留着灿烂的巴文化遗迹。国宝南龛的盛唐彩雕和摩崖造像，唐章怀太子被贬巴州、萧何月下追韩信、张飞智擒严颜等历史典故，倾情演绎的现代歌曲《巴山之路》《光雾山·诺水河》《巴山月》以及粗犷豪放的《翻山饺子》，气势恢宏的仿巴渝舞，正月十六登高、除卷以及龙灯狮舞等民间民俗，不同时空的历史文化交融形成了独特的地域文化体系，浓缩成一副瑰丽厚重的历史画卷。到秦汉之际，大巴山农民"隔山唱歌"就已蔚然成风，明清时代歌风更盛。新中国成立后，民歌在大巴山一带更是广为传播，而民歌又是民俗旅游的重要资源。这些历史文化遗迹与自然风光融为一体，使丰厚的历史文化资源显现出强大的吸引力。

（2）三国文化：在四川巴中地区曾有"不是韩溪一夜涨，哪有刘朝四百年"的韩信夜走韩溪河、汉张鲁屯兵汉王台、诸葛亮秣马厉兵牟阳城、张飞扎营落旗山等三国文化引人入胜。

（3）佛教文化：在巴中有东龛、南龛、北龛、西龛，尤以南龛最胜，规模宏大。南龛造像，始创于南北朝，现有造像 137 龛、2 000 余尊，造像精巧玲珑，姿态各异，气质浑厚，端庄丰满，神情潇洒，典雅大方。南龛造像是以佛教为主的宗教艺术，大部分是盛唐前后的作品，少数是南北朝、宋代及近代作品。南龛是全国重点文物保护单位之一。

（4）民俗文化：民俗、戏曲等是巴中旅游文化的重要基础。本文认为，在旅游开发中，一定要传承巴人的优秀文化，丰富民俗文化，修建巴山民居，譬如把南江县的桃园镇铁炉坝打造成川北民俗第一村；做响山歌品牌，开发"见景唱景、见人唱人"即兴演唱项目，把导游词与山歌有机结合，让山歌成为光雾山的景中之景；整合民俗资源，广泛收集和整理民歌、民俗、风情，研究巴人文化，使巴山民俗文化独具巴山、巴人、巴风的特色。

4. 拥有良好的经济与文化融合发展优势

四川东部的巴中地区开始形成"以红为本、以绿衬红、以古托红"的经济发展思路，拥有复合型体验的产业链，这个区域的经济发展方向就是要用红色精神来感染人、用绿色美景来留住人以及用古色民风文化来熏陶人，使"红色""绿色""古色"等几种颜色的文化资源相互融合，相互对接，融入相应的文化产业集群。如通江县域内的"红色"更多地体现在毛浴古镇、红四方面军总指挥部旧址纪念馆、川陕革命根据地红军烈士陵园、通江红军石刻标语群等；通江县的绿色更多的体现诺水河溶洞自然景；通江县的"绿色"产品诸如通江银耳驰名海内外，被国家命名为"银耳之乡"和通江"天岗银芽"曾获得国际博览会金奖。又如南江县域内的"红色"主要体现在巴山游击队纪念馆等，南江县的"绿色"主要体现在光雾山、大坝森林公园自然风景；南江县的"绿色"产品诸如南江被命名为"核桃之乡"，江口醇酒厂、小角楼酒厂产值均超过亿元，猪、牛、羊肉总产量百强大县，南江黄羊以其体格高大、肉质细嫩、遗传性能稳定、板皮质优被列为国家重点科技推广项目，成为"目前国内肉用性能最好的山羊新品种"，银花、川明参、蕨菜等绿色食品天然佳成，南江大叶茶被国家列为优质品种推广，"云顶绿芽""云顶茗兰""光雾茗峰"等跻身国家名茶行列，获国家 AA 级绿色标志。这样一来，南江县域内的各色资源都很容易融入南江文化产业集群发展。可见，随着四川东部巴中地区整体经济的快速发展，政府对农业的投资力度也在逐渐加大，农村经济快速发展，民众生活水平显著提高，人民对精神文化的需求也逐步提高。因此，四川东部巴中贫困地区的文化扶贫具备了良好的产业经济发展环境。

5. 拥有正向的"红色"政策促进优势

四川巴中地区积极依靠自己得天独厚的资源优势，探索区域经济的发展，也非常重视对本区域的红军文物保护。政府的高度重视包括合理的产业规划、正确的政策引导以及必要的人力、物力、财力投入等一系列能为文化产业发展创造条件的措施。抛开政府众多的促进政策和口号不说，光近几年来的巴中市政府的实际行动就可以看出政府对发展红色文化的重视程度：2016 年 6 月 28 日，巴中市第三届人大常委会第四十三次会议上就曾对市政府提请的《巴中市红军文物保护条例（草案）》的必要性和可行性进行了审议。市人大常委会在这次会议中分别对各乡镇红军文物的保护责任、红军文物的产权及保护范围等提出了相应的意见或建议。同时巴中市人大常委会主任陈延荣提议制定《巴中市红军文物保护条例》要注意体现川陕革命老区中心的个性特点，把有效保护与合理利用结合起来，要有可操作性。这标志着将四川巴中地区的红军文物保护提上了政府政策保护的正轨。之后巴中政府在深度开发红色资源的战略选择中非常注重四大结合，即红色旅游与红军精神结合，用红军精神推进红色旅游，在红色旅游中体现红军精神；红色旅游与巴山风情结合，把巴山民俗风情融入红军文化、红色旅游中；红色旅游与生态旅游结合，在线路设计、品牌包装、景区建设、宣传促销上体现"红"与"绿"的完美结合；红色旅游与扶贫开发结合，促进了革命老区经济社会发展。正是因为这种政策促进充分证明了巴中市政府对区域文化扶贫事业的高度重视，这些政策和行动会为巴中地区的红色文化产业与绿色产业的融合对接打下良好的政治基础。因此，研究四川东部巴中贫困地区的文化扶贫，就是顺应当今巴中地区产业经济发展的必然选择。

（二）四川贫困地区文化扶贫的劣势分析

文化贫困是致贫困地区民众产生贫困的重要根源，而贫困文化则是文化贫困的直接诱因。贫困地区的民众由于长期积淀的文化习俗、思维定式和价值取向，自然容易积聚更加严重的文化贫困，这时也就更容易激发贫困地区通过文化扶贫来进行自我适应和自我维护。目前，四川东部巴中贫困地区推行文化扶贫事业虽有自然地域、文化底蕴和政策促进等方面的优势，但在影响开发上仍存在着不足之处。

1. 认识滞后，文化重视程度不够

四川东部巴中贫困地区地域非常偏僻，虽然近年国家持续推进精准扶贫，但仍有许多农民还陷入在求温饱的困境中，一日三餐没保障，无暇顾及提升生活质量，更谈不上要追求更高层次的精神需求。首先，受传统的小农思想和文化无用论的影响，老区人们在产业经济的发展中一般很少考究其经济成本、时间成本或机会成本，喜欢用固化的思维方法延续固有的生产或生活方式，适应新技能、新方式的能力非常弱。"越劳动越穷，越穷越没时间增长文化知识，越没文化就越没思想，思想越落后就越怕挑战现实"这种恶性循环效应最终会加剧他们在经济上变得更加贫困。其次，多年深居的农民大多存在根深蒂固的重男轻女传统观念。生育子女越多，家庭规模越大，消费支出就越高，家庭平均人口的消费水平就越来越低，用于提升文化层次和生活质量的资金就会更少，精神压力无形加重，为了减轻家庭的劳动强度，越来越多的农村籍学生只好放弃接受文化教育的机会，及早踏入社会。最后，地方各级政府对县域文化事业不够重视，片面追求产业经济带来的政绩，城镇化建设中只是将文化建设当成了一句空头口号，没有将地方上的文化建设列入领导者的工作重点或干部履职考核的主要指标，基层干部对地方文化建设不能引起高度重视，严重影响了产业经济可持续发展的进程。

2. 文化低浅，社会价值观念贫乏

尽管国家强推义务教育也取得了一些成效，但贫困地区仍存在禁锢头脑思想和影响科技文化普及的退步因素，对文化的认识还停留在识字与计算的浅表层，较低的文化水平严重影响着他们对国家政策的理解和思维，更理解不到政府推行文化扶贫的迫切性和前瞻性，这种低浅的文化水平最终还会导致他们社会价值观念的贫乏甚至畸形，扼杀贫困地区自主脱贫的进取观念，妨碍文化技术的推广和扶贫措施的落实，最终成为遏制老区产业经济发展的严重桎梏。同时，贫困地区仍存在许多得过且过的人生观、只求温饱的消费观及多子多福的生育观等贫困价值理念，不重视用科技知识摆脱自己的经济困境和文化障碍，只会让其社会价值观念变得愈加贫乏，这也会进一步消解他们锐意进取的决心和创新创业的精神。因此，贫困地区的农民在这些贫乏的社会价值观念左右下，很难有效隔离贫困文化的代际传递，也难以阻断贫困文化牵引经济贫困的现实。

3. 文化散失严重，集体主义观念弱

贫困地区的农村文化生活贫乏、生活方式落后，思想观念陈旧，限制了民众对于先进文化的接受力和再创造力，农村优秀传统文化遗产散失也很严重。一些民众集体主义观念日趋淡薄，共产主义信念日益动摇，精神世界越发空虚，封建迷信、赌博等旧俗歪风沉渣泛起。有中国特色的社会主义文化，是凝聚和激励全国各族人民的重要力量，是综合国力的重要标志。文化扶贫就是要驱散笼罩在贫困人口身上的贫困文化的乌云，培育他们的文化自觉意识，转变他们的思想观念，以建设有中国特色的社会主义文化。一些贫困地区的文化建设过程缓慢、成效较差，使得地区落后封建思想以及腐败享乐等不良思想泛滥抬头，严重影响了文化扶贫过程的开展。

4. 文化提升慢，自我发展能力弱

一是有的贫困地区政府文化扶贫项目推行不力，培训内容与岗位需求脱节，为培训而培训，或"蜻蜓点水"，或技能培训内容陈旧，又或是培训时间安排不科学，譬如组织开展技能"三下乡"项目，或开展送书籍、建书屋等系列文化扶贫活动等，缺乏有针对性地系统地开展文化传统、人文素质、职业素养等讲座，文化扶贫活动大多停留在浅表层，见效慢又容易偃旗息鼓，这些都是贫困地区人们参与文化扶贫不积极的根本原因。二是由于贫困地区政府宣传动员没到位，致使一些家庭在不知情的情况下放弃了免费培训，甚至补贴。三是有的地方政府在扶贫方式上重政府主导而轻农民参与，在培训项目设置上多以服务类的初级人才培训为主，对本产业经济发展所急需的专业或岗位培训却涉及很少，难以真正提高农民工的技能，满足不了县域市场和农民工的实际需求，这很容易导致扶贫资源浪费且受训农民不满的负面情绪。因此，文化提升慢，农民接受技术教育的程度不高，其自我发展能力就会非常弱，这也会严重影响农业新技术、新成果的推广及产业经济可持续发展的活力。

5. 文化设施差，服务水平低

一是四川东部巴中贫困地区开展文化扶贫的硬件基础设施大多较差，远远不能满足广大贫困地区的需求。许多县至今都还没有设立文化馆或图书馆，有的只是在几个重要的乡镇设了一个小小的文化站，而且也只是一个"面子"工程，要么因为待遇低或报酬无着落而找不到合适的管理者，要么因为文化站管理员在编不在岗而管理无序。当然还会因为许多文化站的配套设施跟不上，破损不堪且缺乏维护管理，没能被合理利用，造成资源浪费。二是四川革命老区的地域条件较差。老区的生产条件和生活条件较艰难，主要靠人畜劳动种植，不利于新技术推广，资源开发利用程度低、节奏慢，再加上农畜产品的生产周期长，易受自然生产条件的影响，如遇旱涝虫灾还可能颗粒无收，容易造成老区产业经济呈波动发展，也很难与文化扶贫契合开展。另外山区人口居住分散，有线电视、广播的覆盖难度大，行路难、用水难、上学难、看病难等问题依然突出，这些基础条件差、环境恶劣等因素都是制约贫困地区经济建设与文化建设契合发展的一大"瓶颈"，也严重地阻碍了老区文化扶贫工程的纵深推进。

6. 文化基础弱，资源整合不力

我国四川巴中地区文化资源分布很广，但大多处于经济较为落后的贫困地区，其基础设施非常薄弱。首先，产品开发仍然相对滞后，区域资源整合不足。与外部联系的航空、铁路、公路交通状况较差，各地文化资源开发水平极不均衡，级别高、名气大、距离近的景区往往是游客首选的游览点，名气小、距离远的景点旅游者人数则较少，外省旅游者基本很少问津一些不知名的景点。其次，文化资源的开发档次低，资源配置效率较低，打造项目同质化严重，许多都只能暂时满足于基本的观光、休憩。最后，文化资源开发处于粗放型状态，大多仅以博物馆、纪念馆等静态形式展出，在需求弹性较大的购、游、娱环节增值能力弱，旅游吸引力不足，需要在文化资源信息和旅游服务等"软件"上下功夫，满足其文化扶贫事业的需要。

7. 文化条件差，资源保护力度不够

巴中地区的文化资源主要集中在偏远的贫困山区，受区域位置和发展水平的制约，往往因资金不足导致文化资源缺乏必要的保护。为了有效地实施文化扶贫，当地在资源规划与开发中一般较注重对配套设施的建设和完善，对环境保护问题考虑相对较少或缘于资金困难在施工及运营中落实不力而破坏环境。由于当地居民对环境保护和资源维护的观念、认识不足，很多地方只是简单地把红色旅游资源当作经济产业来对待，对资源保护管理不力，缺乏全局观和可持续发展的眼光，片面强调经济效益，急功近利，短视行为突出，严重破坏了当地的生态环境、降低了资源的文化层次，而生态系统的破坏以及文化景观的变质所造成的后果往往是无法挽回的。譬如兴建房屋、道路、场馆、标志性建筑以及各类休闲、娱乐、购物场所等，若不加以合理规划，很容易破坏原有的文化资源形态，破坏自然环境，若出现观赏者的不文明行为将会加剧环境恶化的风险。

8. 文化利用差，红色文化价值不明显

第一，四川巴中地区的红色文化建设的火候不够。巴中地区属于革命老区，虽然拥有丰富的红色资源，但由于其红色文化的独特内涵和开发价值都不如江西、湖南和陕西等省份那样形成全国性的影响或至少没能形成一定的关注度。第二，巴中地区的红色文化价值的实现路径较单一，其文化创意还有待于进一步深化。红色文化价值目前仍缺乏有影响力的文献作品、红色经典或艺术造型来塑造其精神实质和价值内涵，提升其认可度和美誉度。第三，红色文化产业零散而不成规模或品牌、开发档次低。巴中的红色文化产业规模较小，缺少自主知识产权的文化品牌，缺乏整体实力和市场竞争力。第四，红色文化资源的整合力不强。巴中的红色文化分布较广，但大多都是各自为战且条块分割的现状也比较明显。在红色产品开发、组合、宣传和促销等方面各自为政，不能统筹规划，协调行动，极大地制约了区域合作与互动，最终导致四川巴中地区的红色文化资源综合开发能力不强且不成规模，吃、住、行、游、购、娱等综合配套服务设施未完善，未形成其红色文化资源的规模经济或连环效应。

（三）四川贫困地区文化扶贫的机遇分析

1. 文化建设政策带来的机会

2017 年党的十九大报告就已明确指出，要满足人民过上美好生活的新期待，必须提供丰富的精神食粮；要深化文化体制改革，完善文化管理体制，加快构建把社会效益放在首位、社会效益和经济效益相统一的体制机制，要完善公共文化服务体系，深入实施文化惠民工程，丰富群众性文化活动；要加强文物保护利用和文化遗产保护传承；要健全现代文化产业体系和市场体系，创新生产经营机制，完善文化经济政策，培育新型文化业态。同时，也指出要加大力度支持革命老区、民族地区、边疆地区、贫困地区加快发展，强化举措推进西部大开发形成新格局，建立更加有效的区域协调发展新机制。党的十九大报告已非常明确地指明了国家对贫困地区产业发展助推的方向和目标，也为革命老区县域经济的发展提供了强力的政策支撑。伴随着国家文化产业大发展、大繁荣政策的推动，人们的生活水平也在随之日益提高，民众已开始不再是简单地追求物质文明，贫困地区的民众对精神文明建设也慢慢地更为渴求，使得四川巴中贫困地区的文化资源开发具有较大潜力，这非常有利于文化扶贫事业的开展。

2. 民众生活能力提升带来的机会

随着人们经济水平和物质生活水平的日益提高，四川东部贫困地区民众的精神需求也会随着民众收入与生活能力的提升而大为改变，所以四川东部贫困地区民众也会对文化的需求有一定的提高。除此之外，在供需方面，我国现阶段文化市场上还具有巨大的缺口，人们的文化需要远远高于文化产品。所以，这也能够在一定程度上通过文化扶贫事业推动贫困地区的农村文化产业快速发展。

3. 社会主义核心价值体系构建带来的机会

贫困地区的文化扶贫还是需要牢牢把握社会主义先进文化的前进方向，大力弘扬民族优秀文化传统。为此，我们必须要利用文化扶贫来充分挖掘我国贫困地区的文化资源，积极借鉴西方发达国家的文化成果。在文化扶贫过程中需要进一步加强民众的道德修养，着重提高民众的文化素质，发挥民众在文化资源开发的主体作用，增强其造血功能，通过文化人才和资金政策的输入，促进创造出更多优秀的文化产品和优质的服务。通过贫困地区的文化扶贫，可以进一步激发民众奋发向上和团结和睦的精神面貌，为构建社会主义和谐社会提供精神动力。贫困地区的文化扶贫不仅仅是为了经济效益或满足人们的精神需求，而更需要融入弘扬社会主义核心价值的体系中，继承和发展中华民族优秀的文化传统道德，挖掘更多丰富民众文化生活的精神食粮。所以，社会主义核心价值体系的构建确实也能给贫困地区的文化扶贫事业带来一定的机会。

4. 社会主义新农村建设带来的契机

当今国家政府大力推行"三农"建设，使其新农村建设也得到稳步推进，客观上也要求四川东部贫困地区的农村精神文化必须跟上节奏，需要摒弃腐朽落后的思想理念，让贫困地区的民众逐步从自然经济中解放出来。新农村建设意味着加快农业现代化建设，提高农产品的质量和竞争力，让贫困地区的非农产业如工业、服务业也得到发展；同时也要促进民众提高收入水平，改善民众生活环境，这些为贫困地区的文化扶贫奠定了物质基础。基层民主建设要求在党的领导下，健全完善村民自治机制，不断提高民众的自治水平，提高民众参与管理的层次，不断增强群众自我教育、自我管理的能力，真正给民众平等的权利，切实推进农村民主法制建设，为贫困地区的文化扶贫提供政治保障。大力加强农村的生活环境建设，为贫困地区的文化扶贫提供坚实的社会保障。

(四) 四川贫困地区文化扶贫的威胁分析

1. 观念转变迟缓

腐朽落后的封建思想在农村贫困地区根深蒂固，许多农村自我封闭，与外界隔绝，虽然国家大力推行文化扶贫或文化下乡，但由于贫困地区文化的封闭性，导致贫困地区民众不能形成对美好生活、未来生活前景的认识，文化缺乏活力和创新能力，以至于脱离农村文化、本土文化太远，容易形成虚幻文化、边缘文化、孤立文化和亚文化。而且由于贫困地区优秀的传统文化在期得不到应有的发展和弘扬，农村发展中片面追求农业现代化而忽视了贫困地区文化资源自身的挖掘和发展，忽视了农村文化产业化、规模化的经济效益，忽视了民众的精神层次的需求，忽视了农村文化与现代文明有机结合，如信息技术、通信技术、智能技术等，这些都是阻碍我国贫困地区文化扶贫有效推进的不利因素。

2. 文化扶贫动力不足

贫困地区的文化扶贫动力源自民众的思维、思想观念、政策和资金等要素。首先，各种思想观念都有其产生和发展的文化底蕴和文化背景，如果文化落后消极，人们精神颓废，农村经济发展的动力被弱化，难以产生相互需求机制，导致总需求不足，贫困地区的文化扶贫缺乏足够的动力。其次，文化氛围是贫困地区文化扶贫的原动力所在。在贫困地区由于人们所处的自然环境与社会环境不同，对美好生活的期望也不尽相同，形成的文化氛围也不同，只有那些追求现代生活的人，才有可能从落后的文化约束中走出来，成为先进文化的学习者、传播者和实践者。而贫困地区明显缺乏汲取先进文化的影响力，也就难以形成推动农村社会发展的动力。

3. 文化市场多元但不规范

贫困地区的文化市场建设是社会文明建设的窗口，而贫困地区文化市场的兴起与形成是经济社会发展到一定历史阶段的产物。因此，加强对各种文化市场经营活动的检查、监督和管理是一项建设先进文化的重要内容。当前贫困地区的文化市场主要以个体经营的上网服务市场、文化旅游市场、音像市场、图书市场等多元化、多成分的文化市场为主。因为文化管理体制具有局限性，执法管理相对混乱，乡镇文化站未能发挥出应有作用，职责模糊，造成文化站对文化市场想管就管，不想管就不管，导致文化市场混乱，时常发生个体经营户违规经营的现象。目前，贫困地区尚未有效建立文化市场的管理和监督机制，这使文化市场运行极不规范，也会严重制约贫困地区文化扶贫事业的有序推进，缺乏用制度和市场规范去引导文化市场的健康、稳定发展。

4. 城乡文化发展失衡

由于一个国家或地区存在着经济发展水平的差异、人口数量的多少、经济扶贫政策的倾向以及产业发展经费的投入，以至于造成城市文化相对繁荣、农村文化较为落后、城市和农村之间文化发展严重失衡。而且国有资本对文化投入结构也不合理，过多偏向城市文化，而农村文化投入偏低。这种失衡表现在贫困地区的文化建设机构运转困难、公共资源偏少以及设施不足等，严重制约着贫困地区的文化建设。因此，贫困地区的公共财政在农村文化方面的投入不足，导致我国多数农村文化基础设施比较落后，使得贫困地区民众文化生活非常贫乏，这为贫困地区的文化扶贫事业的推进带来了障碍。

5. 文化人才资源匮乏

当前随着贫困地区外出务工人员的不断增多，农村专业人才、文化骨干流失非常严重，具有文化特长的人才更是少之又少，而且由于文化体制等各方面原因造成贫困地区许多乡村的文化站人员不齐、编制较少，一般的乡镇在唱、弹、拉、吹等方面的优秀人才非常缺乏，就算是一知半解的也相对较少。在贫困地区的文化事业建设中，高层次、复合型人才紧缺；懂经营管理和营销知识以及擅长策划、资本运作的人偏少，严重制约着我国贫困地区文化资源产业化、规模化的大幅度开发。我国贫困地区的文化人才主要有以下几个方面的情况：一是总量少、层次低。我国贫困地区的文化产业发展得如火如荼，从事贫困地区文化专业人员少且文化层次低，而从事贫困地区文化产业的人员就更缺乏了。二是用人机制上存在弊端。由于长期受计划经济的影响，缺乏人力资源的认识，也没有形成完整的人才开发理念，所以对员工的管理往往是行政命令式的，重身份、档案、级别，采取一种标签式的管理，忽视人的能动性和创造性的研究。三是留住人才、引进人才缺乏特殊政策及其配套措施，人才过多地向城镇尤其是大城市聚集，城市化进程中城市文化建设尚需大量人才，贫困地区文化市场对人才吸引力弱，文化发展滞后，很多物质文化遗产、遗址由于得不到保护而消失，大量传统技艺由于缺乏市场效益而后继无人等，在一些贫困山区民众尚未脱贫，更难以吸引人才去发展文化产业，这已成为制约我国贫困地区文化扶贫的一大障碍。

6. 文化保护与习惯滞后

许多贫困地区都没有准确把握住文化建设与保护之间的关系，在农村文化资源开发中片面追求"新"和"洋"，导致历史文化遗产的破坏和传统风貌的丧失，缺乏特色。一些地方对历史文化遗产的保护力度不够，片面注重开发价值和经济价值而忽视其丰富深厚的历史、科学、文化、艺术价值，难于处理好保护和开发的关系，重开发利用，轻抢救保护。由于贫困地区缺乏民众的热情参与，尽管有政策、资金的大量保障，文化资源的开发也是困难重重。民众还没有养成文化资源商品化的习惯，农村文化市场发展滞后，文化消费的能力弱，很多地区农村不良风气盛行，主要涉及赌博、迷信、打架斗殴、不讲卫生、破坏公物等方面。很多民众平时精神生活单调，闲暇时间多喜欢待在家里看电视，娱乐活动较为单一。

总而言之，四川东部贫困地区的文化扶贫事业虽然优势尽显，但也是困难重重。文化扶贫归根究底是一种文化手段和文化力量的运用，其对经济社会发展作用具有明显的隐蔽性和延时性，我们必须对文化扶贫有深刻的认识。只有在明确内涵、了解意义的基础上，才能有效地增强推进文化扶贫工作的自觉性和紧迫性，力争通过文化扶贫为推动整个贫困地区的产业经济发展和扶贫攻坚。

四、文化扶贫对贫困地区产业经济发展的支撑作用分析

文化扶贫过程是推动贫困地区文化建设和社会经济发展的重要措施，也是实现社会公平及社会主义目标、促进国家和谐发展的重要手段。改革开放以来，我国政府一直非常重视贫困山区的文化扶贫建设工作与进程，国家这些年来已陆续出台了许多关于贫困地区文化扶贫方面的方针、政策去解决贫困地区在文化扶贫建设工作中所遇到的各类矛盾与突出问题。我们国家推出的这一重大举措也顺应了我国的科学发展观、社会主义新农村建设和构建社会主义和谐

社会等一系列重大指导思想或战略的贯彻和实施。因此，开展贫困地区文化扶贫是贯彻落实科学发展观的切实体现，是社会主义新农村建设的重要内容，也是构建社会主义和谐社会的基础工程，更是落实全面建成小康社会目标的任务之一。本文经过深入的社会调查和资料查阅，一个国家或地区的产业发展往往与它的政治文明、物质文明和精神文明等是密不可分的。因此要研究文化扶贫对贫困地区产业发展的促进作用，就必须分别从区域文化、科技文化、政治文明、精神文明等角度去研究文化扶贫对贫困地区产业经济的支撑作用。

（一）基于区域文化，文化扶贫对贫困地区产业发展的促进作用

文化代表着一个国家的软实力，并且与区域产业经济的关系日益密切。马克思曾经说过："一定的经济总是在一定的文化背景上建立，一定的文化则必然是在一定的经济基础上生成的，文化中有经济，经济中包含着文化。"这说明，文化越来越成为一个国家或地区带动经济发展的新型生产力，并已成为各国社会发展的主导因素和经济增长的基本推动力。因此，我国在经济快速发展的今天，必须改革和深化文化在经济中的作用，把文化注入一切经济之中，让文化能够有效地成为产业经济发展的驱动力。

1. 用区域文化扶贫有助于启迪民众思想，筑就文化归属感

国家各级政府都在不同程度地倡导要采取切实措施推行文化扶贫工程，对地域大众都在积极进行文化知识的宣讲和普及，这不仅仅是将地域的外来文化直接普及于贫困地区的大众生活，而更是在地方政府的协调下，使其更能符合当地民众的人文观和民族特性，从而点亮人民的思想之火，启迪民众的思维与智慧，形成区域文化的存在感和文化归属感，为构建地区文化体系奠定坚实的思想和智慧的基础。譬如贫困地区要始终把文化扶贫放在农村扶贫的首要位置，并成立文化扶贫的专门帮扶小组，为地方乡、村配置专职的文化协管人员，开拓当地民众的文化创造能力，便于大力推广区域文化阵地建设，激起当地民众的文化归属感，使得民众能对地域有强烈的归属感、自豪感。

2. 用区域文化扶贫有助于普及科技文化知识，构建区域文化体系

文化扶贫对贫困地区产业经济的推动作用是毋庸置疑的，它是整个扶贫项目工程的重要环节。贫困地区产业经济的不发达，归根结底还是在于其区域民众的思想文化水平落后。因此，一些贫困地区积极推行文化扶贫战略，文化主管部门也在农村设立多功能阅览室，成立乡村文化科技指导服务中心，并创办多种科普媒体，积极宣扬农作物及畜牧养殖知识，给贫困地区的村民带去了实实在在的科普文化知识，激励大力开展文化科普宣传活动，促进了地区经济的发展。这些文化基础设置会大大扫清贫困地区产业经济发展的文化思想观念，

推动地区产业经济的迅速发展。当然，这些产业经济的发展也会反过来为地区文化体系的构建提供强大的物质支持。

3. 用区域文化扶贫有助于开阔视野和境界，接受文化熏陶

贫困地区的民众必须紧跟社会主流文化知识，思想观念发生转化，开拓民众的眼界和思想境界。因此，贫困地区的文化扶贫必须着力提升民众的思想境界，改革自己区域的民风民俗，进一步开阔视野，这都可以使民众着力去深度挖掘区域文化，深入了解自己区域的文化，接受地域文化的熏陶和思想洗礼，并努力传播和发扬区域文化，真正构建起属于自己的文化体系，让更多的人受到文化熏陶和思想激励。

4. 用区域文化扶贫有助于实施文化"造血"工程，深化扶贫策略

文化扶贫需要采取一系列措施对民众大力宣传基本的科技知识，譬如在农村新建"农村书屋"，并捐献图书资料或光盘资料，积极开展"科技下乡""送书下乡"等惠民工程，并且兴建地区重点小学、初中，加大对教育的投入和贫困学生的补贴，从小学生到农村普通居民，都能在文化、科技方面学习到更加有用和先进的知识，形成自己的独特人才培养模式，为贫困地区的经济产业发展积极"造血"。通过这些"造血"工程的实施，进一步改善民众的蒙昧状态，为贫困地区的文化人才培养扫清道路，并开拓出一条适合贫困地区文化人才培养的新途径，这样能使贫困地区的民众真正摆脱蒙昧与落后的现状，也进一步推进以点带面的文化扶贫策略。

5. 用区域文化扶贫有助于完善文化设施，丰富民众生活

文化扶贫将推动贫困地区学校、图书馆、文化活动中心、文化娱乐项目场地等文化基础设施建设，譬如，同时可以积极开展一些文化下乡活动，丰富人们的精神文明生活，譬如由文化部门诚邀艺术团进入乡村，举行文化帮扶慰问演出，修建文化广场、文化室，并赠送书画作品、春联，积极开展"书法进家"活动，使传统文化入乡入户，极大地丰富了民众的精神文明生活，提高民众的文化素养。

总之，文化扶贫是我国一项长期的战略目标，贫困地区的文化扶贫对我国社会的全面发展起着重要的促进作用。区域文化扶贫有助于文化扶贫对贫困地区开展具体实践工作具有深远的指导意义，它能有力地指导地方政府制定正确的决策，转变观念，规范行为，引导正确的价值取向。文化扶贫工程有利于构建贫困地区属于自己的、具有地区特色的文化体系，促使贫困地区的人们能逐渐摆脱文化落后的现状，并健康有序地生产与生活。

（二）基于科技文化，文化扶贫对贫困地区产业经济发展的推动作用

科学技术是当今知识经济社会的主要生产力，是一个区域产业经济发展的

主要因素。科技文化在区域产业经济发展中的主导地位已是不争的事实，它对贫困地区产业经济的发展也是潜力无限。

1. 用科技文化扶贫有助于提升现代农业化水平

提升贫困地区城镇化和农业化水平，是当前农村发展的主攻方向与奋斗目标。而提升贫困地区城镇化和农业化水平就必须要思考发展贫困地区的科技文化，用科技文化来革新农村现有生产技术装备和改善贫困地区落后的生产条件，从而促进贫困地区的农田水利建设和耕种质量；同时，发展贫困地区科技文化，也能够提高农业生产的可持续发展，实现贫困地区在生产规模上的产值效益，并降低农业生产成本，提高投入产出率，用科技文化来提升现代农业化水平，并扶持贫困地区的快速发展。

2. 用科技文化扶贫有助于促使贫困地区农业产业体系的形成

在市场经济快速发展的今天，贫困地区的农业产业体系也悄然崛起，成为贫困地区经济新的增长点。科技文化的注入促使农业功能呈多样性发展，农业形式也会随之而不断变化。用科技文化来发展贫困地区的产业体系，能大大节省农村剩余劳动力的输出，节约资源，并且给贫困地区民众也能直接带来丰厚的农业产值收入，从而用科技文化来加速农村城镇化建设的步伐；同时，用科技文化扶贫还有利于当地政府实行统一规划、管理与操作，容易促成现代农业的一条龙式发展，譬如水果种植——罐头厂、茶园种植——茶厂、玉米种植——加工厂等。贫困地区的农业产业体系的形成，能极大地改变以往的耕作方式，促进贫困地区生产力的快速发展。

3. 用科技文化扶贫有助于彻底改变贫困地区民众的传统观念

贫困地区的贫困很大一个原因可以说就是因为民众的陈旧思想观念已根深蒂固，喜欢用固有的思维模式思考问题，文化水平普遍较低，接受新生事物慢，对科技文化摄入较少，以至于出现了贫穷落后的现状，如果在贫困地区的民众头脑中大幅度地注入科技文化，尽量用科技文化改变民众的传统观念，用先进的科技思想促进贫困地区政治、经济的发展，改变贫困地区民众的贫穷落后状况，也更有利于促进贫困地区的社会和谐发展。

4. 用科技文化扶贫有助于提升民众的科技文化素质

随着我国城镇化进程的加速推进，这就需要靠有知识、懂技术、会经营、高素质的新型民众的科技文化或知识文化。民众知识化进程的快慢，对贫困地区城镇化进程起着决定性作用。贫困地区的科技文化需要通过各种乡村业余的培训机构或科学技术培训机构或图书馆、报刊亭等帮助这个地区民众大幅度地提升科学技术和文化知识。因此，我们有必要人力开展贫困地区的科技文化事业，用科技文化提升广大民众的思想道德修养和科学文化素质，进而促进贫困地区经济的进一步发展。

（三）基于政治文明，文化扶贫对贫困地区产业经济发展的保障作用

所谓政治文明，就是为一个地区的产业经济发展开辟道路或提供保证的一系列制度化和法律化的政策环境与管理氛围。随着我国市场化、产业化和城镇化进程的快速推进，我国幅员辽阔的农村由于文明程度的不一致和文化水平的差异而各地的政治生态也呈现出千差万别的变化，其产业经济的发展又能为这个区域的政治文明建设提供良好的铺垫与条件。特别是贫困地区的民众由于文化的落后，使得广大贫困地区群众没有能力参与国家和社会事务的管理，或者说是参与国家和地方公共事物的管理十分有限。因此如果对贫困地区的广大民众加推文化扶贫，将能培育贫困地区群众的政治文化素养，使贫困地区的广大群众能有更多的机会和意愿去参与政治制度的建设与发展，这样才能进一步促推地域的产业经济发展。因此，我们必须通过文化扶贫认识到贫困地区政治文明对产业经济发展的促进作用。

1. 文化扶贫有助于激发民众的政治意识

贫困地区的民众是区域政治权益维护的主角，增强贫困地区民众的参政意识有利于提升他们的政治文化素养和参与村民自治的积极性，让贫困地区民众认识到自己所肩负的义务和责任，从而促进贫困地区群众自发地参与时代政治的践行。努力提高自身参政议政的能力，这在一定程度上强化了贫困地区民众对政治的认知，改变了贫困地区群众对政治的知、言、行，进而激发民众的政治意识。

2. 文化扶贫有助于促进和谐的政治态度和合理的民主表达方式

文化扶贫对促进贫困地区政治生态、政治进程和政治稳定起到积极作用；反之，则会出现秩序混乱、违法违规和背离民主政治等行为，譬如使用贿赂威胁欺骗选民、买卖选票、家族把持农村政权等，这些都是因为贫困地区民众行使基层权力缺少良好的政治文化观，而贫困地区的文化缺失会严重阻碍整个贫困地区的政治生态发展进程。因此，只有用文化扶贫来培养和提高贫困地区群众的政治文化素养，使民众不断深化对党和国家政权的认同，才能有助于各级政府更好地开展"三农"工作，促进贫困地区的社会和谐发展。

3. 文化扶贫有助于促进贫困地区的和谐发展

只有当政治文化被绝大部分贫困地区民众所接受时，农村的政治文化才容易渗透到民众生活的方方面面，成为一种价值尺规或行为导向。因此，用贫困地区的政治文明来规范民众的政治意识和约束基层政权的政治权利，才更容易

促进贫困地区的和谐发展，保持社会的稳定。

（四）基于精神文明，文化扶贫对贫困地区产业经济发展的助推作用

贫困地区文化是一定历史时期生产方式的观念反映，也是我国文化事业发展的基础，是推动贫困地区政治、经济、文化和生态事业不断向前发展的强大精神内涵。贫困地区文化影响着贫困地区民众的行为和思想，也制约着贫困地区精神文明的建设。因此，开展文化扶贫就是要努力给贫困地区营造一个充满活力、不断创新、与时俱进的精神文明环境，形成一个文明有序、科学健康的精神风貌。

1. 文化扶贫有助于改善贫困地区的风俗习惯

风俗习惯是民众在漫长的岁月中渐渐养成并共同认可的一种行为方式。风俗习惯的内容非常广泛，往往涉及人们的婚丧嫁娶、分配交换、衣食住行、生产劳动、政治行为等，对贫困地区的产业经济发展产生了广泛而深刻的影响。当前，我国贫困地区的经济和文化也在悄然发生着前所未有的变化，风俗习惯的继承与延续也随之遭遇着社会改革所带来的更替和变化。结合当前贫困地区精神文明建设的需要，进行贫困地区的文化扶贫，能够优化贫困地区的风俗习惯，促进乡风文明建设。

（1）文化扶贫能培养民众的集体意识。我们国家历来就主张大众文化路线，在贫困地区文化扶贫中，必须注重提升贫困地区民众的集体意识。风俗习惯是广大民众在长期的社会生活中形成的群体意识和行为方式，个人的行为容易受到集体意识的认同和影响；反之，个人和少数人的行为若不被集体认可，则容易受到抑制。因此，坚持大众文化，提高民众的集体意识，有利于移风易俗，从而促进贫困地区文化方面的发展。

（2）文化扶贫能促进地域风情的延续。由于广大贫困地区地域条件的不同，各个地方的地理气候条件、民族文化传统、历史文化积淀等都各不相同，必然造就各地的风俗习惯迥异。俗话说："一方水土，一方风情"。因此，必须在贫困地区的文化建设中因地制宜广泛发展地域文化和民族文化，才有可能保持不同区域和民族文化的文化特色，进一步促进地域风俗习惯的良好健康有序发展。

（3）文化扶贫能推动民间技艺的延续。技艺是贫困地区民众在长期的生产和生活实践中不断总结出来的，并能不断提高生产和生活效益的一种方式。随着贫困地区的社会经济快速发展，很多民间技艺也不同程度地得到了开发，有的技艺也能与科学技术有机融合，这就大大提高了民间技艺在生产、生活中的普遍实用性，并带来了巨大的经济收益。一方面，贫困地区文化扶贫就是要

科学地继承和发扬民间技艺，促进民间技艺的进一步延续与革新；另一方面，就是为提倡科学与创新，以更能适应贫困地区的经济发展和时代进步的需要。

2. 文化扶贫有助于促进贫困地区的道德建设

在贫困地区文化扶贫建设过程中，树立良好的道德环境至关重要。良好的道德环境体现了乡村精神文明的内在实质。随着我国各个阶层利益格局的不断调整，社会矛盾也会变得越来越突出，这也势必会带来各种利益关系的复杂化和思想观念的多样化。贫困地区群众的道德水平高低在很大程度上影响着贫困地区和谐与稳定，影响着贫困地区经济、政治、文化、社会发展的进程，影响着人与人之间以及人与环境之间的生态与和睦。

（1）道德建设离不开贫困地区的和谐构建。我国建设社会主义新贫困地区的总体要求就是要"生产发展、生活宽裕、乡风文明、村容整洁、管理民主"。其中的"乡风文明"即道德建设，是社会主义新贫困地区建设的总体要求之一，也是开展贫困地区精神文明建设的工作取向。在构建和谐新贫困地区的过程中，必须推进思想道德建设，引导民众告别低俗迷信，走向健康的文明生活。道德建设在维护贫困地区稳定与发展以及全面建成小康社会中起着重要作用。

（2）道德建设离不开地域文化的筛选和滋养。在推进思想道德建设的过程中，必须培养积极健康向上的思想道德，摒除那些自私、愚昧、迷信的思想。我们要学会辨别传统文化中优劣的部分，继承有利于我们思想道德提高的部分；我们要吸收适合我国国情和地区实情的各种道德观念，譬如公平竞争观念、法律法规观念以及爱国、团结和敬业精神等；我们还要紧跟时代步伐，不断更新和丰富自己的思想观念。因此，思想道德建设可以以贫困地区文化扶贫建设为契机，从而提升贫困地区广大群众的思想道德，以促进乡风文明及和谐的社会主义精神文明建设。

3. 文化扶贫有助于优化贫困地区的法制环境

一个国家和地区的经济文化发展的程度越高，法律规范的作用和意义就越彰显。随着市场经济的不断发展，贫困地区物质文明水平和精神文明水平已得到不同程度地提升，法规意识在贫困地区的城镇化建设中发挥的作用也越来越大。法律是由国家制定和认可的且依靠国家强制力实施的社会规范。如今还有很多贫困地区民众在法律常识、法律意识等方面依旧浅薄，尤其是贫困边远山区，这一现象更为普遍。而法律意识的欠缺则直接导致贫困地区在经济、文化、政治发展的停滞与落后。因此，普及法律知识、培养法律意识以及优化贫困地区法制环境，对贫困地区的城镇化建设意义重大。

（1）文化扶贫可以提高民众的法律文化素养。在我们这样一个民众占多数的国度，能否有效地在贫困地区普及法律知识、增强民众的法律素质和法律意识，这在很大程度上制约着全面依法治国的进程。因此，培育贫困地区民众的法律文化素养刻不容缓。要真正增强民众的法律素质和法律意识，还需不断创新法制宣传教育方式，要从民众的思想、道德、生产和生活方式入手，使广大民众养成依照法律来行事和处事的行为方式。

（2）文化扶贫可以改善贫困地区的法治环境。贫困地区法治环境的培育离不开一个公正公平、健康有序的环境。想要让贫困地区广大群众认识到法治是保障人们安居乐业的有力武器，必须从精神文明建设入手。现代法治文化是构建精神文明的重要保障。先进的法治文化能积极引导和丰富民众健康的文化生活，增强民众生活的精神内涵，促进法制文明的进步。贫困地区法治文化的培养，能够促进全社会法治意识的提高、推动执法环境的改善，并引导和教育贫困地区乡镇的执法者严肃执法、公平执法，让民众更好地学法、知法、守法、懂法。发展这样的法治文化，就是发展了时代的主旋律。现代法治文化只有与先进文化与时俱进，才能不断丰富自己的内涵。

4. 文化扶贫有助于丰富贫困地区的娱乐文化事业

贫困地区的娱乐文化就是需要有针对性地开展各种形式的文化活动，以满足村民在闲暇时间里能打发时间的需求，进而丰富贫困地区的娱乐文化事业。贫困地区娱乐文化的发展不仅是一种文化活动，更是一种经济活动。因此，在贫困地区开展娱乐文化活动不仅能充分满足民众的精神文明需求，同时也能激发贫困地区创造较高的经济价值。贫困地区文化活动的开展不仅需要经济的投入与推动，更需要获取某种经济效益来维持其娱乐文化事业的存在和发展。因此，贫困地区娱乐文化不仅能满足民众的精神需求，更能满足民众的物质需求。

五、文化扶贫对贫困地区产业经济契合作用发挥路径分析

文化致贫是物质致贫的根源，而物质致贫是文化致贫的必然。无论是物质贫困，还是精神贫困，都貌似因经济问题致贫，实际上它背后却隐藏着更为深远的文化根源。远离城区的四川贫困地区因长期处于物质贫困状态而渐趋延存着一些左右他们思想与素质的文化特征。因此，在发展产业经济进行物质脱贫的同时，须对贫困地区民众长期存续的固化他们思想的那些风俗习惯、消费心态、心理定式以及价值理念进行理论架构，再用文化传播、科技教育及精神文明建设引领他们重塑正确的人生观、世界观和价值观，从而提升贫困地区人民

整体的文化水平和职业素养，进而促进贫困地区产业经济的可持续发展。只有把文化扶贫与贫困地区产业经济可持续发展契合思考，才有可能找准四川贫困地区脱贫致富的切入点。四川贫困地区的文化扶贫与产业经济的契合发展，就是要通过文化扶贫来帮助贫困地区民众革新陈旧的思想观念，改造贫困文化结构，打破"经济贫困——文化贫困——经济贫困"的恶性循环，用现代的文化理念传播新思想，用时新的价值观念革新陈旧思维，用县域内的文化力助推当地的经济发展，真正实现脱贫致富。贫困地区文化扶贫与产业经济契合发展的主要对策需要从以下几个方面进行架构：

（一）理念契合：用文化理念帮扶为产业经济发展提供现代思维

四川贫困地区的红色历史文化底蕴深厚，贫困地区的民众更要秉承革命先辈的光荣传统。一是在发展产业经济的同时也要传承和弘扬贫困地区民众的坚韧不拔的革命精神。收集整理贫困地区县域的红色历史文化，用先辈事迹来教育、熏陶县域的各级干部群众，培育贫困地区人民勤劳、朴实、创新、务实的新时代价值理念，用锐意进取的"苏区"精神来建设发展贫困地区的产业经济。二是在发展产业经济的同时也要教育贫困地区干部群众切实转变发展观念。国家政府在政策、资金和项目等方面虽然已给予四川贫困地区大力的扶贫支持，但我们更应该发扬贫困地区民众的艰苦创业、自力更生和长期奋战的精神，树立自我进取意识，不能一味地等着"输血"或躺在国家的扶持上来建设贫困地区，而要想办法增强自我的"造血"功能，在国家帮扶下奋起直追。三是在发展产业经济的同时也要彻底消除落后思想的观念，教育贫困地区人民凝聚力量，并树立崇高的理想，更好地引导当地民众在思想意识与精神素养方面向积极健康的价值维度转化，塑造出民众的现代文明意识与文化精神，使这种意识成为流动在民众血脉中的一种品格和基因，为实现当地的产业经济可持续发展发挥思想引领作用。

（二）机制契合：用文化精神帮扶为产业经济发展塑造文明新风

一是要理顺文化建设与产业经济发展相匹配的管理机制。尽量创造条件健全的县、乡、村三级文化建设组织机构，也可在中心城区和重要乡镇率先试点设立文化站馆或图书馆等，并理顺这些组织的运行制度，充分发挥其育人功能，基层文化建设经费实行财政保障，并适当添置基本的设施配备，不能轻易放手推向市场。二是要健全政府投资农村文化建设工作的补偿机制。各级部门都要一手抓经济建设，一手抓文化发展，加大对地方文化事业的保障，实行对古民居、民俗文化资源、非物质文化遗产的财政补贴，加大对农村文化产业和文化事业的扶持力度。三是要形成文化化人的引导机制。充分利用当地文化资源开展深受群众喜爱的、体验性较强的节庆、演艺和赛事等活动，占领县域的主流文化和社会主义核心价值观的主阵地，改造贫困地区的不良社会风气和落后习俗，为扶贫工程的有效开展奠定坚实的社会基础。四是要形成农村非物质文化的创意保护机制。收集或整理民间乐舞、传统工艺、杂技民俗等非物质文化，进行创意策划和深度挖掘，营造农村健康文明的文化生活环境和农民爱美求乐的精神文化氛围，为贫困地区民众的职业素养提供强力支撑。

（三）产业效应契合：用文化资源帮扶带动地域产业经济的竞争发展

贫困地区文化产业是依托地方文化资源生产文化产品或提供文化服务的产业，它兼具了产业学上的经济效益和社会学方面的社会效益。贫困地区文化产业的开发过程实际就是产业经济的发展过程。文化产品可以通过市场得到流通并获得相应的价值补偿，从而实现文化产业经济效益与社会效益的有机统一。四川东部贫困地区历史文化底蕴深厚，市场开发潜力巨大。特别是这些绿色资源中所蕴含的红色文化更是独具特色，为贫困地区深度挖掘红色文化背景下的绿色产业打下了坚实的基础。因此，贫困地区产业经济发展应以当地丰富的绿色资源为依托，以独特的红色文化为背景，以城乡旅游景点为轴心，加大县域内文化资源开发的力度，促使贫困地区的红色文化产业成为产业经济增长的新亮点。同时也要着力打造特色化的乡村风景，围绕提升生活品质、集聚人气、带动商机的产业经济发展思路，尽量延伸其产业链，规划出"城区有主调，乡镇有主题，村社有特色"的农村建筑文化的小镇风格，将大中城市人口慢慢吸引去感受农村，既能把一、二、三产业串起来联动发展，也能实现"红""绿""古"资源的整体开发利用，用旅游业及现代服务业带动产业经济发展，形成连锁经济效益和聚银效应，推动贫困地区文化扶贫工作的有效开展。

（四）融资渠道契合：用文化融资帮扶为发展产业经济提供强劲动力

地方文化市场也是产业经济体系的一个重要组成部分，是连接农村文化产业与消费者的重要纽带，文化市场的发育程度直接影响着农村文化资源开发的盈利空间，它也是贫困地区产业经济发展的强大驱动力。第一，要进一步拓宽农村文化市场投融资的主体渠道。在我国贫困地区的文化资源开发领域要塑造农村文化市场的多元化投融资主体，政府要逐渐让位于市场主体，慢慢从文化投融资的主体地位中退出来，再想法子鼓励民间资本逐渐融入广大的农村文化市场，并给这些资金注入者以土地、税费或人才等方面的大力支持。第二，要提高农村文化投融资的市场化程度。譬如可以针对农村文化资源的开发发行公司性质的地方文化债券或文化产业开发基金等，弥补地方文化建设资金缺口。第三，要组建专门从事农村文化产品推广策划和市场运作的风险评估担保等义化中介机构，创造条件鼓励城市文化企业深入农村，纵深挖掘当地的特色文化资源，降低文化企业投资农村文化资源开发的利率水平，形成以文化产业带动贫困地区产业经济迅速发展的新格局。

（五）素质契合：用文化教育帮扶为发展产业经济提供坚强保障

四川贫困地区地处偏远，经济底子薄，贫困人口数量多，文化教育水平低，远离了附近大中城市经济的辐射范围，从根本上延缓了城镇经济向农村经济的延伸和城乡一体化建设的节奏。因此，必须重视贫困地区的文化教育帮扶，通过贫困地区人民教育水平的提升从根本上剪断经济贫困与文化贫困循环影响的链条。首先，要统筹城乡教育资源，尽量促进教育公平。地方政府必须在资金投入和政策支持上向贫困地区的教育事业倾斜，改善教育基础设施条件，提高师资质量，让每一个适龄儿童都能有机会接受最基本的基础教育，这是提高贫困地区民众文化素质与职业素养的一项基础性工作。其次，通过文化教育提升贫困地区民众健全的心理素养，消除心理羁绊，重塑现代价值理念，以一种健康的心态面对当前脱贫致富的改革浪潮。最后，要力推各类职业技术教育和职业技能培训。通过人力资源的系统培训使农民掌握增收致富的最基本生产技能，培养他们具备市场前沿思维，提高劳动力的文化素养和技能水平，增强贫困地区农村剩余劳动力的转移能力，实现产品货币化、货币资本化以及资本财富化。

总之，四川贫困地区经济贫困的深层诱因理应是文化贫困。贫困地区文化扶贫是一项复杂而长期的系统工程。推动文化扶贫进程的有效途径就是要提高贫困地区人民的智力水平和职业素养，只有彻底改造贫困文化传递的价值理念、知识结构与劳动技能，才有可能真正让贫困地区人民彻底阻断贫困文化和经济贫困的反复循环，这也是产业经济可持续发展的坚强保障。

六、结论与展望

我国偏远贫困的四川东部巴中地区拥有悠久灿烂的文化资源，是一个集"红色文化+绿色文化+古色文化"比较集中的区域，这个区域的农业发展具有悠久的历史，因而具有丰富的农村文化。贫困地区的文化资源是可以大力开发和利用的特色资源，特别是其中的红色文化极具重要的开发价值、教育意义和政治内涵，通过"文化+产业"的潜力挖掘，不仅有利于我国文化产业实现经济利益和社会效益，而且还具有社会意识形态的教育功能。因此，发展贫困地区的产业经济必须思考利用文化事业来推动当地地域文化的传承与契合。

（一）本文研究结论

文化扶贫对贫困地区产业发展的作用研究，是解决目前贫困地区文化产业发展中存在的"文化+产业"没能很好融合对接问题的根本路径之一。本文结合四川东部贫困地区的实际情况，在深入调查的基础上，通过分析、研判与探讨，对四川东部巴中贫困地区的文化扶贫对产业的融合开发归结出如下几点结论：

（1）文化扶贫就是以文化为武器，以文化缺失地区为主要阵地，通过建设文化学习设施、开展文化活动以及普及科学技术思想等方式促进贫困地区脱贫致富。文化扶贫不同于一般的扶贫工作，它具有强烈的政治性、价值观、文化形态和普遍性与公平性等时代特征。

（2）贫困地区的产业发展往往与它的政治文明、物质文明和精神文明等是密不可分的。因此，必须分别从区域文化、科技文化、政治文明、精神文明等角度去研究文化扶贫对贫困地区产业经济的促进作用。

（3）贫困地区的文化扶贫必须着力提升民众的思想境界，改革自己区域的民风民俗，进一步开阔视野，这都可以使民众着力去深度挖掘区域文化，深入了解自己区域的文化，接受地域文化的熏陶和思想洗礼，并努力传播和发扬区域文化，真正构建起属于自己的文化体系，让更多的人受到文化熏陶和思想激励。

（4）贫困地区的科技文化需要通过各种乡村业余的培训机构或科学技术培训机构或图书馆、报刊亭等帮助这个地区民众大幅度地提升科学技术和文化知识。因此，我们有必要大力开展贫困地区的科技文化事业，用科技文化提升广大民众的思想道德修养和科学文化素质，进而促进贫困地区经济的进一步发展。

（5）贫困地区文化影响着贫困地区民众的行为和思想，也制约着贫困地区精神文明的建设。因此，开展文化扶贫就是要努力给贫困地区营造一个充满活力、不断创新、与时俱进的精神文明环境，形成一个文明有序、科学健康的精神风貌。

（6）随着四川东部巴中地区整体经济的快速发展，政府对农业的投资力度也在逐渐加大，农村经济快速发展，民众生活水平显著提高，人民对精神文化的需求也逐步提高。因此，四川东部巴中贫困地区的文化扶贫具备了良好的产业经济发展环境。

（7）地方政府及职能部门要有弘博而宽裕的文化与产业融合发展的意识，不能仅仅局限于参观展览等文化产品陈列的思想，尽量将文化与产业发展融合对接起来，将产业经济中的文化创意与品牌建设结合起来，用专业化的产业开拓思绪去思考和井掘区域经济，用科学发展观去规划和描绘文化的建设蓝图。

（8）文化贫困是致贫困地区民众产生贫困的重要根源，而贫困文化则是文化贫困的直接诱因。贫困地区的民众由于长期积淀的文化习俗、思维定式和价值取向，自然容易积聚更加严重的文化贫困，这时也就更容易激发贫困地区通过文化扶贫来进行自我适应和自我维护。目前，四川东部巴中贫困地区推行文化扶贫事业虽有自然地域、文化底蕴和政策促进等方面的优势，但也存在着其影响开发的不足之处。

（9）伴随着国家文化产业大发展、大繁荣政策的推动，人们的生活水平也在随之日益提高，民众已开始不再是简单地追求物质文明，贫困地区的民众对精神文明建设也慢慢地更为渴求，这就使四川巴中贫困地区的文化资源开发具有较大潜力，非常有利于文化扶贫事业的开展。

（10）四川贫困地区的红色文化属于文化内涵极佳和技术支撑极强的第三产业，具有无污染、高附加值的生态型特点。随着我国当前经济结构的战略调整，积极开拓县域经济中的文化产业，能更有利于支撑县域经济的可持续化发展。

（11）四川贫困地区的文化扶贫与产业经济的契合发展，就是要通过文化扶贫帮助贫困地区民众革新陈旧的思想观念，改造贫困文化结构，打破"经济贫困——>文化贫困——>经济贫困"的恶性循环，用现代的文化理念传播新思想，用时新的价值观念革新陈旧思维，用县域内的文化力助推当地的经济发展，真正实现脱贫致富。

（二）本文研究领域的展望

（1）文化扶贫对贫困地区产业发展的作用研究中往往会涉及大量的政治、经济、社会和文化功能分析，这必将引起社会更多更广泛的关注。然而，文化扶贫对地方产业的综合推进是一项复杂而庞大的系统工程，但受时间、资料可得性及笔者能力的限制，本文研究的系统性和全面性就相对缺乏，尤其是综合推进的路径尚不够深入，有待今后进一步深入研究和探讨。

（2）本文以四川东部巴中贫困地区为特例来研究文化扶贫对贫困地区产业发展的助推作用，旨在能够对文化的作用机理和产业理论的延伸提供一些浅显的见解。但由于客观条件和知识水平所限，文中的大部分资料和数据均来源于间接的相关文献资料，深入实际地获得第一手的资料和数据相对较少。

（3）本文主要还是以一般的研究方法为主，实证研究相对缺乏，这些都是本文的不足之处。希望能在以后的研究中不断深入和完善，上述问题也将是本文将来需要进一步深入研究的方向。

（4）本文研究中，对于深入挖掘当地文化资源，并将文化资源与产业发展融合对接起来，使其融为一体，从而深化文化的基本理论，形成一套体系，并能够用来为其他地区文化产业的发展提供指导，从而提高全国文化产业发展的整体水平，这是目前面临的一个难点，也是需要我们好好思考的问题。

总之，四川东部贫困地区文化资源中最为突出的文化应该就是红色文化，它对该地区的经济扶贫具有明显的促进作用。因为红色文化是我国偏远农村地区应该大力利用的特色文化资源，它极具重要的教育意义和政治内涵，它的长足发展不仅有利于我国文化产业经济利益和社会效益的实现，而且它还具有社会意识形态的教育功能，对培养当今青年的爱国情操极具重要作用。所以，四川东部贫困地区的经济发展应该注重地域文化的传承与发展，这就必须通过文化扶贫来助推贫困地区的产业发展。

参考文献：

［1］张蕴萍. 中国农村贫困形成机理的内外因素探析［J］. 山东社会科学，2011（8）：33-37.

［2］王福. 复杂网络视角下的内蒙古精准文化扶贫体系模型构建［J］. 图书馆论坛，2016，36（10）：7-15.

［3］刘娟. 贫困县产业发展与可持续竞争力提升研究［D］. 北京：中共中央党校，2008.

［4］杨亚静. 新时期贫困地区脱贫致富的战略选择：文化扶贫［J］. 技术与创新管理，2013，34（2）：132-135.

［5］褚海龙. 我国农村区域文化资源产业开发研究［D］. 南京：浙江农林大学，2012.

［6］吴亚东，冯金丽. 文化扶贫在构建地方文化中的意义和作用［J］. 企业导报，2013（10）：12-13.

［7］张世定. 文化扶贫：贫困文化视域下扶贫开发的新审思［J］. 四川行政学院学报，2016（2）：61-64.

［8］张世定. 对贫困地区文化扶贫工作的审视［J］. 胜利油田党校学报，2016，29（1）：60-63.

［9］杨文. 全面建成小康社会视野下的农村文化扶贫问题研究［D］. 南昌：华东交通大学，2015.

［11］郭建华. 黑龙江省黑河市新农村文化建设研究［D］. 北京：中国农业科学院，2013.

[12] 李应智. 贵州民族地区新农村文化建设的困境及对策研究 [D]. 武汉：华中师范大学，2012.

[13] 补坤海. 湖南农村文化发展的现状及对策研究 [D]. 长沙：湖南农业大学，2013.

[14] 李丰春. 农村文化扶贫的若干问题研究 [J]. 安徽农业科学，2008 (25)：11157-11158.

[15] 张世定. 文化扶贫：甘肃定西扶贫开发的另一种视角 [J]. 中共银川市委党校学报，2016，18 (2)：87-90.

[16] 李云. 文化扶贫：武陵山片区扶贫攻坚的战略选择 [J]. 民族论坛，2012 (22)：52-55.

[17] 江兰琴，饶国宾. 新农村文化扶贫刍议 [J]. 党史文苑，2010 (4)：71-72.

[18] 陈开枝. 扶贫实践与扶贫文化的提出 [J]. 广西右江民族师专学报，2001 (1)：1-4.

[19] 辛秋水. 文化扶贫的发展过程和历史价值 [J]. 福建论坛（人文社会科学版），2010 (3)：137-140.

（本文系调研报告，此前未公开发表）

四川巴中地区"文化+产业"契合发展的路径研究

封 伟

（四川交通职业技术学院；四川省成都市，611130）

摘 要：文化是由一个地区风情习俗和价值观念等积淀而成的社会产物，四川巴中地区依托红色文化催生出了新的经济业态，"文化+产业"具有时代性、整体性和渐进式的特征，它有助于提升县域经济的软实力。因此，必须盘活区域的红色文化资源，加大对文化的保护和红色文化内涵的挖掘，构建多元化的宣传渠道，才能有效地实现"文化+产业"的契合效应，促进县域产业经济的可持续发展。

关键词：四川巴中地区；红色文化；绿色产业；契合发展

文化是一个民族或区域在特定的历史时期、人文风情、风俗习俗、文艺思想和价值理念等方面长期积淀而形成的社会发展产物。而"文化+"则是将文化渗透到社会经济的各个领域，注入全新的文化内涵，彰显其文化价值、文化品质和文化魅力，譬如"文化+旅游"，即赋予了区域文化与旅游人文的创意组合魅力，拓展旅游文化的新视角；"文化+产业"，即依托文化为产业注入新的生机与活力，催生出新的产业技术与经济业态，延伸文化产业链；"文化+科技"，即将现代科技浸润滋养在文化土壤里，发挥工匠精神和革新思维，将社会推进到一个智慧信息时代；"文化+经济"，即在产品生产、流通和消费过程中适时引入新的文化理念和新的生产工艺，借文化概念打造出强劲的产业经济引擎；"文化+N"，即拓展无限空间，注入无穷潜力，催生出无穷的创意杰

作者简介：封伟，四川交通职业技术学院经济管理系教授，高级经济师。主要研究方向：经济管理。

基金项目：四川省教育厅人文社会科学重点研究基地——四川基层公共文化服务研究中心 2017 年度科研项目（项目编号：JY2017B02）。

作。因此,"文化+"跨越了单纯的文化概念和单一的文化形态,实现了两个至多个领域的行业重组与契合,形成新的经济业态,使其产业经济能更好地融入社会、链接市场、亲和大众。随着文化与产业经济的进一步融入,经济更能在文化基因中发生裂变,文化也更能在经济的承载下绽放,催生形成一个以文化为魂的新兴文化产业经济形态,并因经济效益与社会效益的兼容而充满强劲的生命力。由此可见,"文化+"能够为贫困地区的经济助飞、为边远区域的产业添翼,还能为社会发展注入文化新元素、为产业经济发展开辟新空间。下边我们就四川巴中地区的"文化+产业"进行深入剖析。

一、四川巴中地区"文化+产业"契合的主要特征

四川巴中地区的"文化+产业"是充分利用革命老区红色文化要素与县域产业的绿色经济的深度融合,实行产业经济的业态裂变和经济的结构优化,进一步挖掘绿色产业发展的驱动力和生命力,实现四川巴中地区的"红色文化+绿色产业"从理念设计到内涵挖掘的新格局。"文化+产业"的业态主要体现出以下几个方面的基本特征:

（一）具有时代性的变革思维

从文化产业理念来看,"文化+产业"透显着运用文化认知的变革思维和一体化的新颖理念谋求县域产业经济的突破性发展,将艺术化思维和工匠般技术的时新理念进一步融入红色文化产业与绿色产业的发展,打破传统的思维模式,从理念上架构一个大文化的思维格局,顺应一个更高层次的契合创新要求。

（二）具有整体性的外延拓展

从文化产业视角来看,"文化+产业"要求深析文化内涵,通过文化创意、艺术加工和产业结构设计实现从单独或局部的传统小文化逐渐向整体的国民经济大文化扩展,进而统筹文化产业与国民经济发展的依存关系,从而实现文化经济一体化。

（三）具有递进式的融合路径

从融合路径的进程和速度来看,其融合程度一般是由浅向深逐步推进的。"文化+产业"在初期时文化融入产业的程度相对较低,而且还只是产业间的单向融合;当发展到中期时,文化主动融入产业,产业也顺应文化,文化产业链上各价值节点和产业相关要素开始出现双向融入;而到了后期,"文化+产业"开始呈现出无边界的一体化契合状态。

因此,四川巴中地区的"文化+产业"赋含了革命老区红色文化与绿色产

业融合对接的要素整合，需要大力挖掘县域经济资源，进一步拓展各经济产业之间的耦合力度，从而使县域内的各种业态融通与融合，实现文化产业由期初的浅表层向后期的深层次融合逐渐契合。

二、四川巴中地区"文化+产业"契合发展的必要性分析

红色文化资源是我国偏远的四川巴中地区应该大力开发和利用的特色资源，它极具重要的教育意义和政治内涵，通过对"文化+产业"的潜力挖掘，不仅有利于我国文化产业实现经济利益和社会效益，而且还具有社会意识形态的教育功能。因此，发展革命老区产业经济必须思考当地的红色文化的传承与契合。

（一）"文化+产业"是适应巴中红色文化资源开发的根本需要

红色文化只有经过开发才有可能转换成现实的红色文化产业，而产业化是开发红色文化的基本目标。当今的四川巴中地区要想突破红色文化的开发"瓶颈"或充分利用红色文化资源，就必须运用新科技手段开启文化产业化的新思路，用好、用活老区范围内的红色文化资源。

（二）"文化+产业"是延伸巴中红色文化资源的必然选择

红色文化作为一种重要的文化类别，要积极尝试区域化的特色文化产业之路，也有的区域文化产业取得了较大的突破，譬如巴中的通江县就以红军文化为主题打造了一系列诸如红军街、红军广场的文化经济，初步尝试了延伸红色文化资源，并积极探索红色文化产业化的道路。

（三）"文化+产业"是提升巴中县域经济软实力的重要路径

县域经济的发展不但需要区域内刚性经济的实力支撑，更需要区域品牌经济的打造和城市形象的塑造等诸多经济元素的强力辅助，其中挖掘和利用红色文化潜力就是一条行之有效的根本途径，尤其对于红色文化资源丰富的区域，如果能合理有效地整合这些资源，实现红色文化的产业化，那将对提升县域经济软实力就有着不可估量的促进作用。

（四）"文化+产业"是实现县域经济可持续发展的根本目标

红色文化属于文化内涵极佳且技术支撑极强的第三产业，具有无污染、高附加值的生态型特点。随着我国当前经济结构的战略调整，积极开拓县域经济中的红色文化产业，能更有利于支撑县域经济的可持续化发展。

三、四川巴中地区"文化+产业"契合发展的路径分析

（一）极力盘活红色文化资源

四川巴中地区的红色文化元素分散且多元。要实现"文化+产业"的有效

契合，就必须整合县域内的各类红色文化元素，盘活老区红色文化资源库，这是开辟红色文化产业化路径的根本条件。首先，要拓宽红色文化资源的来源范围，广泛收集整理区域内那些零散且有用的红色元素，诸如将革命先烈的英勇事迹、名人名言、生活趣闻整理形成访谈录和地方志等完备的红色史料，提升红色文化资源库的丰富性和包容性。其次，采用戏曲、话剧等民间喜闻乐见的形式促使地方文化资源保存趣味化和鲜活化，弘扬具有悠久历史的民间文化，进一步激活散落民间的红色细胞，让巴中地区的红色文化和红色精神得以广泛传承，为"红色文化+绿色产业"的有效契合奠定基础。

（二）有效构筑红色文化的保护机制

首先，革命老区所在地政府必须要有红色文化资源的保护意识。一手抓地方产业经济，一手弘扬红色革命文化。要将保护红色文化、开发红色文化产业和建设产业经济一并纳入政府部门和管理干部的考评体系，促使他们在管理理念上要具备红色文化与绿色产业契合发展的前瞻意识，要用绿色产业经济去支撑红色文化，再用红色文化映衬产业经济的发展，促进"文化+产业"的深度融合与契合发展成为可能。其次，在开发和利用文化资源时，要尽量夯实区域内红色文化资源的各种保护形式，譬如修缮纪念烈士博物馆、革命纪念基地、历史战争遗址、革命英雄纪念碑等红色文化保护措施。最后，"文化+产业"的融合对接要动员社会多方力量积极参与，形成大众化的宣传保护格局，这既能提升红色文化的宣传力度和教育品位，也能加大区域绿色产品的知名度和美誉度。

（三）加大红色文化产业的契合力度

首先，地方政府及职能部门要有弘博而深邃的"文化+产业"契合发展意识，尽量将产业经济中的文化创意与品牌建设结合起来，用科学发展观去规划和描绘红色文化的建设蓝图，用开拓红色文化的思绪去挖掘和提升产业经济的潜力。其次，要着力构筑起巴中地方政府宏观主导、市场经济运作、多元注资的红色文化开拓策略，地方职能部门必须在红色文化的推广和发展中发挥出宏观主导作用，把握区域内整体的红色文化发展目标与方向，规范巴中红色文化产业健康、合理或有序的运行轨迹。最后，"文化+产业"路径必须顺应市场观念，采取市场化的运作方式与绿色产业对接，降低市场交易成本，尽量多元化和宽渠道筹资，适当吸引民营资本的合理注入，实现文化产业与私营经济的经济互融和经营共赢，形成红色文化产业化发展的合力。

（四）大力挖掘巴中红色文化的精神内涵

四川巴中地区的红色文化资源和绿色资源都非常丰富，开掘潜力较大，地方政府应着力挖掘当地红色文化的基本内涵，依托当地绿色产业特色，逐步开发出更多、更贴近生活和更有教育意义或经济价值的文化创意产品，不断提升文化产业和区域经济事业的层次和水平，实现"文化+产业"的契合发展。首先，要深度挖掘红色文化的基本内涵，创意性地设计和开发地方纪念品产业，将红色文化引入当地的小商品加工制造业，这也能解决当地劳动力的充分就业。其次，可以将当地的绿色果蔬和粮食进行食品特色改造，或将当地的特色野菜、野味进行精细加工，将地方大众化食品与区域红色经典故事或情节融合起来，设计出"忆苦思甜"式的红色农家菜系列，这也可以纵深推进红色文化餐饮食品产业的发展。最后，对当地区域的资源进行大力宣传和景观维护等，深度挖掘区域红色文化的教育内涵，着力打造红色文化学习或培训基地，吸纳公众或机构人员前往参观学习或实地考察，以提升区域红色文化的精神内涵与教育品位，形成巴中红色文化产业和绿色产业双开发的融合化机制和规模化效应以及产业效益的价值增长点。

（五）努力构建多元化的红色文化宣传渠道

首先，要正视新媒体的传播力，营造红色文化宣传氛围。要有效地利用电视、广播、QQ、微信、微博、移动视频等数字化新媒体进行广泛报道和宣传，以提高四川巴中地区红色文化和红色资源开发的影响力，便于吸引更多的资金来四川巴中地区从事产业经济开发。其次，要重视红色文化建设，拓宽红色育人路径。政府部门必须重视巴中地区的红色文化建设，让青少年们能在课堂中掌握本乡本土的地方红色文化，形成广泛传播红色文化的认同感、责任感和自豪感。最后，丰富红色宣传载体，夯实产业经济的基础。可以适时利用当地红色文化资源举办各种节庆活动进行文化宣传和产业推广，有效扩大巴中地区红色文化资源和绿色资源的知名度、传承度和影响力，形成"文化+产业"契合发展的造势形态。

（六）着力开发打造红色旅游品牌

由于四川巴中老区位于四川盆地东北的大巴山系，是一个典型的贫困山区，山势雄奇，生态繁茂，物产丰富，风光独特，红色历史文化底蕴深厚，市场开发潜力巨大。特别是这些绿色资源中所蕴含的红色文化更是独具特色，是全国30条红色旅游精品线路之一，曾被誉为中国的第二大苏区，为老区深度挖掘红色文化背景下的绿色产业打下了坚实的基础。首先，老区建设应以当地丰富的绿色资源为依托，以独特的红色文化为背景，以城乡旅游景点为轴心，加大县域内旅游资源开发的力度，把四川巴中的红色之旅打造成中国川东的旅游品牌，促使老区的红色旅游产业成为县域经济增长的亮点。其次，将县域内的"红色+绿色+古色"旅游资源契合开发，即把红色文化旅游、绿色生态旅游和古文化旅游相结合，充分发挥"红色""绿色"旅游资源互补优势以及依托古巴人文化，深度挖掘独具特色的三国文化及民俗文化遗迹，形成集群效应和规模效应，把文化旅游产业培育成巴中地区的战略性支柱产业，促进巴中地区县域经济再上新台阶。

总之，四川巴中地区的资源种类繁多，涵盖了红色文化、绿色资源和人文古镇几大主类，兼具了自然资源的属性和厚重文化的底蕴，筑就了四川巴中地区资源产业化的红色、绿色和古色三大基本色调，旨在实现红色文化资源的追忆、感恩和升华，用浑重厚实的文化资源为四川巴中地区产业经济发展创造出良好的契机。

参考文献：

[1] 陈瑾. 文化产业与旅游业融合发展机理及政策选择——以江西省为例 [J]. 企业经济，2014（5）：122-126.

[2] 何雄伟，陈瑾. 文化产业与旅游业融合发展问题分析——基于江西的实证 [J]. 企业经济，2013（12）：124-129.

[3] 徐克勤，等. 打造武陵山片区民族特色生态文化旅游支柱产业研究 [J]. 民族论坛，2016（1）：37-51.

[4] 张雅敏. 红色旅游发展走向研究 [J]. 合作经济与科技，2006（8）：46-47.

（原文刊载于《农村经济与科技》总第 425 期）

博物馆发展文化产业的生产要素分析

陈 蓉

（成都理工大学；四川省成都市，610000）

摘 要：2015 年公布的《博物馆条例》明确鼓励博物馆发展文化产业。从生产要素的类型分析入手，有利于博物馆在发展文化产业时拓宽思路。本文从博物馆的标本资源、基础设施、文化符号的版权价值、资本优势、人才积累和创新的展览与互动设备等方面分析博物馆发展文化产业的主要生产要素。

关键词：博物馆；文化产业；生产要素

我国自 2015 年 3 月开始实施的《博物馆条例》规定："国家鼓励博物馆挖掘藏品内涵，与文化创意、旅游等产业相结合，开发衍生产品，增强博物馆发展能力。"可见现阶段博物馆发展文化产业不仅具有现实需求，也获得了政策支持。文化产业是指从事文化产品生产和提供文化服务的经营性行业，是随着市场经济逐步完善和现代生产方式不断进步而发展起来的新兴产业。博物馆要大力发展文化产业，实现博物馆社会价值和经济价值的最大化，分析其文化产业的生产要素具有重要的意义。生产要素是指进行社会生产经营活动时所需要的各种社会资源，是影响产业竞争力的重要因素，在现阶段博物馆发展文化产业中，生产要素主要包括标本资源、基础设施、文化符号的版权价值、资本优势、人才积累和创新的展览与互动设备等方面。

一、生产要素分析

（一）博物馆的标本资源

馆藏标本是博物馆的立足之本，也是博物馆发展文化产业所依托的最重要

作者简介：陈蓉（1982—），女，四川内江人，成都理工大学博物馆副研究馆员。

基金项目：四川省教育厅人文社会科学重点研究基地——四川基层公共文化服务研究中心 2015 年度科研项目（项目编号：JY2015C03）。

资源。目前博物馆开发的最常见文化产业就是以标本资源衍生的文化产品的生产、流通、分配等系列活动。以台北故宫博物院为例，该馆长期与我国台湾地区设计产业及专业执行团队合作，举办学生创意设计大赛及设计工作营，或与国内外知名设计团队共同研发文化产品，将故宫标本所蕴含的文化价值、符号形象、背后故事等转变为创意产品，通过博物馆礼品店或其他经销途径销售。台北故宫博物院仅2010年收入的新台币10亿元中，礼品部营业收入就达新台币6.5亿元，可见文化衍生品创造了大量经济价值。

博物馆中有代表性的主要标本形态、重要文化要素等都可归于标本资源类。成都理工大学博物馆的水晶恐龙系列就是以馆藏标本自身形态为创意元素制作的文化衍生品，恐龙化石是该馆最具有代表性的标本，其中镇馆之宝合川马门溪龙是全亚洲保存程度最好的恐龙中个体最大者，博物馆也因此在全国享有盛名，以该恐龙为原型设计制作的工艺品也在馆内拥有很好的销量。博物馆的重要文化要素是指具有较大社会影响力的文化符号，如成都金沙遗址博物馆的"太阳神鸟"金饰图案，它不仅是该馆最重要的文化符号，也被评为中国文化遗产标识，以"太阳神鸟"图案为题材创作的徽章、首饰套件、蜀绣、漆盘等文创产品成为大多数到馆参观的观众最喜爱的纪念品。故宫博物院珍藏的《清明上河图》是一件具有重要历史价值的优秀风俗画，里面包含了多种人物、牲畜、船只、房屋、桥梁、城楼等特色文化元素，博物馆以这些文化元素为题材创作了茶具、女士手提包、钱夹、印章、游戏棋等文创产品，深受游客喜爱。

虽然每个博物馆都有自己独特的标本资源，但成功开发文创产品的博物馆并不多，主要问题在于各博物馆文化产业发展程度悬殊。通常博物馆主要负责文创产品的宣传和销售环节，然而对文化产业发展影响重大的产品的开发、制作环节却参与很少，这些正是决定产品质量的决定性环节，设计的合理性、创新度、文化价值体现度等决定了产品吸引力，同时优秀的制造加工工艺、精美的材料、高性价比等因素又能大大影响观众的购买欲望。因此，博物馆在发展以生产标本资源的文化衍生品为主的产业时，必须重视与优秀的设计团队和制造商的合作，创造受游客喜爱且具有市场竞争力的产品。

（二）博物馆的基础设施

自20世纪70年代末以来，中国新建的博物馆吸收了国外现代博物馆建设经验，成为功能分区明确、布局灵活多样、展线丰富合理的现代化博物馆建筑。在功能上大致都可划分为展陈区、教育服务区、藏品库区、技术工作区、办公区等 5 个区域。随着社会对博物馆教育功能的需求越来越大，以及博物馆人性化服务建设的要求，博物馆建筑中的教育服务区越来越受重视，根据博物馆规模而设置的科普教室、会议厅、互动实验室、餐厅、书吧、礼品店等教育服务设施在博物馆建筑中占有重要地位。其中为观众休息准备的餐厅、书吧、礼品店等基础设施也是博物馆发展文化产业不可或缺的一部分。法国卢浮宫博物馆在 1993 年重新开幕的时候就拥有 16 个商店、12 个餐厅、680 个停车位及巴黎最大的 CD 唱片公司，企业化的运营改善了博物馆独立的财政状况。上海博物馆的艺术品公司在博物馆内拥有 600 多平方米的商店，并在新天地、浦东机场、东方明珠都设有分店专营文创产品，年营业额达到 4 000 多万元。部分博物馆还利用临时展厅引进商业展览、出租附属场地发展相关商业活动、在临近博物馆的区域开发相关文化旅游商业街等形式发展文创产业。

（三）博物馆文化符号的版权价值

博物馆藏品的图像、音像作品、出版物等都可以成为博物馆的版权内容，目前以台北故宫博物院为首的部分博物馆已经形成了较成熟的授权使用方式，博物馆将自己所拥有知识产权的与馆藏品相关的图像或者商标以合同的形式授予被授权者使用，被授权者按合同规定可享有该文化符号的使用权，同时向博物馆支付相应的权利金。以 2010 年为例，与台北故宫博物院履约品牌授权的厂商有 19 家，品牌授权之商标授权金及销售回馈金总收入逾新台币 2 000 万元。河北省博物馆也为了主动抢占市场先机，依托馆藏文物所蕴含的文化资源，设计并注册申请了 8 个商标图案。博物馆文化符号的版权对外授权方式不仅为博物馆带来了经济效益，也在强化博物馆文化功能的同时保护了博物馆的利益，扩大了博物馆的社会影响力。

（四）博物馆发展文化产业的资本优势

《博物馆条例》中提道："国家鼓励设立公益性基金为博物馆提供经费，鼓励博物馆多渠道筹措资金促进自身发展。依法设立博物馆或者向博物馆提供捐赠的，按照国家有关规定享受税收优惠。"这些政策可以激发博物馆自身发展文化产业或是民间资助的积极性，推动公益性文化组织的发展。另外国家也出台了《财政部、海关总署、国家税务总局关于支持文化企业发展若干税收政策问题的通知》等税收优惠政策，为博物馆发展文化产业提供资本保障。

（五）博物馆的人才积累

由于博物馆具有研究、教育的功能，因此几乎所有的博物馆都拥有一支具有研究能力的人才，这部分人才擅长馆藏标本所涉及的专业知识，如以化石标本为主的博物馆一般拥有古生物专业的专家、以岩矿标本为主的博物馆拥有岩矿专业的专家、以文物为主的博物馆拥有考古学专家等，这些专家不仅能研究本馆的标本，也可以成为对外科普教育的主力军。在以这些专业人才为主开展的专家讲堂、科普讲座、图书资料编写、标本鉴定、技术指导、行业培训等服务项目也可作为博物馆的文化产业的一部分，它们在为博物馆提高社会知名度的同时创造了经济价值。此外，博物馆文创产品的研发必须要有对标本熟悉的专业人才参与才能充分发现标本的独特之处，发掘标本所体现的文化元素，提高产品的文化价值。

（六）博物馆创新的展览及互动设备

随着我国博物馆免费开放政策的实施，免费开放的博物馆所需经费由中央和地方财政共同负担，但财政补贴并不能完全解决博物馆因免费开放带来的门票收入缺失和新增藏品维修费、安保费、员工队伍建设等费用问题，为增强博物馆活力、扩大服务功能、提高工作人员积极性，国家鼓励博物馆积极开发文化产业，在《关于全国博物馆、纪念馆免费开放的通知》中就提出，博物馆可按照市场化运作举办收费的特别（临时）展览。同时，博物馆也可走出去，在馆外举办专题展，如自贡恐龙博物馆自 1989 年起采用与国内外博物馆之间以展品租赁、互办展览等多种方式合作，与商企采取租赁展品的方式合作，相继在日本、泰国、丹麦、美国、南非等国家（地区）展出 14 次，出展城市 23个；西安碑林博物馆 2007 年在美国纽约举办了《西安碑林博物馆佛教造像展》，2008 年又在韩国首尔历史博物馆举办了《西安碑林名碑拓本展》；等等。博物馆通过这些外展不仅加强了对外文化交流，还获得了可观的经济收益。

在博物馆展览中也可增设收费互动项目，利用前沿的科学技术与传统的展项内容相结合，设计出如自贡恐龙博物馆中人与恐龙赛跑等智能化的科普互动设备，让观众参与到其中，增强对相关科普知识的理解，同时大大提高了展览的趣味性。

二、基于优势生产要素的文化产业发展模式

不同博物馆具有各自优势的生产要素，在开发利用过程中必须正确处理优势生产要素与文化产业发展的关系，采用不同的开发利用模式。

（一）以馆藏资源保护为基础的文化产业开发模式

在以馆藏标本资源开发为优势的文化产业发展中，坚持文化产业和馆藏资源的结合，使文化产业在馆藏资源的保护中实现提升。博物馆的文化产业要持

续健康发展，必须高度重视馆藏资源的充分利用，运用各种形式来提升产品的文化内涵和品位。同时，通过文化产业的发展，不但可以增强人们对博物馆特有馆藏资源的文化理解，实现文化的经济价值，还可以促进文化的传承与创新。博物馆的馆藏资源保护与文化产业发展之间具有互利共赢性。

（二）以市场开发为主的文化产业开发模式

在以博物馆基础设施、创新的展览与互动设备为优势的博物馆中，发展文化产业应注重市场开发。近几十年来，随着人民生活水平的不断提高，人民群众的精神需求也越来越高，参观博物馆并参与相关娱乐休闲项目的人数也在不断增加，博物馆开发的文化产业已形成了一定的市场规模。针对博物馆文化产业的目标市场，首先要加强宣传，充分发挥广播、电视、报刊、新媒体等媒介的宣传作用，吸引群众参与博物馆休闲项目；其次还可组织或邀请旅游团到博物馆考察，提高相应产业的知名度，全面发挥博物馆文化产业的吸引力。如常州恐龙园，以园中的中华恐龙馆主题博物馆为核心，建设了融科普、娱乐及表演于一体的综合性主题游乐园，游乐园附近的商贸生活区建有宾馆、写字楼、旅游休闲设施等相关产业，以此促进了当地经济快速发展。常州恐龙园休闲娱乐文化产业的成功，主要是运用了以旅游宣传为主要途径的市场开发。

（三）以机制创新为主的文化产业开发模式

鉴于目前博物馆发展文化产业的资本政策优势，应鼓励社会资本进行投资，鼓励和引导民间资本以股份制、合伙制及个体私营等多种形式参与文化产业开发；经营中与博物馆脱钩，实行单独的企业化经营；对于已经组建下属文化产业公司的博物馆，应按照现代企业制度和产业发展要求进行改革；遵守市场化和产业化要求，发展灵活自主、充满活力的文化企业。

我国大多数博物馆的文化产业尚处于探索开发阶段，需借鉴国内外成功的经验，使全国的博物馆文化产业发展水平逐步提高，在产业开发中促进博物馆功能的发挥，有利于博物馆获得社会效益和经济效益的双赢。

参考文献

［1］黄美贤. 台湾地区博物馆发展文化创意产业的理念与实践［J］. 东南文化，2011（5）：109-118.

［2］张毅. 以文化为依托，以旅游为载体，发展博物馆文化产业——中国丝绸博物馆探索博物馆商场发展新思路［J］. 中国博物馆，2007（2）：70-76.

［3］马爱民. 博物馆的知识产权保护——以台北故宫艺术授权为例［J］. 商，2016（29）：245-246.

［4］张敏超. 对内蒙古地区博物馆文化产业发展的思考［D］. 呼和浩特：内蒙古大学，2012.

（原文刊载于《改革与开放》2017 年第 1 期）

四川省内博物馆与文化产业协调发展的现状与建议

陈 蓉

（成都理工大学；四川省成都市，614000）

摘 要：博物馆发展文化产业具有独特优势和必要性。但经调研，四川省内的博物馆具有产品开发不足、产品销售范围狭窄、收费服务项目单一、对从事开发与经营的专业人才重视程度不够等缺点，建议从创新文化产品、发展文化产业集群、重视产品和服务的营销、完善人才队伍建设等方面加强文化产业建设。

关键词：博物馆；文化产业；文化产品

文化产业是由市场化的行为主体实施的，以满足人们的精神文化需求为目的，提供文化产品和文化服务的生产、分配、交换的一系列活动的总和。定义中限定了文化产业必须是建立在文化价值上的商业运作，以企业为核心，追求经济利益，而大多数博物馆从性质上来说都属于公益性文化事业单位，主要依赖政府的投入来维持发展，在目前国家对博物馆文化事业资金投入不足的情况下，资金短缺是制约我国博物馆发展的普遍问题。从这个角度来看，鼓励博物馆大力发展文化产业，进行市场化、产业化运作，将博物馆的文化价值转化为商业价值，从而解决博物馆发展的资金需求问题，并促进博物馆社会价值的实现，是当前博物馆发展的有利途径。

一、四川省内博物馆的文化产业发展现状调研

四川省历史文化厚重，文化资源富集，是长江上游地区文明的重要发祥

作者简介：陈蓉（1982—），女，四川内江人，成都理工大学博物馆副研究馆员。
基金项目：四川省教育厅人文社会科学重点研究基地——四川基层公共文化服务研究中心2015年度科研项目（项目编号：JY2015C03）。

地，省内的金沙遗址博物馆、三星堆博物馆、武侯祠、杜甫草堂、四川博物院、自贡恐龙自然博物馆等博物馆都具有丰富的文化价值，为四川发展相关文化产业提供了坚实的基础。省内博物馆的文化产业发展现状主要通过问卷和走访的形式获取具体数据，调查问卷主要围绕省内这些博物馆的性质、博物馆是否成立有单独的产品开发公司或部门、是否开发了相关文化产业、馆内开发的产品销售在哪些地方等内容设计。调查对象为四川省各地区的国有或民办博物馆。此次调查共发放问卷 44 份，收回问卷 32 份，有效卷 32 份，有效率 100%。

（一）产品开发不足

随着人民生活水平的不断提高，人民群众对文化产品的需求也日益增加，参观完博物馆逛纪念品商店以及在博物馆内的餐厅或书吧休闲成了大多数观众的选择。如果博物馆小商店出售的纪念品无任何特色，是随处可见的普通商品，那么观众的购买积极性肯定很低，不仅达不到创造经济利益的目的，还将降低观众对该博物馆的整体评价，更达不到借助纪念品令观众将科普知识带回家的教育目的。

然而据抽样统计，四川省内博物馆中自己成立有公司负责开发产品的博物馆仅占统计总数的 25%，与馆外其他机构合作开发产品的博物馆占 43.75%，剩余 31.25% 的博物馆都没有产品开发。

（二）产品销售范围狭窄

本次调研中，62.5% 的博物馆仅在本馆销售研发的产品，12.5% 的博物馆在场馆附近区域销售产品，只有 6.25% 的博物馆将产品送到全国各地销售；而没有提供商品售卖服务的博物馆占到了调查总数的 18.75%，游客参观完博物馆想购买点纪念品都不行，对于大多数人来说，感觉整个游览活动缺失了一个环节，意犹未尽。博物馆参与研发的纪念品不仅能代表这个博物馆的特色，还能在一定意义上体现博物馆所在城市的文化形象，就像目前在世界各地都能见到埃菲尔铁塔的模型，会令人想到法国，可以说通过对埃菲尔铁塔的模型进行展示，很好地向世界宣传了法国。如果博物馆的特色商品也能在全国或全世界其他地方见到，相当于在给博物馆打广告，宣传该博物馆。

（三）收费服务项目单一

博物馆的产品和服务都可发展为文化产业，博物馆开发的纪念品属于产品类文化产业，博物馆的服务类文化产业可分为根据博物馆优势开展的宝玉石或文物的鉴定、复制等专业性服务，以及符合大众消费的娱乐设施、餐饮等休闲性服务。但就调研数据来看，目前四川的博物馆忽略了服务类文化产业的发展：在回收问卷的博物馆中，有93.75%的博物馆只有3项及以下的收费服务，并且其中大部分博物馆只有讲解收费这1项服务，仅6.25%的博物馆拥有3~8项收费服务项目。

（四）对从事开发与经营的专业人才重视程度不够

传统博物馆里的"专家"专指与博物馆相关的研究领域的专业技术人员，没有涵盖经营开发类人才，但受当前博物馆发展需要，越来越多的博物馆开始重视对场馆的经营和开发，逐渐引进从事开发和经营的专业人才，此次调研中，有62.5%的博物馆拥有此类专业人才，有37.5%的博物馆目前还没有这类人才，如果只统计国有博物馆，则高达50%的博物馆没有专门从事经营开发类的人才。

二、发展建议

针对以上抽样调查结果，四川省内博物馆的文化产业发展状况亟须改善，应以高效的商业运作去实现博物馆教育功能辐射力的扩大，令越来越多的人爱上博物馆，喜欢在博物馆度过闲暇时间，接受博物馆提供的特色产品。

（一）创新文化产品

虽然博物馆从性质上来说属于公益性文化事业单位，但并不代表博物馆仅能依赖政府的投入来维持发展，越来越多的博物馆开始发掘自身的资源优势，通过衍生的文化产业来获得合理的收益，同时通过这些服务来延伸博物馆功能，扩大社会影响，促进自身文化事业的更快发展。

目前，四川省内大多数博物馆都不太重视对文化产品的创新与开发。许多纪念品都是在现成的工业品上印刷不同的文物图案，在设计制造上却没有体现独特的文化内涵，并不能算为真正的博物馆衍生商品。博物馆或企业在开发衍生品时，应充分理解馆藏展品的艺术或科学知识，在藏品的创意、构思、故事、设计、形态等各方面挖掘资源，作为衍生品的核心要素，设计出独特的文化产品。如四川的金沙遗址博物馆，由下属的成都金沙太阳神鸟文化旅游纪念品有限责任公司开发了丰富的纪念品，如具有金沙特有元素的太阳神鸟漆盘、仿双面绣太阳神鸟、铜小立人、大金面具摆件、金沙夜灯等具有实用、欣赏和收藏价值的纪念品。每一位参观完金沙博物馆并被伟大的古蜀文明所震撼的观众，都有想将"金沙"带回家珍藏的意愿。因此，独具特色的纪念品很受观众欢迎，在给博物馆带来经济利益的同时，也将博物馆想要宣传的文化内涵通过纪念品传播到更广泛的区域。武侯祠博物馆也积极开发会展经济、艺术品、出版物、网络游戏等相关文化产业，通过更多体验让观众理解三国文化，使历史文化深入人心。

对于服务类文化产业的开发则更需要充分理解博物馆宣传的文化价值和博物馆已有的人才基础。参观完金沙遗址博物馆的展藏品，大多数观众都选择观看4D电影《梦回金沙》，感受古蜀王朝的神秘景象；同样创意源于"金沙"的音乐剧《金沙》也成为观众了解成都历史、了解金沙的途径。北京自然博物馆开办的"小小科普讲解员"培训班、中国古动物馆创办的"小达尔文俱乐部"、中国国家博物馆开发的主题夏令营系列活动等都是付费服务项目，并没有因为项目是付费就参与人少，这些活动非常受观众欢迎，往往是因名额限制供不应求。博物馆在开发这类产品的时候能充分调动员工的创作力，激发员工的工作热情，将博物馆文化产业建设推上良性循环的轨道。

（二）发展文化产业集群

文化产业集群是指大量相关联的文化娱乐公司（电影公司、广播电视公司、广告公司、新媒介公司、出版社、唱片公司、设计公司等）、个人（艺术家）以及相关支持系统（大学、行业协会、金融机构、服务性行业、政府部门等）在一定地域范围内的集聚和集中，目标是通过构建完整的产业链来推动文化产业的规模化发展。对于以博物馆为中心的产业集群或产业园来说，就是要充分挖掘博物馆宣传的文化内涵，并以此为中心，通过构建完善和健全的产业链，在保护博物馆文化资源的同时，促进文化产业与博物馆的融合，提高区域文化产业生命力和竞争力。

以博物馆为中心的文化产业集群包括四大要素：文化内涵、商品生产、衍生服务、销售网络。文化产业的本质是文化的产业化，因此产业集群内部的企业都应围绕共同的文化内涵相结合，前提是从博物馆中提取文化资源，通过创意设计、降低成本、大量生产，将意识层面的文化内涵转化成大众商品，但这个产业集群并非仅由这些商品制造企业组成，它还包括为生产商品提供设计、原料、人才培养等的上游产业和为商品生产及销售提供服务或建立销售网络的下游产业。相关企业以产业链的形式结合在一起，通过资源整合，以实现文化产业集群的整体价值最大化。

目前国内已有较多的文化产业就是依托博物馆发展起来的，如常州恐龙园，以园中的中华恐龙馆为核心，将博物馆展品、高科技声光电、影视特效与多媒体网络等完美结合，融展示、科普、娱乐、休闲及表演于一体的综合性主题游乐园，在运营的短短十余年内游客人数突破350万。而原本位于常州新区东部的商贸生活区，从前被认为是最难开发的地段，自从开发了中华恐龙园，该区的旅游业得到了有力促进，宾馆、写字楼、旅游休闲设施、房地产等项目都在园外陆续修建起来，充分体现了该项目的吸引力和辐射力，促进了当地经济快速发展，并且也将恐龙科普知识潜移默化地传递给观众。

（三）重视产品和服务的营销

营销是文化产品创新与发展的动力和关键，好的营销能提高博物馆知名度，促进文化产业健康发展。然而四川省内大多数博物馆不太重视纪念品或收费服务项目的营销，秉着"酒好不怕巷子深"的老观念，坐等游客上门来购买；相反，在博物馆业发达的美国，许多博物馆在大型购物卖场、火车站、机场等馆外繁华地带以专营柜台形式出售纪念品，如大都会艺术博物馆每年寄出300多万本商品目录，而纽约的古根海姆博物馆是世界上最早在博物馆业引入和运用"文化产业"概念并获得巨大成功的博物馆，该馆充分利用报纸、杂志、电视、广播、新闻发布、广告宣传等各种手段造势，在引进大规模展览的同时拓展衍生产品，衍生产品的火爆销售反过来又扩大了展览本身的影响力，其强大的国际品牌效应赢得了其他机构或企业的兴趣及参与，进而形成了一些固定的赞助群体。由此可见，博物馆的发展也需要采用市场营销推广手段。

在网络如此发达的今天，除了传统的直销、电话营销、会议营销、报纸电视广告等营销手段外，博物馆文化产品也可采用电子商务平台、搜索引擎优化等网络营销手段，扩大博物馆产品的社会知名度。通常情况下，游客到某个城市旅游都会到该城市著名的博物馆参观，如果在不同的博物馆设点相互代售纪念品，不仅能给那些行程紧张的游客购买其他博物馆纪念品的机会，而且宣传了这些博物馆的特色，给博物馆带来一定的经济效益。

（四）完善人才队伍建设

人才队伍是文化产业发展的核心要素，但目前四川省内博物馆从事开发和经营的专业人才较少，既懂博物馆又会搞文化产业的复合型人才资源缺乏，严重影响了博物馆发展文化产业的步伐。博物馆的文化产业是传统文化与现代市场营销相结合的产物，是需要懂博物馆文化资源、文化产业经营管理、市场营销等多方面知识的复合型人才。而目前博物馆招聘的员工大多数都是与博物馆管理或藏品研究相关专业的人员，即使引进有部分从事营销的人员也只是懂市场或经营，对博物馆文化理解较少。究其根源，是人才培养不够。我国大多数高校都开设有文化管理或市场营销相关专业，博物馆可选派思维活跃、善于观察、了解观众心理的职工到高校进修，学习营销方面知识，以便转型为复合型人才，或者引进对博物馆感兴趣的文化产业管理专业毕业生，通过一段时间的针对博物馆学及馆藏标本相关文化知识的专门的培训，让其从本质上成为一个博物馆人，之后再来做文化产业开发，使博物馆的文化价值在开发中得以保护，同时为文化产业开发提供源源不断的文化资源。

参考文献

［1］孙连才. 文化产业教程［M］. 北京：中国传媒大学出版社，2012.

［2］王丹妮. 博物馆经营管理在文化产业发展过程中的重要性［J］. 中国商论，2015（25）：148-150.

［3］李金生. 博物馆产业化问题初探［D］. 济南：山东大学，2008.

（原文刊载于《产业与科技论坛》2017 年第 3 期）